Voyage

Voyage

Jahrbuch für Reise-
& Tourismusforschung
1998

Schwerpunktthema:
Das Bild der Fremde –
Reisen und Imagination

DUMONT

Die Deutsche Bibliothek – CIP-Einheitsaufnahme
Voyage – Jahrbuch für Reise- & Tourismusforschung
(Studies on travel & tourism). – Köln: DuMont ISSN 1433-8009
Bd .2: Das Bild der Fremde – Reisen und Imagination (=The Image of the Foreign - Travelling and Imagination) - Köln : DuMont, 1998
(Voyage ; 1998) ISBN 3-7701-4719-7

Herausgeber: Tobias Gohlis, Christoph Hennig, H. Jürgen Kagelmann,
Dieter Kramer, Hasso Spode.

Wissenschaftlicher Beirat: Christoph Becker, Peter J. Brenner, Stephen Greenblatt,
Wolfgang Griep, Heinz Hahn, Wolfgang Isenberg, Jafar Jafari, Bernward Kalbhenn,
Kristiane Klemm, Konrad Köstlin, Marie-Françoise Lanfant, Stanislaus von Moos,
Asterio Savelli, Gerhard Schulze, Albrecht Steinecke, Hans-Jürgen Teuteberg,
John Urry, Heinz-Günter Vester, Friedrich A. Wagner, Monika Wagner, Gerhard Winter.

©1998 DuMont Buchverlag, Köln
Alle Rechte vorbehalten
Graphisches Konzept: Groschwitz, Hamburg
Satz: DuMont Buchverlag, Köln
Druck und buchbinderische Verarbeitung: B.o.s.s Druck und Medien, Kleve

Printed in Germany
ISSN 1433-8009
ISBN 3-7701-4719-7

Inhalt

Editorial: Reisen und Imagination *Christoph Hennig* 7

Das Meer. Epochen der Entdeckung einer Landschaft
Dieter Richter 10

Die imaginären Landschaftsräume der Rockmusik *Wolfgang Kos* 32

Es gibt keinen Grund, das Reisen den Büchern vorzuziehen
Jochen K. Schütze 50

Raumkonstruktion und Tourismus *Rob Shields* 53

Auf der Suche nach Shangri-La *Michael Hutt* 72

Sehnsucht nach Natürlichkeit *Adelheid Schrutka-Rechtenstamm* 85

Imagekonstruktion fremder Räume *Karlheinz Wöhler* 97

›Heimatliebe‹ und ›Verkehrs-Interessen‹ *Alexander Wilde* 115

Frage & Antwort *Interview mit Andreas Pröve* 128

Zahlen & Fakten *Zusammengestellt von Ulrike Heß-Meining* 135

»Sr.« - Nachruf auf Hans Scherer *Tobias Goblis* 143

Forschungsbericht: Geschichte *Alon Confino* 145

Forschungsbericht: Frauen *Mechtild Maurer* 153

Rezensionen 161

Tagungsberichte 187

Anhang

Ausführliches Inhaltsverzeichnis mit Zusammenfassungen
der Beiträge
Extended table of contents, including summaries   190

Verzeichnis der besprochenen Bücher
List of books reviewed   195

Tagungsberichte
Meeting reports   195

Autorinnen und Autoren dieses Bandes
Contributors to this volume   196

Herausgeber und wissenschaftlicher Beirat
Board of editors and editorial advisory board   198

Hinweis für Autoren
Note to prospective authors   199

Abbildungsnachweis
Picture credit   200

Zur Einführung: Reisen und Imagination

Von Christoph Hennig

Der Tourismus hat sich in enger Verbindung mit den fiktionalen Räumen der Literatur und bildenden Kunst entfaltet; häufig scheint er sich eher in diesen imaginären Welten zu bewegen als in der materiellen Realität. Immer wieder verschwimmen in den Reisebeschreibungen die Grenzen zwischen Einbildungskraft und gelebter Erfahrung. Wenn Charles Dickens seinen Eindruck von Venedig in der Form eines Traums schildert, bleibt bewußt offen, was er wirklich sah und was er fantasierte. Über die Reiseliteratur des 18. Jahrhunderts schreibt Urs Bitterli:»Darüber, ob es sich bei einem bestimmten Werk um einen tatsächlichen oder einen imaginären Reisebericht handle, kann nicht selten erst eine exakte Kenntnis seiner Entstehungsgeschichte entscheiden.«[1] Bilder und Bücher lenken das moderne Reisen seit seinem Beginn; der Einfluß, den die Gemälde Claude Lorrains, die »Ossian«-Gedichte James MacPhersons oder Rousseaus Roman »Julie« auf den frühen Tourismus ausübten, kann gar nicht hoch genug eingeschätzt werden.

Die Nähe von Erfahrungen und Fiktion kennzeichnet auch den Tourismus des ausgehenden 20. Jahrhunderts. Der großen Mehrheit heutiger Reisender geht es nicht vorrangig um die Erkenntnis fremder Länder. Vielmehr suchen sie nach Bildern, die in der kollektiven Imagination vorgeprägt sind: nach den paradiesischen Palmenstränden aus den Katalogen der Reiseveranstalter; nach den toskanischen Zypressenreihen und Bauernhäusern aus GEO und Merian; nach den provencalischen Landschaften Cezannes und den römischen Straßenszenen Fellinis. Touristische Wahrnehmung ist so ›unrealistisch‹ wie Literatur, Film, Werbung und bildende Kunst.

Die Verbindungen von Tourismus und Imagination sind strukturell begründet. Wie die fiktionalen Welten der Kunst, so ist auch das moderne Reisen aus dem Kontext alltäglicher Verpflichtungen gelöst. Als ›zweckfrei‹ unterliegt es nicht den Gesetzen funktionaler Rationalität. Weil touristisches Verhalten kaum von pragmatischen Motiven geleitet wird, kann es die Wirklichkeit mit Bildern überlagern, die eigenen Vorstellungen und Bedürfnissen entsprechen. Die Bewohner der Dörfer an den italienischen Küsten arbeiten heute vorwiegend in Hotels und Restaurants oder sie pendeln in die Betriebe der nächstgelegenen Großstadt. Versicherungsvertreter und Verkehrsplaner müssen diese Berufsstruktur kennen, um erfolgreich zu arbeiten. Touristen können problemlos von romantischen Fischerdörfern fantasieren, denn ihre Ideen bleiben folgenlos.

Zur Fiktionalisierung touristischer Wahrnehmung trägt darüber hinaus auch der verbreitete Wunsch bei, die fremde Umgebung als Gegenerfahrung zum Alltag zu erleben. Die Fremde soll ›ganz anders‹ und ›exotisch‹ erscheinen. Die Illustrationen von Reiseführern und -zeitschriften geben das anschaulichste Beispiel für diese Sichtweise. Dort verschwindet im allgemeinen alles, was an den heimischen Alltag erinnert. Kunstwerke, idyllische Landschaften, malerische Dörfer, Feste und Märkte, vorindustrielle Berufstätigkeiten (Hirten, Töpfer, Fischer) bilden immer wiederkehrende Themen; alle Zeichen der technischen Zivilisation (Autos und Fabriken, Hochhäuser und Baugerüste) werden fast zwanghaft eliminiert. Vermutlich entspricht diese Sichtweise den selektiven Wahrnehmungen der Touristen selbst. Der Akzent liegt auf dem Besonderen, Spezifischen und Fremdartigen; die (weltweit gleichen) Elemente der Moderne sind in diesem Zusammenhang nicht interessant. So entsteht das Bild einer archaischen, konfliktfreien Welt, gleichsam eine Märchenvorstellung von fremden Ländern, in der die Marokkaner Turbane tragen, die Provencalen Boule spielen und die Wiener im Kaffeehaus sitzen.

Der systematische Zusammenhang von Reisen und Fiktion geht schließlich noch auf eine dritte Ursache zurück. Die Fremde bietet sich nicht mehr nur als Raum der Projektionen an; sie fordert diese vielmehr geradezu ein. Mit den vertrauten Vorstellungen läßt sie sich nicht vollständig erfassen; die Leerstellen werden durch Imagination gefüllt. Daher tummeln sich in den Reisebeschreibungen aller Zeiten und Völker die abenteuerlichsten Phantasien. Am Rand des geordneten Kosmos der antiken griechischen Geographie lebten kuriose Völker wie die Kimmerier, die niemals die Sonne erblickten, die hundeköpfigen Kynokephalen oder die Enokoiten, die sich im Schlaf mit ihren großen Ohren zudeckten. Das Unbekannte fordert die Vorstellungskraft heraus, und sie prägt das Bild der Fremde dann nach ihren eigenen, nicht an die ›Realität‹ gebundenen Gesetzen.

Nun ist allerdings jede Wahrnehmung – nicht nur diejenige der Fremde – von vorgegebenen Mustern geprägt. Der ›reine‹ Raum in einer gleichsam objektiven, ein für allemal festliegenden Gestalt ist nicht mehr erkennbar. An die Entwicklung der modernen Naturwissenschaften anknüpfend wird dieser Gedanke – eine zentrale These der philosophischen Erkenntniskritik seit Kant – heute in den verschiedenen Spielarten des Konstruktivismus vertreten. In dieser Diskussion kommen auch die kulturellen Muster in den Blick, welche die Wahrnehmung bestimmen. Die Raster, in denen wir Realität wahrnehmen, sind gesellschaftlich verankert. Sie haben ihre eigene Geschichte und ihre spezifischen gesellschaftlichen Funktionen. Sie unterscheiden sich daher in verschiedenen Kulturen und verschiedenen sozialen Gruppen.

Die Texte dieses Bandes – soweit sie sich auf das Schwerpunktthema »Reisen und Imagination« beziehen – siedeln sich in diesem Zusammenhang an. Sie untersuchen kollektive Vorstellungen, die das moderne Reisen prägen. Dabei werden einzelne Ideenkomplexe nachgezeichnet, die im Tourismus praktische Folgen haben. Dieter Richter umreißt das sich im Lauf der Jahrhunderte wandelnde Bild des Meeres, Adelheid Schrutka-Rechtenstamm zeigt, wie kollektiv verbreitete Naturvorstellungen sich im Landurlaub niederschlagen, bis hin zu einer ›Re-Folklorisierung‹ der bäuerlichen Lebens- und Produktionsweisen. Zugleich erscheint der Tourismus im Kontext anderer kultureller Felder, etwa wenn Michael Hutt am Beispiel Nepals die Verbindungen von Literatur und Tourismus aufzeigt oder Wolfgang Kos das Amerikabild der Rockmusik darstellt. Rob Shields untersucht die Bedeutung touristischer Orte als »Datenbänke der Geschichte«, in denen sich die kulturelle Überlieferung gleichsam den Körpern der Besucher einschreibt. Karlheinz Wöhler beschreibt die Erzeugung von Raumbildern vor dem Hintergrund einer Theorie der Postmoderne.

Die Vorstellungsbilder des Tourismus haben eine oft unterschätzte praktische Bedeutung. Sie prägen wesentlich Reiseentscheidungen der Touristen. Eine Studie der Welt-Tourismus-Organisation hat 1994 ermittelt, daß weltweit kaum ein Zusammenhang zwischen den Werbeausgaben der Länder und Regionen sowie der Zahl der touristischen Ankünfte und Übernachtungen besteht. Kalifornien, der amerikanische Bundesstaat mit den höchsten Tourismus-Einnahmen, steht bei den Marketing-Ausgaben an 47. Stelle. Städte wie Rom, Florenz und Venedig, die zu den wichtigsten Destinationen Europas zählen, leisten eine im Verhältnis zu den Besucherzahlen lächerliche Öffentlichkeitsarbeit. Touristenströme lassen sich offensichtlich nur begrenzt gezielt lenken; ihre wesentlichen Triebkräfte liegen in einem Fundus kulturell überlieferter Bilder der ›imaginären Geographie‹. Diese Vorstellungen haben daher unmittelbare ökonomische Wirkungen; offenkundig ist Tourismus nicht eine Ware wie jede andere, sondern eine Form kultureller Praxis, die zwar in großem Stil vermarktet werden kann, sich aber der beliebigen Verwertung – zumindest teilweise – entzieht.

Anmerkungen

[1] Urs Bitterli: Die ›Wilden‹ und die ›Zivilisierten‹, 2. erw. Aufl. München 1991, S. 405.

Das Meer. Epochen der Entdeckung einer Landschaft

Von Dieter Richter

1. Strandlust

Unter den Reisemythen der zweiten Hälfte des 20. Jahrhunderts spielt das Meer – genauer gesagt seine Randzone: der Strand – eine besondere Rolle. Wenn es richtig ist, daß jede historische Form des Reisens an die Entdeckung und Aneignung bestimmter Landschaften geknüpft ist – die *Picturesque Tour* in England realisierte sich in den ›einsamen‹ Landschaften von Wales und Schottland, die klassische deutsche Bildungsreise konzentrierte sich auf Italien, der aktuelle Abenteuertourismus lebt von der Faszination der kaum besiedelten Randzonen des Globus –, so läßt sich *der Strand* als die klassische Landschaft des modernen Massentourismus bezeichnen. Mit dessen Aufkommen in den 50er Jahren ist er nicht nur zu einer der beliebtesten Urlaubslandschaften geworden; mit dem Strand verbinden sich auch Haltungen und Ideale, denen nicht nur im Reisebetrieb der Gegenwart zentrale Bedeutung zukommt. Er steht für Erholung und Entspannung, zugleich für Körperorientierung, Sportivität und Libertinage, für den Wunsch nach Verwischung sozialer Grenzen und die neue Kind-Orientierung der Erwachsenen.[1] Und er steht für die Körperästhetik der ›schönen Bräune‹, die sich mit dem Massentourismus in der Nachkriegszeit als allgemeines Leitbild durchgesetzt hat.[2]

Die massenhafte touristische Hinwendung zu Meerlandschaften hat seit den 50er Jahren rund um den Erdball außerordentliche topographische und ökologische Konsequenzen gezeitigt. Ihre Lage am Meer und das Vorhandensein ›geeigneter‹ Strände haben ehemals abgeschiedene Landstriche (wie die Balearen, die Kanaren oder die mittelamerikanische Inselwelt) in vielbesuchte touristische Regionen verwandelt, haben zu vielfältigen Veränderungen der natürlichen, architektonischen und kulturellen Infrastruktur der betreffenden Gebiete geführt – und noch immer ist

Meereslust einer der wichtigsten Faktoren der Veränderung von Landschaft und Kultur. Der aufmerksame Beobachter kann solche Veränderungen oft noch mit eigenen Augen ausmachen. Alte Photographien zeigen ihm den Strand von Positano oder von Marbella mit langen Netzen belegt: Arbeitsplatz der Fischer. Fanden auch sie das Meer schön? Haben sie im Meer gebadet? Konnten sie eigentlich schwimmen? Neugierige Fragen dieser Art leiten den Kulturhistoriker in eine Vergangenheit, die nicht mehr die der unmittelbaren Anschauung und Erinnerung sein kann. Es geht ihm um die Rekonstruktion der Geschichte einer Landschaft. Denn auch Landschaften haben eine Geschichte: nicht eine natürliche Geschichte allein, sondern eine Geschichte mit den Menschen. Erst durch den menschlichen Blick nimmt Natur Gestalt an, verwandelt sich in Landschaft. Die Geschichte der allmählichen Entdeckung der Meereslandschaft und deren historisch unterschiedlicher Bedeutungen ist Thema dieses Beitrags.

2. Mit den Augen der Alten: Das Meer als Landschaft des Todes

> »Das Meer. Man sollte es sich so vorstellen, wie die Alten es getan haben, es mit ihren Augen zu sehen versuchen: als eine Begrenzung, eine bis zum Horizont reichende Schranke, als immerzu und überall gegenwärtige, wundersame, rätselhafte Unermeßlichkeit. Bis zu den ersten, inzwischen schon wieder lächerlich erscheinenden Geschwindigkeitsrekorden der Dampfschiffahrt – im Februar 1852 in neun Tagen von Marseille nach Piräus – ist das Meer so grenzenlos gewesen, wie es einem alten Seefahrer, der mit seinen Segeln den Launen des Windes ausgeliefert war, erscheinen mußte und der von Gibraltar nach Istanbul zwei Monate unterwegs war und von Marseille nach Algier mindestens eine, wenn nicht zwei Wochen. Inzwischen ist das Meer geschrumpft, jeden Tag ein wenig mehr, eingegangen wie Chagrinleder. Heutzutage überquert ein Flugzeug es in nord-südlicher Richtung in einer knappen Stunde, von Tunis nach Palermo in dreißig Minuten – kaum sind Sie gestartet, sehen Sie schon den weißen Saum der Salinen von Trapani unter sich, fliegen Sie von Zypern ab, dehnt sich unter Ihnen eine schwarze und violette Masse, Minuten später erblicken Sie Rhodos, dann die Ägäis, die Kykladen, deren Farbe in der Mittagshelle ins Orange spielt. Sie haben nicht Zeit gehabt, sie einzeln zu erkennen, schon landen Sie in Athen. Von dieser Sicht, die aus dem Mittelmeer heute einen See macht, muß sich der Historiker zu lösen versuchen ...«[1]

Fernand Braudels Vorschlag zu einer *historischen* Wahrnehmungsweise des Meeres (und der Natur insgesamt) führt notwendigerweise in den Bereich literarischer Quellen und für die ältesten Zeiten auf das Feld des Mythos. Dort beginnt die Geschichte des Meeres, und sie beginnt mit der Angst: Die frühesten Stimmen der Menschheit sprechen mit Schauder und Entsetzen vom Meer. Ein besonders aufschlußreiches Zeugnis ist in diesem Zusammenhang das »Gilgamesch«-Epos, das in einzelnen Teilen bis ins 3. Jahrtausend v. Chr. zurückreicht und in dem die *Erfahrung des Meeres* auf rätselhafte Weise mit der *Erfahrung des Todes* verknüpft wird: Gilgamesch, der sieben Tage und Nächte lang vergeblich darauf gewartet hat, daß sein toter Freund Engidu wieder lebendig wird und der sich im Angesicht des Leichnams voller Entsetzen die Frage stellt »Werd' ich nicht, sterbe ich, auch sein wie Engidu?«,[4] begibt sich, von Todesfurcht getrieben, auf die Reise zu Utnapischtim, der, wie der biblische Noah, die Große Flut überlebt hat: »Nach Tod und Leben will ich ihn fragen.« Er kommt an das Ufer des Meeres, zur Schenkin Siduri, der er sein Anliegen erzählt.

»Die Schenkin sprach zu ihm, zu Gilgamesch:
›Nicht gab es, Gilgamesch, je eine Übergangsstelle,
Und niemand, der seit vergangenen Zeiten herkommt,
geht übers Meer.‹«[5]

Das Meer erscheint hier als unüberwindliche Grenze alles Lebendigen, als »Gewässer des Todes, das unzugänglich ist«,[6] und als es Gilgamesch dennoch gelungen ist, es zu bezwingen, muß er von dem unsterblichen Utnapischtim erfahren, daß der Tod das unvermeidliche Schicksal aller Menschenkinder ist:

»Ach, wie soll ich handeln? Wo soll ich hingehn?
Da der Raffer das Innere mir schon gepackt hat!
In meinem Schlafgemach sitzt der Tod,
Und wohin ich den Fuß mag setzen, ist er – der Tod!«[7]

Das »Gilgamesch«-Epos reflektiert hier eine kollektive Erfahrung aus der Entwicklungsgeschichte der Menschheit. Irgendwann hat die Gattung Mensch auf ihrem langen Weg vom *Homo erectus* zum *Homo sapiens* die Erfahrung der Sterblichkeit gemacht, den Tod also nicht nur erlitten, sondern begriffen (und daraufhin als einziges der Lebewesen tote Artgenossen bestattet).[8] Und die Meermythologie des »Gilgamesch«-Epos erlaubt die Vermutung, daß die Entdeckung des Meeres eng mit der Entdeckung des Todes verknüpft ist. Der erste reflektierte Blick der Menschheit, der auf das Meer fällt, erkennt in ihm jenes gänzlich andere, Fremde, Unzugängliche, als das ihm gleichzeitig auch der Tod erscheint.

Meermythos und Todesmythos erscheinen in den alten Kulturen vielfältig miteinander verbunden. Der ägyptische Sonnengott legt die allnächtliche Todesreise als Barkenfahrt über das unterirdische Meer zurück, und auf der Todesbarke fahren die Seelen der Verstorbenen in die Andere Welt. Odysseus findet am Okeanos, dem Welt-Meer jenseits der Säulen des Herkules, den Eingang in die Unterwelt. Auch in außer-abendländischen Kulturen – in der balinesischen Mythologie beispielsweise – ist das Meer der Ort des Todes: die Landschaft, die den ›Bergen‹, dem festen Land entgegengesetzt ist. Daß wir es hier mit einer bleibenden Urerfahrung der Menschheit zu tun haben, machen noch in unserem Jahrhundert die Dichter deutlich. Ich erinnere an Thomas Mann, der in »Der Tod in Venedig« die morbide Attraktivität des todbringenden Meeres beschrieben hat und an Marie Luise Kaschnitz, die in verschiedenen ihrer Erzählungen dem Todeszauber des Meeres, der »großen Landschaft der Toten«, gehuldigt hat.[9]

Aber Tod und Leben sind in der antiken Mythologie zwar Gegensätze, gerade deshalb jedoch in der Logik des Mythos eng miteinander verknüpft. Der Ort des Todes ist auch der Ort, aus dem das Leben kommt. Im »Gilgamesch«-Epos wächst auf dem Meeresgrund das Lebenskraut – »Sein Name ist ›Jung wird der Mensch als Greis‹«.[10] Und aus den Wassern entspringt alles Leben, auch aus dem Wasser des Meeres, aus dessen Schaum Aphrodite, die Göttin der Liebe, entsteigt. Oder das Leben als Idee der Philosophen, wie in der Kosmogonie des Thales von Milet.

3. Die Angst vor dem Chaos

Daß das Leben – das Feste, der Kosmos, die Ordnung der Welt – aus dem Meer entstiegen ist, davon sprechen auch die Schöpfungsmythen. »Und Gott sprach: Es werde eine Feste zwischen den Wassern, die da scheide zwischen den Wassern. Da machte Gott die Feste und schied das Wasser unter der Feste von dem Wasser über der Feste«, heißt es im biblischen Schöpfungsbericht (Genesis 1,6). Nach dieser Vorstellung schwimmt die Erde nicht nur auf dem Meer; auch über dem Firmament des Himmels dehnt sich das Meer aus. Daß diese »Scheidung« bedroht ist, davon erzählt der biblisch-babylonische Mythos der Großen Flut (in der möglicherweise Menschheitserinnerungen an eine kosmische Urkatastrophe aufgehoben sind): Das Meer überflutet die Erde, am Firmament tun sich die »Schleusen des Himmels« auf und das hereinbrechende Wasser vernichtet die Menschheit. Das Meer, das im Akt der Schöpfung an seinen Ort gebannt wurde, bleibt also beständige Bedrohung dieser Schöpfung. In der Neuen Welt, die einmal kommen wird, wird es daher das Meer, die Bedrohung des Kosmos durch das Chaos, nicht mehr geben: »Und das Meer ist nicht mehr«, heißt es in einem biblischen Buch der jüdisch-christlichen Apokalyptik (Johannes-Apokalypse 21,1). In den Meeresungeheuern, den Monstern der Tiefe, dem gefräßigen Leviathan, der Großen Schlange aus dem Meer, in den Nixen und Meermännern der Märchen wird diese Angst vor dem Chaos noch lange weiterleben.

Und ist es denn nicht auch wirklich gefährlich, dieses Meer, gesehen mit »den Augen der Alten« (Braudel), befahren mit kleinen Segelschiffen von Küste zu Küste, von Insel zu Insel, bedrohlich im Sturm ebenso wie in der Flaute, schwankender Boden, der Heimat nur vortäuscht, aber niemals ersetzt? Wie kein anderes Werk der Weltliteratur erzählt die »Odyssee« von den Gefahren des Meeres: den realen

Gefahren von Sturm und Schiffbruch ebenso wie von den mythischen Gefahren der Verführung des reisenden männlichen Abenteurers durch die weiblich-animalische Natur. Bis weit in die Jahrhunderte der frühen Neuzeit hinein bleibt das Meer die Landschaft des Abscheus und der Angst – glücklich der Mann, der ihrem Schrecken entronnen ist.[11] »Das klassische Zeitalter kennt – bis auf wenige Ausnahmen – weder den Zauber der Sandstrände noch die Erregung des Badenden, der mit den Wellen kämpft, noch die Freuden der Sommerfrische am Meer. Eine ganze Schicht abstoßender Bilder verhindert das Aufkommen eines lustvollen Verlangens nach der Küste.«[12] Nicht einmal *blau* war dieses Meer, gesehen mit den Augen der Alten: *ioeides*, das meint ›schwärzlich, braun‹ und *oinops*, ›dunkelrot‹ – so sind die Farben des Meeres in der »Odyssee«.

4. Das Meer als therapeutischer Ort

Es hat lange gedauert, bis sich diese Wahrnehmung des Meeres durch die Menschen geändert hat. Erst um die Mitte des 18. Jahrhunderts, menschheitsgeschichtlich gesehen also vor relativ ›kurzer‹ Zeit, zeichnet sich ein Wandel der Einstellung ab, der sich – in Alain Corbins Buch »Meereslust« vor allem aus englischen und französischen Quellen dokumentiert[13] – zu einem neuen ›Diskurs‹ verdichtet, in dem sich Medizin, Philosophie und Zivilisationskritik treffen. Auf diese Weise wird das Meer als *therapeutischer* Ort entdeckt: eine Wahrnehmungsweise, die in der Folgezeit zur *Ästhetisierung* und schließlich zur *Romantisierung* des Meeres führen wird.

Eine wichtige Rolle spielt in diesem Zusammenhang die Neubewertung des Wassers durch die Medizin der frühen Aufklärung. Wasser galt im Zeitalter des Barock als schädlich für die Haut, Waschen war in der höfischen Etikette verpönt. Es ist dann die neue Hinwendung zur ›Natur‹ und die Polemik gegen den äußeren und den ›moralischen‹ Schmutz der Zivilisation, die im 18. Jahrhundert Hydrotherapien als bevorzugte Reinigungs- und Hygienemaßnahmen gegen die »urbane Pathologie«[14] entstehen lassen. Dabei geht es zunächst nicht um Meer-, sondern um Süßwasser, dessen innere und äußere Anwendung von den Ärzten empfohlen wird. »These admirable qualities inherent in simple Water, are clearly evinced by the uninterrupted health, good spirits as Longaevity of those who use nothing else for their ordinary drink«, heißt es 1752 bei Tobias Smollett, einem unermüdlichen Propheten der Hydrotherapie: Wasser erscheint also als ein Mittel, das Leben zu verlängern.[15] Die äußere Anwendung von Wasser in Form von kalten Bädern empfiehlt Smollett zur Behandlung von Hypochondrie, Nervenschwäche und Verdauungsstörungen[16] (in den ›kalten Güssen‹ der Nervenkliniken hat diese Therapie bis ins 20. Jahrhundert überlebt).

In Richard Russels 1760 erschienener »Dissertation on the Use of Sea Water« wird die Idee vom heilenden Wasser dann auf das Meer übertragen – »the Sea which the omniscient Creator of all things seems to have designed to be a kind of common Defence against the Corruption and Putrefaction of Bodies«[17], wie es bei Russel euphorisch heißt. Er stellt in seiner Abhandlung 39 verschiedene Krankheitsfälle aus der eigenen Praxis vor, in denen Meerwasser Heilung brachte und dies bei so unterschiedlichen Leiden wie u. a. Drüsenschwund, Rheumatismus, Skorbut, Gelbsucht, Hautfäule, Gonorrhöe, Gesichts-Herpes oder Aussatz. In fast allen Fällen wurde dabei Meerwasser von Dr. Russel äußerlich oder innerlich in kleinen Dosen verabreicht, wobei das Wasser oft verschiedenen Prozeduren (wie längerem Kochen) unterzogen und durch Versetzen mit Milch, Fischgräten oder Pflanzenauszügen zu bestimmten Essenzen verarbeitet wurde. Was lag dann näher, als die heilende Kraft des Seewassers auch unmittelbar zu erproben: Im Fall einer ›Schwellung der Kniedrüsen‹ bringt einem Patienten nicht das Trinken von täglich zwei Pint Seewasseressenz, sondern erst »cold bathing in the Sea«[18] Heilung. Und ausführlich wird aus der Praxis des befreundeten Arztes Dr. Lewis der Fall einer jungen Dame vorgestellt, die sich nach einer Beinverletzung einen skrofulösen Knochenfraß zugezogen hatte, den sie, als alle anderen Mittel nicht anschlagen, durch Baden im Meer kuriert (eine nach den damaligen Schicklichkeitsvorstellungen ganz und gar ungewöhnliche Handlung). »Growing cheerful upon this ... she bathed in the Sea, first only twice a Week, then three times, and at last every day; and always after bathing in the Sea returned home with more Strength and Spirits.«[19]

»Growing cheerful upon this«, sie wurde heiter dabei, heißt es in dem Bericht, und wir ahnen, daß die Heiterkeit der jungen Lady nicht nur die Wirkung der Hydroxitsalze des Meerwassers war. In der Tat entwickelt sich in der zweiten Hälfte des 18. Jahrhunderts das Badevergnügen genau auf diese Weise, daß eine zunächst streng medizinische Verordnung mehr und mehr von emotionalen und sozialen Komponenten des Vergnügens durchsetzt wird, bis diese am Ende die ursprüngliche medizinische Applikation weitgehend aus dem Blick geraten lassen. So entwickelt sich das Meerbaden über rund 200 Jahre hinweg im Spannungsfeld zweier gegenläufiger Prinzipien: dem Kur-Prinzip und dem Lust-Prinzip. Die Vertreter des *Kur-Prinzips*, als dessen Sachwalter sich Badeärzte, Gesundheitsratgeber, Kurverwaltungen und Hüter der öffentlichen Ordnung verstanden (und in deren Fußstapfen heute Umweltschützer und -mediziner treten), wollten durch das Aufstellen präziser Regeln und Ordnungen medizinischer, sozialer und moralischer Art das Baden als ernsthafte Angelegenheit betrachtet wissen – gegen die Vertreter des *Lust-Prinzips*, die im Baden nur ihr individuelles Vergnügen sahen. Vor allem im Bereich der Moral wurde dieser Kampf über Generationen hinweg an den Stränden ausgetragen. Gegen die Tendenz der Vermischung nicht nur der sozialen Gruppen, sondern auch der Geschlechter und das erotisierende Flair des Strandlebens wurde im Lauf der beiden Jahrhunderte eine Fülle von Reglements aufgestellt, die die ›Grenzen des Anstands‹ sichern sollten: Badekarren, Geschlechtertrennung an den Stränden, Kleiderordnungen, Trennung von ›Textil‹- und ›Nacktbadestrand‹ – Abgrenzungen, die sich am Ende samt und sonders als unrealistisch erweisen sollten.[20] Der Strand präsentiert sich seit dem 18. Jahrhundert als diejenige Landschaft, an der die Regeln der Distinktion, auf denen die Gesellschaft gegründet ist, nicht recht funktionieren. Es ist kein Zufall, daß das Baden im Meer im Zeitalter der Französischen Revolution in Schwung kommt.

5. Von der Heilsamkeit zur Schönheit

Die älteste deutschsprachige Beschreibung eines Meerbades stammt von keinem Geringeren als dem Göttinger Aufklärer Georg Christoph Lichtenberg. Er hatte während seines Englandaufenthalts 1774/75 auch die Seebäder Margate und Brighton besucht und verfaßte nach seiner Rückkehr für den »Göttinger Taschen Calender« auf das Jahr 1793 einen Essay unter dem Titel »Warum hat Deutschland noch kein großes öffentliches Seebad?« Darin rühmt er, bezugnehmend auf das englische Vorbild, die Heilkraft des Meerbadens und plädiert für die Einrichtung eines Seebades auch in Deutschland.[21] Er schlägt dafür Orte wie Ritzebüttel, Cuxhaven, Neuwerk oder die Insel Helgoland vor (die er 1778 selber besucht hatte), gibt überhaupt der durch das »unbeschreiblich große Schauspiel der Ebbe und Flut«[22] geprägten Nordsee den Vorzug vor der ruhigeren Ostsee – aber sein öffentlicher Appell an den Hamburger Senat sollte ebenso ungehört verhallen wie die bereits zehn Jahre vorher erfolgte private Petition des Juister Inselpastors Gerhard Janus an den König von Hannover.[23] Die »Herren Hamburger« (Lichtenberg) hielten die Einrichtung eines Seebades für puren Luxus.[24] Beim Herzog von Mecklenburg-Schwerin fand Lichtenbergs Appell allerdings Gehör: 1794 wurde in Doberan an der Ostsee – vermittelt durch Lichtenbergs Vertrauten, den fürstlichen Leibmedicus Samuel Gottlieb Vogel – das erste deutsche Seebad eröffnet.[25] 1797 folgte mit Norderney die Gründung des ersten deutschen Nordseebades. In dem Berliner Medizin-Professor und romantischen Natur-Philosophen Christoph Wilhelm Hufeland sollte die Idee des Meerbadens in Deutschland ihren wichtigsten theoretischen Förderer finden.

Liest man Lichtenbergs Plädoyer für die Einrichtung eines deutschen Seebades, kann man erkennen, daß sich die im engeren Sinn *aufklärerisch-medizinische* Begründung mit einer anderen vermischt, die man als *naturästhetische* bezeichnen kann. Mit anderen Worten: Der Aufenthalt am Meer wird nicht nur wegen der heilenden Kräfte des Wassers empfohlen, sondern auch wegen der Anschauung des erhabenen Schauspiels der Natur, das sich dem Besucher biete:

»Was aber außer der Heilkraft jenen Bädern einen so großen Vorzug vor den inländischen gibt, ist der unbeschreibliche Reiz, den ein Aufenthalt am Gestade des Weltmeers in den Sommermonaten, zumal für den Mittelländer, hat. Der Anblick der Meereswogen, ihr Leuchten und das Rollen ihres Donners, der sich auch in den Sommermonaten zuweilen hören läßt, gegen welchen der hochgepriesene Rheinfall wohl bloßer Waschbecken-Tumult ist; die großen Phänomene der Ebbe und Flut, deren Beobachtung immer beschäftigt ohne zu ermüden; die Betrachtung, daß die Welle, die jetzt hier meinen Fuß benetzt, ununterbrochen mit der zusammenhängt, die Otaheite [= Tahiti] und China bespült, und die große Heerstraße um die Welt ausmachen hilft; und der Gedanke, dieses sind die Gewässer, denen unsere bewohnte Erdkruste ihre Form zu danken hat, nunmehr von der Vorsehung in diese Grenzen zurück gerufen – alles dies, sage ich, wirkt auf den gefühlvollen Menschen mit einer Macht, mit der sich nichts in der Natur vergleichen läßt, als etwa der Anblick des gestirnten Himmels in einer heitern Winternacht. Man muß kommen und sehen und hören.«[26]

Lichtenberg bezieht sich hier auf die zeitgenössische Theorie einer ›Ästhetik des Erhabenen‹, die sich an den grandiosen Landschaften der Einsamkeit und der Stille begeisterte und durch Anschauung der Natur große Gefühle erwecken wollte. Und damit beginnt eine neue Epoche in der Wahrnehmung des Meeres. Die Menschheit hatte Jahrtausende (vermutlich Jahrzehntausende) dem Meer mit ängstlicher Scheu gegenübergestanden, es allenfalls als notwendige, aber gefährliche Grundlage für Seefahrt und Fischfang angesehen. Im medizinischen Diskurs des 18. Jahrhunderts beginnt dann die erste vorsichtige Annäherung an das salzige Element: Es wird jetzt als heilsam und nützlich beschrieben, es purgiert den Leib und wehrt der Zersetzung der Körpersäfte. Ein weiterer entscheidender Schritt in der Aneignung des Meeres ist seine *Ästhetisierung*: Das lange mißachtete Meer, die Nicht-Landschaft schlechthin, wird als schön entdeckt, ein erhabener Anblick, Genuß für die Augen.

6. Selbst-Erfahrung auf dem Schiff

Auch bei der Augenlust am Meer ist im Zeitalter der klassischen Ästhetik immer das Moment der Heilsamkeit im Spiel. Die Betrachtung der Natur, des ›Natur-Schönen‹, ist Balsam für die Wunden der Seele und heilt den an den Übeln der Gesellschaft leidenden Geist. Natur-Erfahrung wird damit zur Selbst-Erfahrung des sich erneuernden Ich. Niemand hat diesen Prozeß im Hinblick auf das Meer emphatischer beschrieben als Johann Gottfried Herder im »Journal meiner Reise im Jahr 1769«, einer Reise, die den damals 25jährigen, jungen Lehrer aus Riga über die Ostsee führte.

»Ich gefiel mir nicht als Schullehrer; die Sphäre war für mich zu enge, zu fremde, zu unpassend ... Ich gefiel mir nicht als Bürger, da meine häusliche Lebensart Einschränkungen, wenig wesentliche Nutzbarkeiten und eine faule, oft ekle Ruhe hatte ... Ich mußte also reisen.«[27]

So beginnt Herders Sturm-und-Drang-Journal: der erste deutsche Reisebericht eines modernen ›Aussteigers‹. Die Reise über das Meer wird dem unglücklichen jungen Lehrer zum Medium der Befreiung aus den bedrückenden Verhältnissen des Stubengelehrten, einer faustischen Figur, die nach Erkenntnis der Natur und des Lebens strebt und sie im häuslichen Ambiente nicht findet. Ohne Bücher macht er sich auf die Reise, um »aus der Natur zu philosophieren«,[28] und das Meer wird sein Lehrmeister, zugleich Medium seiner Befreiung. Es vermittelt ihm die Erfahrung der Bewegung, in der auch die festgefahrenen Gedanken des Reisenden wieder lebendig werden; die Erfahrung der Grenzenlosigkeit, die ihn die Einschränkungen des häuslichen und bürgerlichen Lebens vergessen läßt; die Erfahrung der Bildung aus Unmittelbarkeit und Anschauung der Natur.

»Was gibt ein Schiff, das zwischen Himmel und Meer schwebt, nicht für weite Sphäre zu denken! Alles gibt hier dem Gedanken Flügel und Bewegung und weiten Luftkreis! Das flatternde Segel, das immer wankende Schiff, der rauschende Wellenstrom, die fliegende Wolke, der weite unendliche Luftkreis!«[29]

Die Meerfahrt gewinnt hier eine neue semantische Qualität. Sie wird zum Medium der Selbst-Erfahrung. Goethe, der während seiner Überfahrt von Neapel nach Palermo im Frühjahr 1786 vier Tage auf dem Schiff verbrachte, hat dabei eine ähnliche Erfahrung gemacht. Er formuliert sie, wesentlich zurückhaltender als der genialische Herder, mit den Worten:

»Hat man sich nicht ringsum vom Meere umgeben gesehen, so hat man keinen Begriff von Welt und von seinem Verhältnis zur Welt.«[30]

7. ›Ich liebe das Meer wie meine Seele‹: Der romantische Blick in die Tiefe

»Man muß kommen und sehen und hören«, hatte Lichtenberg an die »gefühlvollen Menschen« appelliert. Die gefühlvollen Menschen, die dann tatsächlich ans Meer kamen – auf den Spuren der Aufklärer, jedoch mit eigenen großen Gefühlen – waren die Romantiker. Und ihnen verdankt das moderne Erleben des Meeres seine eigentliche Entdeckung.

Im Sommer 1825 kommt Heinrich Heine nach Norderney (zwei weitere Aufenthalte 1826 und 1827 werden folgen, 1827 besucht er auch Wangerooge). Auch diese Reise war zunächst medizinisch indiziert. Der 28jährige Göttinger Doktor der Rechte war gesundheitlich angegriffen, fühlte sich überreizt und nervös, litt unter chronischen Kopfschmerzen und wollte sich durch stärkende Bäder im »Salzwasserelement« (Heine) der »Beyhülfe seiner Physis«[31] wieder versichern. Aber der medizinisch empfohlene, junge Kurort Norderney ist zu jener Zeit längst Tummelplatz lockerer Geselligkeit (»high life«,[32] schreibt Heine) geworden. Zahlreiche *Demoiselles*, alleinstehende Damen, verbringen den Sommer am Meer (auf der Suche nach Heilung natürlich auch sie). Heine besucht die Bälle im Conversationshaus, macht den »schönen Weibern die Cour«,[33] wechselt verliebte Blicke mit attraktiven Strandbekanntschaften, scharwenzelt mit den hannöverschen Offizieren und fraternisiert mit einem russischen Fürsten. Kein Wunder, daß er an seinen Freund Varnhagen von Ense schreiben kann: »Mit meiner Gesundheit geht es immer besser.«[34] Vor allem aber findet der junge Dichter auf der kargen Nordseeinsel eine Landschaft, die seine Seele berührt:

»*Ich liebe das Meer, wie meine Seele. Oft wird mir sogar zu Mute, als sei das Meer eigentlich meine Seele selbst; und wie es im Meere verborgene Wasserpflanzen gibt, die nur im Augenblick des Aufblühens an dessen Oberfläche heraufschwimmen, und im Augenblick des Verblühens wieder hinabtauchen: so kommen zuweilen auch wunderbare Blumenbilder heraufgeschwommen aus der Tiefe meiner Seele und duften und leuchten und verschwinden wieder – ›Evelina!‹*«[35]

So heißt es im zweiten Teil der Heineschen »Reisebilder« (»Die Nordsee«), und hier werden Töne angeschlagen, die es vorher in der Einstellung gegenüber dem Meer nicht gegeben hatte. Und die Frage, was die Ursache dieses historischen Wandels ist, beantwortet sich bei einem genaueren Blick auf Heines Liebeserklärung an das Meer fast von selbst: Es ist die neue Entdeckung des Unbewußten, die Faszination der Tiefenschichten der menschlichen Seele, die die Verzauberung durch die Tiefen des Meeres in der Moderne möglich macht und begleitet. Das Meer wird zur Seelenlandschaft, und der Blick des Reisenden im Boot, der sich in den geheimnisvollen Tiefen des Ozeans verliert – eine literarisch neue Perspektive der Wahrnehmung –, wird zum Blick in die eigenen unergründlichen Seelenlandschaften. Der alte mystische Wunsch des »O daß mein Sinn ein Abgrund wär / Und meine Seel ein weites Meer«[36] findet in der romantischen Poesie seine säkulare Erfüllung. In einem seiner bekanntesten Gedichte, »Seegespenst« –

»*Ich aber lag am Rande des Schiffes,
Und schaute, träumenden Auges,
Hinab in das spiegelklare Wasser,
Und schaute tiefer und tiefer ...*«[37]

– vermischt sich, wie häufig bei Heine, der Blick in die Seelentiefen mit dem Sehnsuchtsblick in die Vergangenheit: die Zeit der untergegangenen Harmonie der Menschheit, der melancholisch erinnerten eigenen Kindheit, der verlorenen Liebe. Damit sind zentrale Themen der romantischen Poesie berührt.[38] Der Blick in das Meer wird zum Einblick in eine versunkene, für immer verlorene Welt, deren Geister das Ich mit geheimnisvollen Stimmen locken und betören. »Doktor, sind Sie des Teufels?«: Nur die rauhe Stimme der Vernunft rettet den Todessüchtigen vor dem Sprung in die Zauberwelt des Meeres. »Bleib du in deiner Meerestiefe ,/ Wahnsinniger Traum ...«[39]

Heines »Nordsee«-Gedichte (1827 in das »Buch der Lieder« integriert) bilden zusammen mit dem zweiten Teil der »Reisebilder« (»Die Nordsee«) das erste komplexe Werk der deutschen Literatur, das ausdrücklich dem Meer gewidmet ist. Sein thematischer Reichtum umfaßt so gut wie alle romantischen Motive der Wahrnehmung und Aneignung des Meeres: die Tageszeit-Stimmungen der Dämmerung, des Sonnenuntergangs, der Nacht und des Vollmonds (die auch in der romantischen Malerei eine große Rolle spielen), die Wetterphänomene des Sturms, der Flaute und des Gewitters, die Motive des Strandspaziergangs, der Bootsfahrt, des Schiffbruchs und des Todes – und dies alles aus der Perspektive des Betrachters, der, »gedankenbekümmert und einsam«,[40] dem Meer gegenübertritt. »Bin ich nicht der Hofdichter der Nordsee?«,[41] kann Heine in der ihm eigenen Keckheit fragen. In der Tat gehören einige seiner »Nordsee«-Gedichte zu den schönsten Huldigungen an das Meer.

War Heinrich Heine der romantische Poet der Nordsee, so wurde gleichzeitig ein anderer Dichter der lyrische Entdecker der Ostsee: der von Heine hoch verehrte Wilhelm Müller, der Autor der »Winterreise« und der »Schönen Müllerin«. Im gleichen Sommer des Jahres 1825, in dem Heinrich Heine auf der Insel Norderney die Nordsee entdeckt, besucht der drei Jahre ältere Wilhelm Müller die Insel Rügen. Und hier entsteht, genau zeitgleich mit Heines »Nordsee«-Zyklus, Müllers lyrischer Ostsee-Zyklus »Muscheln von der Insel Rügen«, den er im September 1826 im Taschenbuch »Urania« veröffentlicht.

»Aus des Meeres tiefem, tiefem Grunde
Klingen Abendglocken tief und matt,
Uns zu geben wunderbare Kunde
Von der schönen alten Wunderstadt.«[42]

– so beginnt Müllers Gedicht auf die versunkene Stadt Vineta. Wieder ist es, wie bei Heine, das Motiv des Eintauchens in die Zauberfluten der Tiefe, ist es der Wunsch nach Verschmelzung mit einer verlorenen Welt der Vergangenheit, die den romantischen Dichter beim Anblick des Meeres fasziniert:

»Und dann möcht ich tauchen in die Tiefen,
Mich versenken in den Widerschein
Und mir ist, als ob mich Engel riefen
In die alte Wunderstadt hinein.«[43]

Der Meeresgrund wird in der Literatur ein fortdauerndes Faszinosum bleiben.[44] Die schönste Geschichte, die dieser Landschaft gewidmet ist, ist Hans Christian Andersens Märchen von der »Kleinen Seejungfrau«. Dort geht der Sehnsuchtsblick allerdings nicht von oben nach unten, sondern in umgekehrter Richtung: aus der Welt der Nixen und Wasserfrauen in die Welt der Menschenkinder.[45]

8. Strandspaziergang, leere Landschaft

Zu den neuen literarischen Formen der Aneignung der Meerlandschaft gehört auch der Blick des einsamen Spaziergängers auf das Meer.

»*Gar besonders wunderbar wird mir zu Mute, wenn ich allein in der Dämmerung am Strande wandle – hinter mir flache Dünen, vor mir das wogende, unermeßliche Meer, über mir der Himmel wie eine riesige Kristallkuppel – ich erscheine mir dann selbst sehr ameisenklein, und dennoch dehnt sich meine Seele so weltenweit. Die hohe Einfachheit der Natur, wie sie mich hier umgibt, zähmt und erhebt mich zu gleicher Zeit, und zwar in stärkerem Grade, als jemals eine andere erhabene Umgebung. Nie war mir ein Dom groß genug; meine Seele mit ihrem alten Titangebet strebte immer höher als die gotischen Pfeiler und wollte immer hinausbrechen durch das Dach.*«[46]

Heines Phantasie des einsamen Spaziergängers am Meer führt, anders als in der barocken Melancholie-Dichtung eines Andreas Gryphius,[47] nicht in die Bewegung der Flucht der Seele zu Gott, sondern zu einer weltlichen Frömmigkeit, die im erhabenen Anblick des Meeres die vollkommenere, ›größere‹ Manifestation des Göttlichen erkennt.

»*Am blassen Meeresstrande / Saß ich gedankenbekümmert und einsam ...*«: Es gehört zum Charakter dieses ›romantischen‹ Strandes, daß er nicht nur menschenleer, sondern auch weitgehend leer an natürlichen Zeichen ist, Wüste aus Sand und Meer, vom unendlichen Himmel überspannt. Dieser, sein Wüstencharakter, hatte auf frühere Generationen abschreckend gewirkt; jetzt wird gerade dieser Typ der Landschaft eine Art neuer *locus amoenus*. Denn die Romantik begeistert sich an den einsamen, den ›leeren‹ Landschaften, die nun zur Projektionsfläche der eigenen Einsamkeit des aus Tradition und Bindung sich lösenden Bürgers werden. Auf diese Weise wird die karge, unwirtliche Nicht-Landschaft des Meeres – neben anderen einsamen Landschaften wie dem Gebirge oder dem Wald – zu einer Lieblingslandschaft der Romantik. Auch in der romantischen Malerei eines Caspar David Friedrich (»Der Mönch am Meer«) oder Carl Gustav Carus (»Abend am Meer«) erscheint diese einsame Landschaft, Landschaft der Melancholie, in Abend- oder Nachtstimmungen getaucht und aus der Rücken-Perspektive des Betrachters dargestellt. Eines Betrachters, der, ähnlich Heinrich Heines »Jüngling-Mann« in einem der letzten Gedichte des »Nordsee-Zyklus« die Rätselfragen des Lebens jetzt nicht mehr an Gott richtet, sondern an die Natur – an die Wogen:

»›*Sagt mir, was bedeutet der Mensch?*
Woher ist er kommen? Wo geht er hin?
Wer wohnt dort oben auf goldenen Sternen?‹
Es murmeln die Wogen ihr ew'ges Gemurmel,
Es wehet der Wind, es fliehen die Wolken,
Es blinken die Sterne, gleichgültig und kalt,
Und ein Narr wartet auf Antwort.«[48]

Der Spaziergang an der Meeresküste wird auf diese Weise zum metaphysischen Erlebnis, zur Ich-Erfahrung vor der Bühne einer erhabenen Natur. Und das Meer rückt für die Künstler, die es kennenlernen konnten (das waren in Deutschland nicht viele) in den Rang einer Urlandschaft. »Das Meer ist und bleibt für mich das Schönste in der Natur«,[49] schreibt Felix Mendelssohn-Bartholdy – ein begeisterter Meer-Spaziergänger auch er – vom Golf von Neapel an die Schwester in Berlin. Deutlicher kann sich der Wandel der Wahrnehmung von einer Nicht-Landschaft zu einer Ideal-Landschaft nicht ausdrücken.

Es ist heute, im Zeitalter flüchtiger Begegnungen mit den Ozeanen, kaum noch vorstellbar, wie noch vor wenigen Generationen der erste Anblick der unendlichen Wasserfläche auf sensible Menschen gewirkt haben muß, die ihr halbes Leben in Weimar oder in Berlin, im Thüringer Wald oder im Riesengebirge verbracht hatten und nun zum ersten Mal »uraltes Wehn vom Meer« (Rilke) verspürten. Es kann ein Schock gewesen sein, eine Offenbarung, die faszinierende und beunruhigende Erfahrung des Ungeheuren. Und es mag genügen, aus dem Tagebuch eines Reisenden zu zitieren, der in Schlesien aufgewachsen war und auf einer Wanderung als 17jähriger Jurastudent zum ersten Mal das Meer sah, ein Meer, das uns heute eher als zahm und unspektakulär erscheint: die Ostsee bei Travemünde. Es ist Joseph von Eichendorff, der dem Meer später außer einigen wunderschönen Gedichten auch die Novelle »Eine Meerfahrt« widmen wird, und er schreibt:

> »Mit der gespanntesten Erwartung sahen wir dem Augenblicke entgegen, wo wir das Meer zu Gesicht bekommen würden. Endlich, als wir den Gipfel der letzten Anhöhe von Travemünde erreicht hatten, lag plötzlich das ungeheure Ganze vor unseren Augen und überraschte uns so fürchterlich, daß wir alle in unserem Innersten erschraken. Unermeßlich erstreckten sich die grausigen Fluten in unabsehbare Fernen. In schwindlichter Weite verfloß die Riesen-Wasserfläche mit den Wolken, und Himmel und Wasser schienen ein unendliches Ganzes zu bilden. Im Hintergrunde ruhten ungeheure Schiffe, wie an den Wolken aufgehangen. Trunken von dem himmlischen Anblicke erreichten wir endlich Travemünde ... Ewig wird der Anblick des Meeres meiner Seele vorschweben!«[50]

Der Leser kann es noch heute spüren: Hier ist dem Reisenden der Schrecken in die Glieder gefahren beim Anblick des Meeres, ein Nachhall jenes archaischen Schreckens, den das Meer Jahrtausende lang unter den Menschen verbreitet hatte. Auch in der Moderne wird er sich nicht verlieren.[51] Erinnert sei nur an Edgar Allan Poes Geschichte »A Descent into the Maelström«, wo der Reisende von der Felsenklippe aus das Wüten des Ozeans erlebt, während der über Nacht ergraute Fischer von dem Wasserstrudel erzählt, der alles Lebendige verschlingt. Die Erfahrung der Vernichtung von Raum und Zeit im Angesicht des Meeres hat, ein Jahrhundert später, Thomas Mann im Kapitel »Strandspaziergang« seines Romans »Zauberberg« beschrieben: als »wundersame Verlorenheit«, als Rückkehr ins Vor-Bewußte, Prä-Zivilisierte:

»Es gibt auf Erden eine Lebenslage, gibt landschaftliche Umstände (wenn man von ›Landschaft‹ sprechen darf in dem uns vorschwebenden Falle), unter denen eine solche Verwirrung und Verwischung der zeitlich-räumlichen Distanzen bis zur schwindeligen Einerleiheit gewissermaßen von Natur und Rechtes wegen statthaft, so daß denn ein Untertauchen in ihrem Zauber für Ferienstunden allenfalls als statthaft gelten möge. Wir meinen den Spaziergang am Meeresstrande ... Du gehst und gehst ... du wirst von solchem Gange niemals zu rechter Zeit nach Hause zurückkehren, denn du bist der Zeit und sie ist dir abhanden gekommen ... Die Lehrer des Mittelalters wollten wissen, die Zeit sei eine Illusion, ihr Ablauf in Ursächlichkeit und Folge nur das Ergebnis einer Vorkehrung unserer Sinne und das wahre Sein der Dinge ein stehendes Jetzt. War er am Meere spaziert, der Doktor, der diesen Gedanken zuerst empfing – die schwache Bitternis der Ewigkeit auf seinen Lippen?«[52]

Und der Autor fügt warnend hinzu: »Wir wiederholen jedenfalls, daß es Ferienlizenzen sind, von denen wir da sprechen, Phantasien der Lebensmuße, von denen der sittliche Geist so rasch gesättigt ist, wie ein rüstiger Mann vom Ruhen im warmen Sand«.[53] Auch Thomas Mann, den »sittlichen Geist«, ist am Meer offenbar die Angst angekommen: die Angst des Sich-Verlierens im Anderen, der Verkehrten Welt, der Ewigkeit. Und was er als »Ferienlizenzen« deklariert, nährt bis heute die Wünsche der Meertouristen.

9. Zuschauer im Boot

Neben dem Strandspaziergang wird in der Zeit um 1800 auch eine andere Form der modernen Aneignung des Meeres beliebt: die Bootsfahrt. Gemeint ist die Lustreise auf dem Meer, also das ziellose Rudern oder Segeln über die Meeresfläche, die dem Vergnügen – und oft einem mit Angst gemischtem Vergnügen – dient:

»Mit klopfendem Herzen verließen wir die enge Beschränkung des Hafens und segelten in das Unermeßliche hinein. Vergebens suchte unser ungewohntes Auge im Hintergrunde ein Ende, eine Gränze; einzelne Schiffe nur, die von hier wie Nußschalen erschienen, schwebten in der Ferne. Ein niegefühlter Schauer überfiel uns bei diesem Anblicke, und wir sahen uns oft genötigt, unsere Augen von dem herrlichen Schauspiele abzuwenden.«[54]

So heißt es in Eichendorffs oben erwähntem Reisetagebuch. Natürlich bleibt bei solchen Lustreisen auf dem Meer das Land immer in unmittelbarer Nähe und dies nicht nur aus Gründen der Sicherheit. Die Küste ist Teil des »herrlichen Schauspiels«, geht es doch bei der Bootsfahrt um den Genuß des panoramatischen Blicks, der jetzt nicht wie bereits in der ›Ästhetik des Erhabenen‹ vom Land zum Meer, sondern in umgekehrter Richtung in Szene gesetzt wird.

Eine Meerlandschaft, an der dieser panoramatische Blick über Generationen hinweg sich besonders zu ergötzen wußte, war der Golf von Neapel. Als 1794 der Vesuv ausbricht und die Bevölkerung von Neapel in Angst und Schrecken versetzt, mieten sich die Maler Tischbein und Kniep eine Barke mit drei Ruderern und lassen sich auf den Golf fahren, »um diesen seltenen Anblick besser zu genießen«. »Je weiter wir hinaus ins Meer kamen, desto schöner wurde die Ansicht der Stadt, besonders da, wo man mit einem Blicke alles übersehen kann.«[55] Das Panorama vom Meer aus wird jetzt zu einer neuen künstlerischen Perspektive. Und der distanzierte Blick des aus sicherer Entfernung alles überschauenden Beobachters verwandelt noch das Unheimliche in ein gefälliges Tableau. In zahllosen Gouachen, Kupferstichen und Lithographien ist dieser Blick über den Golf von Neapel festgehalten und als Reisesouvenir verkauft, daneben auch schon sehr früh massenmedial vermarktet worden: In den 1830er Jahren konnte man im Gropiusschen Diorama in Berlin an einer Inszenierung »Fahrt über den Golf von Neapel« teilnehmen; die Besucher nahmen auf einem Boot Platz, das mechanisch in schaukelnde Bewegungen versetzt wurde, während sich vor dem Auge des Besuchers das Panorama des Golfs in wechselnden Bildern darbot.[56]

Auch in der Musik hat die Bootsfahrt auf dem Meer ihre Spuren hinterlassen. Die Barkarole (also das Gondel- oder Schifferlied) erfreut sich seit dem Ende des 18. Jahrhunderts in Oper, Kunstlied und Instrumentalmusik wachsender Beliebtheit;[57] als Teil jener neuen romantischen Verherrlichung der Fischer, wie sie uns auch in der Literatur begegnet. Überhaupt spiegelt auch die zeitgenössische Musik jenen Prozeß der neuen Verherrlichung des Meeres – ich erinnere nur an Beethovens und Mendelssohns Vertonungen von Goethes »Meeresstille« und »Glückliche Fahrt«, an Mendelssohns »Hebriden«-Ouvertüre, an Debussys »La mer« oder an Griegs »Peer-Gynt«-Suiten. In allen Künsten – Literatur, Malerei, Musik – wird das Meer jetzt zum großen Gegenstand der Gefühle.

10. Vom Vergnügen des Schwimmens

In der Zeit um 1800 ist dann schließlich auch explizit und in neuen begeisterten Tönen von jenem Vergnügen die Rede, das sich bis zum Tourismus unserer Tage am direktesten mit dem Meer verbindet: dem Schwimmen. Genauer gesagt: dem Schwimmen erwachsener Menschen. Vorher war Schwimmen ein Kinderspaß gewesen (schon Plinius der Jüngere berichtet davon),[58] vergleichbar anderen »plaisirs de l'enfance«,[59] ›unernsthaften‹ Tätigkeiten also, die man Kindern nachsah, ohne sie indes als eines vernünftigen Menschen würdig zu erachten. Noch im 19. Jahrhundert beobachten Italien-Reisende Gruppen nackter Kinder, die ins Meer springen oder – ein frühes touristisches Spektakel am Golf von Salerno – nach Kupfermünzen tauchen, die man vor ihren Augen ins Wasser geworfen hatte.[60] Und wenn in Hans

Christian Andersens Märchen »Die kleine Seejungfrau« eine ›Strandszene‹ beschrieben wird, dann tummeln sich dort ausschließlich nackte Kinder.[61] (Wer heute in Ländern der ›Dritten Welt‹ unterwegs ist, kann übrigens an einheimischen Meeresküsten noch ähnliches beobachten: Baden ist Sache von Kindern und Jugendlichen – und zwar zumeist von Jungen.)

Daß Erwachsene hingegen in freier Natur badeten, war früher keineswegs selbstverständlich. Als die beiden Grafen Stolberg 1775 auf einer gemeinsamen Wanderung mit Goethe durch die Schweiz in jugendlichem Übermut spärlich bekleidet in einen Bergbach springen (und daran »gar nichts Anstößiges fanden«[62]), werden sie von Einheimischen mit Steinen beworfen und provozieren einen Skandal. Die beiden Stolbergs gehörten wie Goethe zu jenem Kreis junger genialischer Schwärmer, die in der Literaturgeschichte unter dem Etikett ›Sturm und Drang‹ geführt werden, und in der Tat entsteht dort mit einer neuen Sensibilität für den Körper und die ›freie‹ Natur auch die Lust am wilden Wasser. Als Friedrich Leopold zu Stolberg 1777 nach Dänemark reist, berichtet er dem Freund Klopstock begeistert vom besonderen Reiz des Schwimmens in der Ostsee: »So schön hab ich kein Bad gefunden, selbst nicht die Wiege des Rheins«.[63] Und während seiner Italienreise 1794 vergnügt er sich im Mittelmeer (Goethe hingegen scheint in Italien den körperlichen Kontakt mit dem Meer gescheut zu haben).

In Berichten deutscher Reisender ist jetzt häufiger vom vergnüglichen Schwimmen im Meer die Rede. »Von hier gingen wir nach der See, um uns zu baden«, erzählt Carl Feyerabend 1798 von der Kurischen Nehrung.

»Wir sprangen munter hinein und verspürten gar bald die angenehme, stärkende Wirkung des Wassers auf unsre durch die Wärme abgematteten Körper. Nicht weit von uns waren einige Nymphen in einer gleichen Beschäftigung, die uns durch ihren Syrenengesang anlocken wollten und uns deshalb allerlei wollüstige Bewegungen zeigten.«[64]

Das ist ein ganz anderes Baden im Meer als jene streng geregelte gymnastische Eintauchübung, wie man sie in abgeschirmten Badekarren für wenige Minuten zelebrierte, um der Gesundheit Gutes zu tun. Was hier beschrieben wird – das ›freie‹ Baden am Strand – geschieht in der Zeit um 1800 allerdings außerhalb jeder gesellschaftlichen Konvention; als allgemeine Praxis wird es sich in deutschen Strandbädern erst in den 20er Jahren durchsetzen.[65]

Es ist dann die romantische Generation, die dem lustvollen Baden im Meer in einer bislang unbekannten Weise huldigt und damit einen Umgang mit dem Meer einleitet, wie er später selbstverständlich werden sollte. Für Lord Byron, Shelley und Trelawny, die sich um 1820 am Golf von La Spezia aufhalten, wird das Schwimmen (neben dem Segeln) zu einer der wichtigsten Vergnügungen eines ungebundenen Lebensgenusses und Freundschaftskultes (eines im übrigen noch ganz und gar männlichen Vergnügens: die Frauen, darunter Shelleys Begleiterin Mary Wollstonecraft, bleiben an Land). »Wenn die See glatt und warm war, konnte er sich stundenlang darin tummeln«,[66] schreibt Edward Trelawny von Lord Byron. Was er in seinen Erinnerungen vom Leben der drei Freunde mitteilt, die mit dem Boot über den Golf fahren, im Wasser liegend essen, Brandy trinken und schwadronieren, miteinander um die Wette schwimmen und sich dabei groß und glücklich fühlen,[67] unterscheidet sich nicht sehr von heutigem maritimem Badeleben, war damals allerdings neu und einem kleinen Kreis von Künstlern vorbehalten. Auch die Lust am Untergang war oft mit im Spiel, der Flirt mit dem Tod, wie er von sensiblen Naturen immer wieder bei der Begegnung mit dem Urelement Wasser empfunden worden ist. Shelley, von dem Trelawny erzählt »Er kreischte – nicht vor Angst, sondern vor Entzücken –, wenn die hohen Wellen sich hinter ihm auftürmten und sich schäumend brachen«,[68] ist das Meer dann auch zum Verhängnis geworden: Er ertrank wenig später bei einem Unfall mit dem Segelboot.

Aus dem Bereich der deutschen Romantik ist es vor allem August Kopisch, der sich während seines Aufenthalts am Golf von Neapel (1826–1829) exzessiv den Freuden des Schwimmens hingibt. Mit dem Freund August Graf von Platen badet er am Posillipo, und im Sommer 1826 entdeckt er schwimmend an der Nordküste von Capri die Blaue Grotte. Sein Entdeckungsbericht ist die erste Abenteuer-Erzählung eines Schwimmers – zahllose andere werden ihm im Zeitalter des heraufkommenden Abenteuertourismus folgen.[69]

Unter den begeisterten Schwimmern der deutschen romantischen Generation finden wir auch Felix Mendelssohn-Bartholdy. Während seiner Reise nach Schottland und auf die Hebriden 1829 tummelt er sich in der Nordsee und berichtet davon an die Familie: »Ebenso behaglich war es mir, als ich heut in die See hineinschwamm ... und dabei dachte, wie genau wir doch eigentlich miteinander bekannt wären.«[70] (Das fremde Element ist hier schon zum vertrauten geworden.) Auch Heinrich Heine lernt während seines zweiten Norderney-Aufenthalts 1826 das Schwimmen.[71]

11. Kinder-Meer

Die Natur- und Meerbegeisterung der romantischen Generation kann man als sichtbaren Ausdruck jener Kind-Begeisterung verstehen, die einen der wichtigsten Mythen der Epoche bildet.[72] Schwimmen war einmal ein Kinderspaß gewesen; ein Erwachsener, der ohne durch Beruf oder Schicksal dazu gezwungen zu sein, sich freiwillig diesem Vergnügen hingab, durfte sich als Kind fühlen. Möchtegern-Kinder tummelten sich auch am Strand. In der Blütezeit der ›Familienstrände‹ – so die offizielle Bezeichnung – war das Strand-Leben immer auch ein Sand-Leben: Buddeln und

Deichen und Graben im weichen, sauberen Sand, Burgenbau für die flüchtige Ewigkeit – Tätigkeiten, die Kinder mit der Ernsthaftigkeit von Erwachsenen und Erwachsene mit der spielerischen Leichtigkeit von Kindern betrieben. War nicht der Strand ein unermeßlicher Sandkasten, der Badeurlaub die zeitweise Rückkehr in die Kindheit?[73] Es ist kein Zufall, daß gerade in Deutschland, dem Land mit dem ausgeprägtesten romantischen Kindheitskult, das Strandleben die spezifischen Formen der Sandaktivitäten angenommen hat.

Mit dem Wunsch nach Rückkehr in die Kindheit konnten sich andere, elementarere Regressionswünsche verbinden (niemand hat sie eindrucksvoller zur Sprache gebracht als Thomas Mann): der Wunsch nach Rückkehr ins Elementare, in die »gedämpfte Betäubung, in der das Bewußtsein von Zeit und Raum und allem Begrenzten still selig unterging«,[74] in die »Urmonotonie« des Meeres, die vielleicht eine Erinnerung enthält an die Urmonotonie jenes anderen Wassers, in dem wir alle einmal »still selig« gelegen haben. Es gibt außer dem Meer keine andere Landschaft, die im bürgerlichen Zeitalter derartig viele Sehnsüchte ansprechen konnte.

12. Sportplatz Küste

Gegen Ende des 20. Jahrhunderts ist allerdings – auch an deutschen Badestränden – ein Wandel des Strandlebens unverkennbar. Die Sandaktivitäten treten gegenüber den sportiven Aktivitäten zurück. Die Tatsache, daß das vermeintlich aus Gründen des Umweltschutzes proklamierte Verbot des Strandburgenbaus inzwischen weitgehend respektiert wird, verweist weniger auf ökologische Einsicht der Badegäste als auf den Wandel der Freizeitaktivitäten, hinter denen allgemeine gesellschaftliche Wandlungen sichtbar werden.[75] Im Zuge der heute dominanten Leitidee vom *sportlichen* und vom *gesundheitsbewußten* Menschen (einem Muster, das für Kinder *und* Erwachsene gleichermaßen gilt), spielen großflächig betriebene sportive Aktivitäten, Strandspiele und kollektive Animationsprogramme eine immer größere Rolle. Auch das Meer selber ist heute eine Art Sportplatz geworden – womit die vorläufig letzte Facette in seiner Wahrnehmung genannt wäre. Zahlreiche Wassersport-Aktivitäten haben sich im Lauf der letzten Generation entwickelt, wobei *Geschwindigkeit* (Rennbootfahren, Wasserski etc.) und *Abenteuer* (Surfen, Drachenfliegen, Tauchen, Wellengleiten etc.) Orientierungsmuster bilden, wie sie auch außerhalb des Wassersports herrschen. Die *Anschauung* der Küste, der Genuß des panoramatischen Blicks vom Meer aus, wie sie für die frühere Wahrnehmung typisch waren, werden immer mehr abgelöst durch Formen des *Kampfes* mit dem Element. Und dank der neuen technischen Möglichkeiten des Tauchens wird der *Blick* in die Tiefe heute zum *Sprung* in die Tiefe. (Schließlich werden ja auch die Seelenabgründe heute eher begangen als betrachtet.) Daß die wahren Geheimnisse, die in der Tiefe schlummern – in der versunkenen Titanic nicht anders als im untergegangenen Vineta –, noch immer die Geheimnisse der Liebe sind, macht die Aktualität des Titanic-Mythos deutlich.

13. Die Wiederkehr des ängstlichen Blicks

Auch das zweite aktuelle Leitbild – das vom *gesundheitsbewußten* Menschen – beeinflußt heute die Wahrnehmung des Meeres und die Gestaltung der Badefreuden. Der vertraulich-naive Umgang mit der Sonne, wie er das Verhalten der Badetouristen seit den 50er Jahren geprägt hatte, macht angesichts der Warnungen von Hautärzten und Umweltmedizinern heute wieder einem Respekt gegenüber der Sonne Platz, der für frühere Generationen typisch war. Die Wiederkehr von Sonnenhut, Sonnenschirm und Ganzkörperbadeanzug gibt heute schon manchem Strandabschnitt das nostalgische Flair der Jahrhundertwende. Und Anweisungen zum Gebrauch von Sonnencremes mit pedantisch angezeigten numerischen ›Schutzfaktoren‹ erinnern an ›Badeordnungen‹ vergangener Zeiten, die das Kur-Prinzip gegenüber dem Lust-Prinzip hochhalten wollten. Wenn die Zeichen nicht trügen, gehört die ungebundene Vergnügungssucht am Strand der Vergangenheit an, könnte es sein, daß im Zeichen der ›Gesundheit‹ die alte Angst vor dem Meer in neuen Formen wiederkehrt.

Der kollektiv ängstliche Blick auf das Meer ist im ökologischen Zeitalter ohnehin an der Tagesordnung. Wer vom Meer redet, spricht von Problemen: Die Ozeane sind ölverseucht, verschmutzt, überalgt, leergefischt, aufgeheizt. Wehe dem Menschengeschlecht! Wenn die Temperaturen weiter steigen, werden die Polkappen abschmelzen und die Nordseewellen an die Bayerischen Alpen branden. Die Sintflut kehrt wieder. Und Leviathan heißt heute El Niño. Aber – so endet Eduardo De Filippos Gedicht »Das Meer«:

»*Ich, wenn ich es höre,*
besonders bei Nacht,
so wie ich sagte
sage ich nicht:
Das Meer macht Angst.
Ich sage:
Das Meer macht das Meer.«[76]

Anmerkungen

1. Vgl. Christoph Hennig: Reiselust. Touristen, Tourismus und Urlaubskultur, Frankfurt a. M. 1997, S. 27ff.
2. Bis zum frühen 20. Jahrhundert galt der weiße Teint als Schönheitsideal; Anhänger von Gesundheitsreform, Jugendbewegung und Sportkultur hatten jedoch bereits – als Außenseitergruppen – das entgegengesetzte Ideal der ›natürlichen‹ Bräune favorisiert, das dann in der Zwischenkriegszeit zunehmend populär wurde.
3. Zit. n. Fernand Braudel et al.: Die Welt des Mittelmeers. Zur Geschichte und Geographie kultureller Lebensformen. Frankfurt a.M. 1990, S. 37.
4. Zitate im folgenden nach: Das Gilgamesch-Epos, übers. u. hrsg. v. A. Schott, Stuttgart 1963, S. 71ff. (9. Tafel).
5. Ebd., S. 78.
6. Ebd.
7. Ebd., S. 96 (11. Tafel).
8. Die ältesten Zeugnisse menschlicher Grabkultur, die bislang aufgefunden wurden, sind gut 70 000 Jahre alt (La Ferrassie, Frankreich).
9. Zitat aus: Am Circeo: Gesammelte Werke, hrsg. v. Ch. Büttrich/N. Miller, Bd. 4, Frankfurt a. M. 1983, S. 282. Vgl. auch die Erzählungen »Eines Mittags Mitte Juni« oder »Der Bergrutsch« (ebd., S. 287ff. und 136ff.).
10. Gilgamesch-Epos (Anm. 4), S. 98.
11. Jean Delumeau: Angst im Abendland. Die Geschichte kollektiver Ängste im Europa des 14. bis 18. Jahrhunderts, Bd. 1, Reinbek 1985, S. 49ff.
12. Alain Corbin: Meereslust. Das Abendland und die Entdeckung der Küste, Frankfurt a. M. 1990, S. 13.
13. Ebd., S. 83ff.
14. Ebd., S. 86.
15. Tobias Smollett: An Essay on the external Use of Water, London 1752 (ND Baltimore 1935), S. 54.
16. Ebd., S. 55.
17. Richard Russel: A Dissertation on the Use of Sea Water in the Diseases of the Glands, London 1760, S. VI.
18. Ebd., S. 53.
19. Ebd., S. 138.
20. Vgl. Saison am Strand. Badeleben an Nord- und Ostsee. 200 Jahre [Katalog], Hamburg 1986.
21. Georg Ch. Lichtenberg: Warum hat Deutschland noch kein großes öffentliches Seebad? In Schriften und Briefe, Bd. 3, hrsg. v. W. Promies, München 1972, S. 95ff. Ein weiterer Badepionier war Friedrich G. Klopstock: 1776 hatte er begeistert berichtet, wie er bei Kiel in der Ostsee ein Bad genommen habe. Vgl. Hans Rüdiger: Das Baden in der See – Spiegel für den Wandel der Lebensstile. In Johannes Fromme/Wolfgang Nahrstedt (Hg.): Baden gehen. Antworten auf veränderte Lebens-, Reise- und Badestile, Bielefeld 1989, S. 81ff.
22. Lichtenberg 1972 (Anm. 21), S. 96.

[23] Abgedruckt in: Saison am Strand 1986 (Anm. 20), S. 14–17.

[24] Ebd., S. 19.

[25] Ebd.; siehe auch Hasso Spode: Der moderne Tourismus. Grundlinien seiner Entstehung und Entwicklung. In Dietrich Storbeck (Hg.): Moderner Tourismus. Tendenzen und Aussichten, Trier 1988, S. 48ff., sowie Rüdiger 1989 (Anm. 21), S. 87f.

[26] Lichtenberg 1972 (Anm. 21), S. 95f.

[27] Johann G. Herder: Journal meiner Reise im Jahr 1769. In Werke in 10 Bänden, Bd. 9/2, Frankfurt a. M. 1997, S. 11.

[28] Ebd., S. 16.

[29] Ebd., S. 14.

[30] Johann W. Goethe: Italienische Reise, Palermo 3. April 1787. In Werke, Hamburger Ausgabe, Bd. 11, S. 230.

[31] Brief an Moser, Norderney, 8. Juli 1825. In: Werke, Briefwechsel, Lebenszeugnisse, Bd. 20, Berlin 1970, S. 265.

[32] Ebd., S. 259.

[33] Ebd., S. 257.

[34] Brief an Varnhagen, Norderney, 29. Juli 1826. In ebd., S. 254.

[35] Heinrich Heine: Sämtliche Schriften, Bd. 2, hrsg. v. K. Briegleb, München 1976, S. 224.

[36] Aus Paul Gerharts Weihnachtslied »Ich steh an deiner Krippen hier« (1653).

[37] Gedicht »Seegespenst«: Die Nordsee, Sämtliche Schriften, Bd. 1, 1976, S. 192ff.

[38] Vgl. Dieter Richter: Das fremde Kind. Zur Entstehung der Kindheitsbilder des bürgerlichen Zeitalters, Frankfurt a. M. 1987, S. 229ff.

[39] Gedicht »Reinigung«: ebd., S. 194f.

[40] Gedicht »Abenddämmerung«: ebd., S. 181.

[41] Brief an Campe, Norderney 29. Juli 1826: Werke, Bd. 20, 1970, S. 254.

[42] Wilhelm Müller: Werke, Tagebücher, Briefe, Bd. 2, Berlin 1994, S. 64.

[43] Ebd., S. 64f.

[44] Vgl. auch Eichendorffs Gedicht »Meeresstille« (1835): Werke, hrsg. v. W. Rasch, Darmstadt 1971, S. 334.

[45] Erinnert sei auch an Oscar Wildes spätromantisches Märchen »Der Fischer und seine Seele« oder, aus jüngerer Zeit, an Marie Luise Kaschnitz' Gedicht »Vineta« und an Giuseppe Tomasi di Lampedusas Novelle »Die Sirene«.

[46] Heinrich Heine: Die Nordsee. Sämtliche Schriften, Bd. 2, 1976, S. 225f.

[47] Ich denke an das Gedicht »Einsamkeit«, in dem ebenfalls das Meer vom Strand aus gesehen wird; in A. Schöne (Hg.): Das Zeitalter des Barock, Texte und Zeugnisse, München 1963, S. 246.

[48] Heinrich Heine: Gedicht »Fragen«. In ebd., S. 208.

[49] Brief an Dirichlet, Neapel, 13. April 1831: Felix Mendelssohn-Bartholdy: Briefe aus den Jahren 1830 bis 1847, hrsg. v. P. Mendelssohn-Bartholdy, Leipzig 1899, S. 108.

[50] Tagebuch, 22. 9. 1805: Sämtliche Werke des Freiherrn Joseph von Eichendorff, hrsg. v.

W. Kosch/A. Sauer, Bd. 11, Regensburg 1908, S. 129f. u. 132.

[51] Vom »heiligen Schrecken« beim ersten Anblick der Ostsee bei Rostock erzählt auch Erich Kästner in seiner Kindheits-Autobiographie »Als ich ein kleiner Junge war«. In Gesammelte Schriften, Bd. 6, Stuttgart/Hamburg o. J., S. 147.

[52] Thomas Mann: Der Zauberberg, hier: Ausg. Frankfurt a. M. 1994, S. 745ff.

[53] Ebd., S. 747.

[54] Joseph v. Eichendorff: Sämtliche Werke, Bd. 11, 1908, S. 130.

[55] Wilhelm Tischbein: Aus meinem Leben, hrsg. v. L. Brieger, Berlin 1922, S. 263.

[56] H. Buddemeier: Panorama, Diorama, Photographie. Entstehung und Wirkung neuer Medien im 19. Jahrhundert, München 1970. S. 42 u. 194.

[57] Vgl. Artikel »Barkarole«. In MGG Bd. 1, 1994, Sp. 1230ff.

[58] Briefe IX, 33.

[59] Das barocke Tafelwerk der Kinderspiele von Jacques Stella: Les jeux et plaisirs de l'enfance, Paris 1657 (ND Nieuwkoop 1968) zeigt auf Tafel 20 (»Le bain« nackt badende Knaben.

[60] John A. Symonds: Sketches in Italy, Leipzig 1883, S. 289 (die Szene spielt in Amalfi).

[61] Hans Christian Andersen: Die kleine Seejungfrau: Märchen, Bd.1, Frankfurt a. M. 1981, S. 118f.

[62] Johann W. Goethe: Dichtung und Wahrheit IV,19: Hamburger Ausgabe, Bd. 10, Hamburg 1960, S. 152–154.

[63] Brief an Klopstock, Bernstorff, 12. August 1777: Friedrich L. Graf zu Stolberg: Briefe, hrsg. v. J. Behrens, Neumünster 1966, S. 93.

[64] [Carl B. Feyerabend], Kosmopolitische Wanderungen in den Jahren 1795 bis 1797, Germanien (= Danzig) 1798, S. 234. (Den Hinweis auf den Text verdanke ich Hans-Wolf Jäger.)

[65] Erst in dieser Zeit wird die Trennung von Damen- und Herrenbad aufgehoben. Vgl. Saison am Strand 1986, S. 108ff.

[66] Edward J. Trelawny: Letzte Sommer. Mit Shelley und Byron an den Küsten des Mittelmeers, Berlin 1986, S. 63.

[67] Ebd., S.63–65 und passim.

[68] Ebd., S. 108.

[69] August Kopisch: Entdeckung der Blauen Grotte auf der Insel Capri, hrsg. v. D. Richter, Berlin 1997.

[70] Brief an die Familie, Edinburgh 28.7.1829: Felix Mendelssohn-Bartholdy: Glückliche Jugend. Briefe des Komponisten, hrsg. v. G. Schulz, Bremen 1971, S. 73f.

[71] Brief an Merckel, Norderney 28.August 1826: Werke, Bd. 20, S. 259.

[72] Vgl. Richter 1987, S. 261ff.

[73] Vgl. Spode 1988, S. 61f.; ausführlich Harald Kimpel/Johanna Werckmeister: Die Strandburg. Ein versandetes Freizeitvergnügen, Marburg 1995, die betonen, daß Strandburg und Sandkasten typisch deutsche Angelegenheiten seien (S. 48).

[74] Thomas Mann: Buddenbrooks. Verfall einer Familie, Berlin 1930, S. 607 (= X,2).

[75] Kimpel/Werckmeister 1995, S. 11ff.; siehe auch Fromme/Nahrstedt 1989 (Anm. 21).

[76] Zit. n. Dieter Richter (Hg.): Neapel. Eine literarische Einladung, Berlin 1998, S. 92.

Die imaginären Landschaftsräume der Rockmusik

Ein Beitrag zur mentalen Topographie

Von Wolfgang Kos

1962, dem Jahr, in dem der Twist um die Welt ging und die *Beatles* ihren ersten Hit hatten, unternahm Martin Heidegger eine Mittelmeerkreuzfahrt. Auf dieser mehrmals aufgeschobenen Reise, ein Geschenk seiner Frau, sollte er endlich sein Sehnsuchtsland Hellas sehen. Doch bereits beim ersten Zwischenstopp auf der Insel Korfu war der Philosoph von dem Anblick, der sich ihm bot, so enttäuscht, daß er sich weigerte, an Land zu gehen.

Mit dieser Anekdote beginnt Mark Terkessidis eine Analyse des deutschen Alternativtourismus in Griechenland. »Heidegger hatte seine Reise längst gemacht – durch die tausend Details, Anekdoten, Erzählungen, aus denen das ›Griechische‹ in Deutschland gesponnen war. Die reale Reise wird fast zu einer lästigen Pflicht, doch noch in der Wirklichkeit das zu entdecken, was er vorher schon vom ›Griechischen‹ wußte.«[1] Der reisende Bildungsbürger, der wohl alle passenden Textstellen aus der klassischen Dichtung mit im Gepäck hatte, erscheint als Symbolfigur für ein emphatisches, das Erlebnis antizipierendes Reisen, bei dem die Imagination der Wirklichkeit kaum eine Chance läßt.

1. Mythos USA

Nachdem die Antikensehnsucht für die europäischen Intellektuellen die gesamte Neuzeit hindurch bevorzugter ästhetischer Zweitwohnsitz war, was den Mittelmeerraum zur modellhaften touristischen Inbesitznahme prädestinierte, wurde im 20. Jahrhundert die Phantasmagorie ›Amerika‹ im Zuge des Aufstiegs neuer populärer Medien und Kunstformen zum dominanten Projektionsraum der Phantasie. »Amerika ist die Originalausgabe der Moderne, wir sind die Zweitfassung oder die mit Untertiteln«, notierte der Amerikareisende Baudrillard.² Gerade weil Amerika keine mythische Authentizität beanspruche, lebe es in dauernder Aktualität. Doch auch die Vorstellung von permanenter Bewegung, Dynamik und Beschleunigung ist längst zum Stereotyp geworden, jederzeit in Form von Jeans-Werbespots oder Gitarrensounds rekonstruierbar. Ob Großstadtroman oder Wildwestfilm, ob Jazz oder Rock 'n' Roll: Es waren durch Medien vermittelte Bilder Amerikas, die einerseits die Beschleunigung der Wahrnehmung synkopierten und andererseits neue Phantasielandschaften für einsame Abenteurer bereitstellten.

The Greatful Dead, 1967

Wo immer Männer die Waffe ziehen oder einander verwegene Verfolgungsjagden liefern, wo immer Verlierer an der Bar sitzen oder nächtens Neonreklamen leuchten und Autoscheinwerfer aufblitzen, wo immer Musik aus dem Autoradio kommt, und der Rhythmus des Scheibenwischers Melancholie absondert, oder der Blick auf das endlose Band der Straße ein Fieber erzeugt³ – noch bevor wir solche Bilder genauer dekodieren, wissen wir, daß wir uns in einem vertrauten Raum befinden, der sich aus Versatzstücken der amerikanischen Mythologie speist. Auch die Götter, ob Gangster oder Cop, ob Filmstar oder Pop-Ikone, residieren heute im amerikanischen Himmel – der *Hall of Fame* –, der aber längst globalisiert ist, einem gigantischen Themenpark gleicht, und der die gesamte westlich geprägte Konsumgesellschaft symbolisch überwölbt.

In Greil Marcus' Buch »Mystery Train«, dessen deutscher Untertitel »Der Traum von Amerika in Liedern der Rockmusik« lautet, wird Amerika als magischer Innenraum beschrieben, in dem die Musiker immer wieder »die Fragmente von Erfahrung, Legende und Artefakten zum Leben erwecken, die jeder Amerikaner als Vermächtnis einer mythologischen Vergangenheit ererbt hat«.⁴ Die Orte der Rockmusik seien jene, die die Amerikaner immer schon gesucht hätten und die sie im Zuge dieser Suche erschaffen haben. In seinem jüngsten Buch, das am Beispiel von

Bob Dylans *Basement Tapes* von 1967/68 die Frage nach der Verwurzelung der Rockmusik in den Folkmythen abermals aufgreift und im Originaltitel *Invisible Republic* heißt, spricht Marcus sogar vom »alten, unheimlichen Amerika«.[5]

Amerikanische Nationalmotive wie der Vorwärtsdrang ins Unermeßliche und uramerikanische Alpträume wie die bindungslose Mobilität sind zu Grundmotiven einer als allgemein empfundenen Erfahrung geworden, zu einem synästhetischen Kontinuum, dessen Rhythmus, ob *high speed* oder *blue*, wir alle mitwippen können. Kommuniziert wird ein *feeling*, das, schon lange bevor es Fernsehen und Internet gab, über ein feinädriges Verteilernetz bis weltweit zum letzten Dorfkino und bis zur hintersten Jukebox vorgedrungen war. Der Sieg Amerikas in der Arena der Zeichen war längst evident, als in den 50er Jahren der Rock 'n' Roll aufkam. Mit der Rockmusik wurde die Botschaft ›Amerika‹ einerseits lauter und eindringlicher, andererseits aber auch differenzierter und subversiver. Beim Rock 'n' Roll trug von Anfang an die Behauptung von Rebellion und die Aura des Tabubruchs zu einer spezifischen Aufladung bei. Ob die Botschaft *Dancing in the Streets* hieß oder schlicht *Fun Fun Fun*: Es ging um die Terrainausweitung der Freiheit, gegen die Ordnungsmacht der Spießer. Damit wurde die Popmusik im Kalten Krieg zu einem verläßlichen Agenten der westlichen Freiheitsideologie, zugleich aber zu einem Transportmittel dissidenter oder zumindest protodissidenter Werthaltungen. Denn mit ihr wurden auch inneramerikanische Widersprüche mitrezipiert: Der Generationskonflikt zwischen Anpassung und Eigensinn, das erste Aufkeimen einer moralischen Gefühlsopposition gegen die kalte Rationalität der Wachstumsgesellschaft, intensives Spüren als Gegengift gegen die Gefühlsarmut der *Plastic People* (Frank Zappa).

Als in den Jahren des Protests gegen den Vietnamkrieg die Rockmusik zum emotionalen Vorfeld einer subkulturellen Gegenkultur wurde, wurde der Zweifel an Amerika zum Subtext vieler Rockplatten. Doch auch das zerrissene Amerika blieb ein mythisches Traumland. Hippiebands wie *The Grateful Dead* oder *Jefferson Airplane* umhüllten in der Covergraphik der LPs ihre psychedelischen Trips demonstrativ mit der Stars-and-Stripes-Flagge, die Motorradfahrer in *Easy Rider* trugen sie auf ihrer nihilistischen Wallfahrt nach New Orleans auf der Lederjacke, und Jimi Hendrix zersäbelte in Woodstock mit monströsen Verstärker-Rückkopplungen die amerikanische Nationalhymne.

2. Raumbilder

Das Hören von Rockmusik löst stets auch Raumbilder aus. Für diese standen topographische Namen als hoch aufgeladene Chiffren, *New Orleans*, *Memphis*, *Tennessee*, *Texas*. Frühe Tanzmusikhits erinnern mit ihrer beschwörenden Aufzählung an die Tradition von Landeshymnen: von *Norfolk, Virginia*, quer übers Land, *with California on my mind*, im Nachtbus nach New Orleans, über die Prärie von Iowa, von Ost nach West. Die Länge einer Single, in diesem Fall 2'20 Minuten, reicht für den rasenden Eroberungsfeldzug. Im Gegensatz zum Triumph- und Unterwerfungsgestus von Hits wie *Surfin' USA* oder *Sweet Little Sixteen (They're rocking in Boston and Pittsburgh, Pa/Deep in the heart of Texas and on the Frisco Bay ...)* waren die Ortsnamen-Sagas der späten 60er Jahre deutlich gebrochener und melancholischer. Man irrt, von der Freiheitssuche ermüdet, auf Nebenstraßen durch das Hinterland, von Tucson nach Tucumcari, von Tehachapi nach Tonopah. Der Lastwagenfahrer, der auf solchen Routen bei Regen und Schnee seine Schmuggelfahrten macht, im staubigen Song *Willin'* von *Little Feat*, wird immer wieder losfahren, denn er ist *willin' to be movin'*. Weitere fünf Jahre später, in Bruce Springsteens *Born to Run*, heißt es: *The highways (are) jammed with broken heroes/On a last chance power drive*. Die Straße als Kulissendepot für sentimentale Stimmungslagen.

In Wim Wenders' 1969 gedrehtem Kurzfilm *3 amerikanische LP's* spricht Peter Handke davon, daß die amerikanische Rockmusik für ihn nicht nur hörbar, sondern auch sichtbar sei. Die Musik würde immer neue Filme auslösen, die im Kopf ablaufen. Die Kopfbilder der Rockmusik sind panoramatische Weitwinkelbilder. Und die Bewegung des klassischen *road movies* entspricht dem Abtasten eines ins Lineare gedachten Rundpanoramas. »Man müßte Filme machen können über Amerika, die nur aus Totalen besteht. In der amerikanischen Musik gibt's das ja schon.«[6] So lautet Wenders' erster Satz im Film, dessen erste Kameraeinstellung die drei Plattenhüllen von Van Morrison, *Creedence Clearwater Revival* und Harvey Mandel zeigt, und in dem es wie in vielen frühen Wenders-Filmen um die Kongruenz von Autofahren, Landschaft und Rockmusik geht, also um das, was der amerikanische Historiker George W. Pierson einmal als Schlüssel zur amerikanischen Mentalität bezeichnet hat, den *M-Factor*, den Mobilitätsfaktor.[7] Wim Wenders sehnte sich nach entleerten und schweifenden Bildern, die mit traditionellen Schönheitsbegriffen nicht mehr faßbar sind, die aber dennoch romantisches Potential haben. Die mythischen Amerikalandschaften, die er und Handke immer wieder emphatisch beschwören, lagen jenseits der mittelalterlichen Enge europäischer Städte und der kleinteiligen Harmonie Arkadiens. Das Gestaltlose der Peripherie war nun ebenso pathosfähig wie das zerschlissene Zwischenland der modernen Industrie- und Verkehrssteppe.[8]

»Als ich zum ersten Mal hier war, wollte ich nur Bilder sehen«, liest man in Handkes Amerika-Erzählung »Der kurze Brief zum langen Abschied«. Die Aufzählung, die folgt, könnte einem Fernkurs für angehende Songwriter entstammen: »... Tankstellen, gelbe Taxis, Autokinos, Reklametafeln, Highways, den Greyhound-Autobus, ein BUS-STOP-Schild an der Landstraße, die Santa-Fé-Eisenbahn, die Wüste.«[9] Keineswegs mußte man nach Amerika reisen, um eine solche Topographie der transzendierten Trivialität vorzufinden. Im No-Budget-Film *3 amerikanische LPs* zeigt Wenders, während die Platten laufen und er mit Handke inbrünstig über Rockmusik und Amerika redet, lange Einstellungen, die aus dem fahrenden Auto heraus in der Umgebung von München gefilmt wurden: Tankstellen, neue Wohnblocks, Autowracks, Lagerplätze, Industrieanlagen, ein Autokino. Während die LP *Green River* von *Creedence Clearwater Revival* zu hören ist, schwenkt die Kamera über eine Münchner Baustelle.

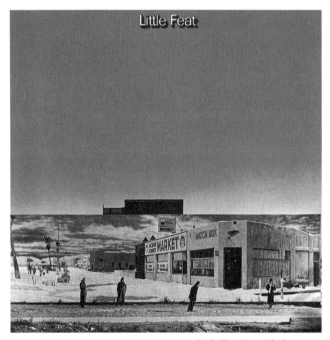

Little Feet: Dixie Chicken, 1970

Green River – das war jenes Album, auf dem John Fogerty, der Mann mit der heulenden Echostimme, tief in die amerikanische Wildnis und in die amerikanische Apokalypse vordrang. Ein »böser Mond« ging über dem Land auf, der Stürme und Verheerungen ankündigte. Eine Stadt namens Lodi wurde zum Ort des bedrohlichen Stillstands. Zum zyklischen, primitiven Stampfen der Musik und zur schmutzigen, verzerrten Gitarre stiegen giftige Schwaden aus den Mongrovensümpfen Louisianas auf. Das feuchtheiße Mündungsgebiet des Mississippi, kreolisch »Bajou« genannt, wurde via John Fogerty (und den vielen Swamp-Rockern vor und nach ihm) zu einer brodelnden Urlandschaft. Doch die Bajou-Musik war gänzlich fiktional; harmonisch und rhythmisch hatte sie mit der lokalen Musik nichts zu tun. Es war ausschließlich der fremde Klang des Wortes »Bajou«, sagte John Fogerty einmal, der ihn angelockt hätte. Konkrete geografische Einflüsse habe es keine gegeben, denn er sei, bevor er mit der Band auf Tournee ging, nie gereist. »Ich kannte nur das ländliche Kalifornien, aus den Ferien meiner Kindheit.«10 Der Green River, der auf der Platte klingt wie ein mächtiger, schlammiger Mutterstrom, sei bloß ein kleiner Bach in der Kindheitslandschaft gewesen, mit Fröschen und Libellen.

Auch der Kanadier Robbie Robertson, der als Autor von *The Band* mysteriöse Rock-Heimatlieder aus der Südstaatenperspektive schrieb (*The Night They Drove Old Dixie Down*), war ausschließlich seinen Phantasien gefolgt: »Da waren«, so Greil Marcus, »die unerklärlich aufregenden fremden Namen, die plötzlich auf Reklametafeln vor einem auftauchten oder über die meist schlecht zu hörenden südlichen Radiosender zwischen Geigen und Predigern ans Ohr drangen, Namen wie ›Dr. Pepper‹ und ›Ko-Ko bars‹; da war die Tatsache, daß man Menschen sah, schwarze und weiße, die die Klänge auslebten, die er auf seinen Platten gehört hatte. Die Wirklichkeit machte den Zauber nur noch leidenschaftlicher.«[11]

3. Reiseagentur ›Popmusik‹

»Auf freiem Fuß« – so der doppeldeutige Titel von Gernot Wolfgrubers autobiographischem Roman, in dem ein Heranwachsender inmitten eines miefigen Milieus in den späten 50er Jahren eine eigene Welt zu imaginieren versucht.[12] Er lebt im niederösterreichischen Waldviertel, hart an der tschechischen Grenze, also an der Peripherie des im Aufbau befindlichen westlichen Medien- und Konsumverbunds. Er schneidet aus der Zeitschrift »Bravo« allwöchentlich Teile von Elvis aus, bis das lebensgroße Klebebild komplett ist. Die Mutter erlaubt jedoch nicht, den Mann mit der Gitarre an die Wand zu hängen. Einige Zeit liegt Elvis dann, damit er nicht verstaubt, mit dem Gesicht nach unten unter dem Bett, bis ihn ein Schulkollege für 20 Schilling kauft. Doch auch der darf Elvis nicht aufhängen und will sein Geld zurück. Die Elvis-Episode ist in Wolfgrubers Buch nur ein Glied in einer langen Kette von symbolhaften Konstellationen, die die Differenz zum ortsüblichen Normensystem spürbar machen: Tommy Steele im Radio und der heroische Versuch, trotz mangelnder Englischkenntnisse die Rock'n'Roll-Texte mitzuschreiben, ein Dorfkapellmeister, der nicht einmal *High School Confidential* kennt, Getränke mit fremdländischen Namen wie Gin oder Curaçao, die es in einem Lokal gibt, das sich im Gegensatz zum Dorfwirtshaus ›Bar‹ nennt. Die Flaschen vor dem Spiegel in der Bar faszinieren, so wie die Platten im Radio. »Ein Stück vom wirklichen Leben«, denkt der junge Mann, der von einer Lässigkeit träumt, die in seinem statischen Umfeld nicht zu haben ist.

Immer schon hat das Unterhaltungsgewerbe, ob auf der Operettenbühne oder in der Tanzschule, mit exotischen Einsprengseln operiert, von der *Blume von Hawaii* bis zu den *Ananas aus Caracas*. Immer schon haben Kleinodien von Anderswo das Zuhause illuminiert, von der Stehlampe mit Baströckchen bis zur leuchtenden Gondola. Doch diese exotischen Versatzstücke waren Implantate, die in der normalen Lebenswelt nur zu Gast waren, ähnlich wie die auf wenige Stunden übergestülpte Faschingsrolle als Haremsdame oder als Indianerhäuptling, ähnlich wie der exakt terminierte Urlaub, dessen Wesen darin besteht, daß die Begegnung mit dem Ungewohnten spätestens am Rückreisetag wieder der störungsfreien Alltagsroutine weichen muß. In dem Maß, in dem in der Popmusik das traditionelle Showbusiness durch junge Protagonisten verändert wurde, die darauf bestanden, als selbsterfundene kreative Subjekte Botschaften aus ihrem eigenen Ich auf die Vinyl-Umlaufbahn zu schicken, wurde die Popkultur zu einem Medium, das auch umfassende Lebensentwürfe via Äther in die Jugendzimmer transportierte. Diese hatten Sprengkraft, weil sie mit Absolutheit und mit dem Anspruch von Authentizität vorgetragen wurden, die also das ›wirkliche Leben‹ betrafen und nicht nur dessen schmückende Umrahmung.

Die Popkultur wurde also zu einem Energie- und Lebensstil-Transformator, und damit zu einem Entfremdungs-Beschleuniger. Sie vermittelte, im Sinn einer *éducation sentimentale*, emotionale Rückendeckung für Selbsterkundungen und Identitätsmodellierungen, für die es vor Ort kaum Ermutigung gab. Via Rockmusik ließ sich ein Bezugssystem aus dem Ausland beschaffen, mit dessen Hilfe man zum Inland auf Distanz gehen konnte. Durch den Import verbindlicher Antikonventionen, Kleidung, Musikgeschmack, Jargon, entstanden gewissermaßen exterritoriale Bereiche, die, da ihre Codes nicht für alle lesbar waren, für Eltern und Lehrer unbetretbar waren.

In der Reiseagentur ›Popmusik‹ wurde also nicht Urlaub vermittelt, sondern Leben. Ein Grund, warum die angestammten Milieus als kalt und starr empfunden wurden, war, daß es keine tauglichen Ausdrucksformen zu geben schien, um das Innerste zum Sprechen zu bringen. Was als Gefühlssprache existierte, erschien korrumpiert, verlogen und verkitscht, ähnlich den Reisezielen im Pauschaltourismus. Im rohen Rhythm & Blues und in der elaborierten Soulmusik, um wichtige Musterbücher des Rock-Expressionismus zu nennen, fanden weiße Mittelklassekids Modelle eines stilisierten Gefühlsausdrucks, der glaubwürdig erschien. Vor allem der Blues wurde, weit über sein traditionelles Verbreitungsgebiet hinaus, zu einem neuen Raummaß für blockierte Gefühle. Über ihn konnte man sich erden. Aus der Ferne, aus dem nächtlichen Äther oder aus dem trotz Protests der Eltern auf extreme Lautstärke gedrehten Plattenspieler, kamen vor allem Energieschübe für das Körperbewußtsein. »Die Beatles, Bob Dylan, Happenings, Pop. Du zuckst im Beat-Rhythmus, großer Kontinent! Vulva wird dich verschlingen! Unsere Körper öffnen sich.«[13] Weiße Jugendliche lernten, wenn sie Elvis' Schlangenhüfte sahen oder den hechelnden Funkrhythmus von James Browns *Sex Machine* hörten, Körperzonen kennen, die in der Öffentlichkeit normalerweise mit Phrasen der Wohlanständigkeit verhüllt waren. Was als ›Negermusik‹ immer wieder verächtlich gemacht worden war, wurde zum Soundtrack einer tiefen Sehnsucht nach Rück-Verwilderung. Die Soundhülle der Musik – die räumlich-skulpturale Arbeit am Klang war in der Rockmusik stets ein wichtiger gestalterischer Parameter – konnte zur psychischen Haut werden. In der Dröhnung war man eingepanzert, tief drinnen und weit draußen. *Break on through to the other side*, sangen die *Doors*.

Eine Generation, für die Religion nur mehr ein altmodisches Konstrukt inmitten einer längst säkularisierten Konsumwelt war, durfte via Rock-Hymnik und

Soul-Ekstase spirituelles Schweben an der imaginativen Himmelstür neu ausleben. Aus der wummernden Jukebox in der ›Parkstube‹, so erinnert sich Peter Handke an seine Studentenzeit in Graz, seien dank der Beatles Töne gekommen, die ihn von innen her verwandelt hätten. Es »scholl von dort aus der Tiefe eine Musik, bei der er zum ersten Mal im Leben, und später nur noch in den Augenblicken der Liebe, das erfuhr, was in der Fachsprache ›Levitation‹ heißt, und das er selber mehr als ein Vierteljahrhundert später wie nennen sollte: ›Auffahrt?‹ ›Entgrenzung?‹ ›Weltwerdung?‹«[14] Man konnte mit Hilfe der Rockmusik außer sich geraten und zugleich dort bleiben, wo man war.

4. Bob Dylan, der Tramp

Oh, I'm sailin' away my own true love. Es ist kein Seemann, der sich mit dieser Zeile in die weite Welt aufmacht, sondern der 22jährige Bob Dylan, der allerlei Versatzstücke umnutzte, um ein Lebensgefühl drängender Rastlosigkeit auszudrücken. Dabei waren ihm poetische Bilder aus vielen Traditionen zu Diensten, von der vagabundierenden Wanderschaft (ein Standardthema im Blues) bis zur Ausfahrt der Seeleute ins Ungewisse (ein häufiges Thema in den altbritischen Folkballaden, auf deren Melodien Dylan immer wieder zurückgriff). Dylan hat das Seemannslied – es heißt *Boots of Spanish Leather* – während seiner ersten Europareise geschrieben, die ihn im Jänner 1963, nachdem er einige Wochen lang in England mit örtlichen Folksängern herumgehangen hatte, auch ein paar Tage lang nach Italien führte.[15] Einige Jahre später sollte eine weitere Europareise das Grundgerüst für ein Lied abgeben: In *When I Paint My Masterpiece* ist die Ich-Person nun aber Tourist, ohne Seemanns- oder Landstreicherverkleidung: Er läuft durch die Straßen von Rom, in denen Müll herumliegt, und imaginiert dennoch *ancient footprints*. Er trifft Botticellis Nichte im Hotel, kämpft im Kolosseum mit den Löwen, um sich dann freilich nach der Heimat zu sehnen: *Oh, to be back in the land of Coca-Cola!*

Dylan ist häufig unterwegs in seinen Songs, zumeist auf mythisch illuminierten amerikanischen Highways, manchmal mit Gringos im schmutzig-wilden Mexiko, ab und zu auch auf der klassischen Europa-Route. Die ersten Fluchtphantasien, denen sich der jugendliche Robert Zimmermann, der als Sohn jüdischer Eltern in einem entlegenen Bergbaukaff im nördlichen Mittelwesten aufgewachsen war, überantwortet hatte, waren Outlaw-Phantasien. Sie galten fremdartigen und geheimnisvollen Orten im eigenen Land, dem armen Süden der Bluessänger und den Überlandrouten der Herumtreiber und Gaukler, der Tramps und Spieler. Im Spiegel der Songs von Woody Guthrie, Leadbelly oder Hank Williams, deren Protagonisten Menschen ohne feste Adresse sind, erfand sich der junge Dylan neu. Er legte sich die imaginäre Biographie eines Vaganten zu und emigrierte in ein anderes Amerika, das gleichermaßen sagenumwoben und auf eine fundamentale Art ›wahr‹ erschien. Schon die manischen Kilometerfresser in Jack Kerouacs Kultbuch *On The Road* trieb der Erfahrungshunger: »Jede Bodenwelle und Ebene reizte meine Sehnsucht.« In die Gier nach Ekstase mischte sich immer wieder die Suche nach einer heiligen Urlandschaft, nach dem vorindustriellen Geist Amerikas. Als die Ich-Figur in Kerouacs Roman auf dem Weg in den »Westen meiner Zukunft« erstmals den »geliebten Mississippi« überquert, wird daraus ein patriotisches Sakralbild: Der Strom mit seinem »starken, üppigen Duft« riecht »wie der rohe Körper Amerikas«, denn »er wäscht ihn aus«.[16] Das Bild der Reinigung eines verkommenen Landes: ein zentrales Motiv der Beat-Poesie und der Protestsong-Bewegung (man denke an Dylans apokalyptischen Predigerton in *Blowin' In The Wind* oder *A Hard Rain's A-Gonna Fall*), aber auch omnipräsent in der Gegenkultur der Hippies, in der von einer Reinkarnation des uramerikanischen Pioniergeistes und von einer moralischen Neugründung Amerikas (*Woodstock Nation*) geträumt wurde.

Doch *The Freewheelin'* Bob Dylan – so der Titel der zweiten LP von 1963 – war nicht nur im pathosgetränkten Unterholz des widerständigen Amerika unterwegs. Mindestens ebenso wichtig war es, Bilder und Worte ganz generell aus ihren Bodenverankerungen zu lösen. Wie für viele pubertierende Poeten, denen ihre angestammte Welt zu eng ist, waren für Dylan die rätselhaften Visionen des jugendlichen Arthur Rimbaud ferne Identitätschiffren. Zumindest aus der Distanz hat auch Dylan die Grand Tour der amerikanischen Bohème-Touristen absolviert, mit Paris als Zentrum einer Kultur der Leichtfertigkeit in Poesie und Leben. In einem von Dylans langen Prosagedichten, abgedruckt auf dem Cover von *The Times They Are A-Changin'* hallen »die Klänge von François Villon« durch die »verrückten Straßen« und die Stimme von Charles Aznavour streichelt seine Sinne, »ziehen sie hinab« und »überfluten und ertränken« schließlich den schwärmerischen jungen Ami. Als Dylan dann 1965 tatsächlich erstmals nach Paris kam, kritzelte er Gedichtzeilen über die Liebespaare an der Seine, über amerikanische Touristen in knallroten Nylonhemden und über die Studenten der Sorbonne auf ihren Rennrädern, »wirbelnde Farbkleckse, ledern wie das Leben«. Gewidmet hat Dylan sein Poem damals jener Französin, die nicht nur für ihn die schönste Frau der Welt war: Françoise Hardy.

Bob Dylans Musik funktionierte von Anfang an wie eine auf Schnellgang geschaltete Umwälzanlage, in der sich Urschlamm und flink gefundenes Alltagszeug zu immer neuen Momentzuständen mischten. Kaum tauchen Figuren und Orte aus dem Sturzfluß des Sprechgesangs auf, verschwinden sie wieder in rätselhaften Assoziationen und Wortgirlanden. Die poetischen Techniken, die der ›Zungenredner‹ Dylan erprobte, waren im Feld der Avantgarde längst geläufig: Symbolismus, surrealistische Montage, Bewußtseinsstrom, freie Form. Doch indem er sie in die Volksküche der Populärmusik transferierte, machte er sie mehrheitsfähig. Ein Song wie *Like A Rolling Stone* war eben nicht nur eine labyrinthische und sinistre Beschwörung existentieller Getriebenheit und der Notwendigkeit, den sozialen Kokon zu zerschlagen (*How does it feel/To be without a home/To be on your own/With no direction home*), sondern auch ein Hit, der 1965 in den USA, in England und vielen anderen Ländern in die Top Ten vorstieß.

Bei Dylan überkreuzten sich verschiedene räumliche und zeitliche Realitätszonen. Da war immer noch, auch nachdem der heimelige Klang der Folkgitarre durch eine elektrisch verstärkte rockige Brühe ersetzt worden war, der in Strophen organisierte narrative Duktus der traditionellen Ballade, in der ein Ereignis dem anderen folgt – die Reise als Erfahrungsmetapher, Songs als potentielle Weltdurchquerungen. In den epischen Strom mischen sich surreale Brechungen. Orte, die *Highway 61* oder *The Road* heißen, werden zu Schauplätzen phantastischer Pandämonien. Die LP *Highway 61 Revisited* ist eine Abfolge seltsamer Begegnungen: Da der *mystery tramp*, der Biedermenschen keine Alibis verkauft, dort Johannes der Täufer, der einen Dieb foltert, da ein Postzug, der in die Abendsonne fährt, dort ein *junkyard angel*, der den auf dem Highway Verunglückten die Wunden zunäht, da schnell ein paar Todesängste in einem Buick, dort Einstein, verkleidet als Robin Hood, auf dem Weg zum Karneval in der *Desolation Row*. Es würde keinen Sinn machen, diesen Songs nachzureisen (nichtsdestotrotz ließen sich Dylan-Fans immer wieder vor den einschlägigen Highway-Schildern knipsen), denn ihr suggestives Angebot lautete: Folge keinem Führer, sondern riskiere Freikletterrouten durch deine eigene fröhliche Paranoia. Mit solchen Songs im Hirnspeicher konnte die alltäglichste Lebensumwelt zur großen Weltlandschaft umkippen. Der Blick »durch dunkle Sonnenbrillen und andere Formen der psychischen Explosion« ließ Vertrautes fremd werden und Fremdes vertraut.[17] Von John Lennon weiß man, daß ihn Dylans assoziatives Texten dazu ermutigte, den konventionellen Popsong hinter sich zu lassen und das Reisebüro *Magical Mystery*

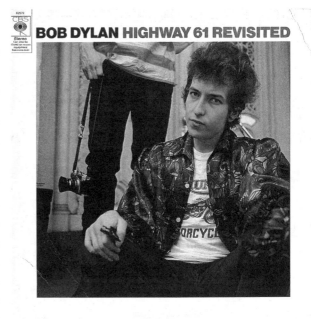

Bob Dylan: *Highway 61 Revisited*, 1965

Tours zu eröffnen. Das Driften durch surreal getönte Zustandsbilder – mit und ohne Drogen – wurde fortan zur Normroute der Poplyrik.

5. ›2000 light years from home‹

Der britische Jazzmusiker und Autor George Melly beschreibt in seinem Buch »Revolt into Style« – eine mit feiner Ironie verfaßten Lifestyle-Chronik der 60er Jahre in England – ein Abendessen bei exzentrischen Freunden mittleren Alters. Man hatte über ausgefallene Sexpraktiken und über Leute, die Bäder in Maschinenöl nehmen, geplaudert und war gerade beim Brandy angelangt, als es klingelte. Eine Gruppe »exotischer Kreaturen« kam johlend in die Wohnung. Melly staunte: »Eines der Mädchen trug den kürzesten Mini, den ich je gesehen hatte, zündete sich sofort einen Joint an und blies uns den Rauch ins Gesicht. Andere Mädchen waren mit esoterischen Perlenketten und Glöckchen behängt, und dann waren da noch Burschen in Kaftans oder Blumenhemden oder Hirtenkitteln, und sie alle kicherten, um dann wieder ganz still zu werden und einander auf eine kurios unsexuelle Weise zu berühren. Währenddessen winselte Dylan von der Hi-Fi-Anlage.«[18] Beim Weggehen erfuhr Melly, daß die flippige Gruppe die Gastgeber mit LSD versorgte.

Hatte Melly, der als Zeitrahmen für dieses Erlebnis »ungefähr die Zeit, als *Strawberry Fields Forever* herauskam« angibt, Zuwanderer von einem anderen Planeten gesehen, die ihm bisher im Londoner Straßenbild entgangen waren? Oder war die Gesellschaft in ihrem Inneren längst mit *Aliens* durchsetzt, deren Mentalität und Wirklichkeitswahrnehmung anders tickte als die der *Straight People*? Der Zeichen-Mix der ›Blumenkinder‹ ging über das traditionelle Verkleiden weit hinaus. Die Autorin Angela Carter sprach angesichts der Londoner Kleidermoden »visible insults«, von kaleidoskopartigen Inszenierungen und einem Trend zur Fragmentierung der Identität: »One feels free to behave more freely. This holiday from the persistant self is the perpetual lure of fancy dress.«[19] Versatzstücke völlig verschiedener Kulturen wurden in einer sanften Collage miteinander verknüpft, Differentes durfte ineinander fließen, die Geschlechterrollen wurden verwischt, die Raumlogik der klaren Abgrenzungen und geregelten Übergänge wurde negiert, imaginäre Landschaften erschienen betretbar.

1969 sagte der Beatpoet Allen Ginsberg in einem »Playboy«-Interview: »Wir sind von unseren eigenen Wahrnehmungen abgeschnitten. Die Pforten der Wahrnehmung sind versperrt, die Wege des Gefühls überwuchert, die Straßen der Phantasie blockiert, die Bewußtseinsfelder von Smog überzogen.« Also müsse man das Bewußtsein erweitern: »Die Welt, die sich in solchen Augenblicken öffnet, scheint seltsam vertraut, aber vergessen: wirklicher, als der übliche Aufenthalt, weil tiefer empfunden, aber zugleich auch furchterregend. Wir haben vergessen, daß diese Welt schon immer da war; das bedeutet, daß wir schon immer verrückt waren.«[20] Natürlich ging eine derartige Rhetorik des wahren Empfindens von einem enthusiastischen Umgang mit psychedelischen Drogen wie LSD aus, für den im subkulturellen Jargon schnell die Metapher der Kurzreise – des ›Trips‹ – üblich wurde. Der Wunsch, inmitten einer zernierten, durchrationalisierten und arbeitsteiligen Gesellschaft Wege zu einer ganzheitlichen Welterfahrung freizulegen, führte aber in allen Bereichen zu einem wahren Boom von Entgrenzungsphantasien und Verschmelzungsbildern. Bevorzugt wurde die Flugreise, allerdings mit extremer Elastizität im Zeitablauf: Die *Who* sahen meilenweit, die *Byrds* flogen *Eight Miles High* und bereisten die *Fifth Dimensions*, die *Amboy Dukes* begaben sich auf die *Journey to the Center of the Mind*, Tim Buckley wurde zum *Star Sailor*, Jimi Hendrix umkreiste die Sonne, *Pink Floyd* durchzogen ganze Galaxien, und sogar die Route der *Rolling Stones*, ansonsten eher erdverbunden, führte 1967 plötzlich 2000 Lichtjahre weit ins All. Wo man hinschaut, hinhört, hingreift: überall der Traum einer entterritorialisierten Welt.

Trotz Eskapismus und Weltflucht, trotz beginnender Virtualisierung des Erlebnisumfeldes: die pop-geographische Landkarte, das subkulturelle Netz der späten 60er Jahre hatte höchst reale Knotenpunkte. Die Popkultur war schnell zu einem wichtigen Imagefaktor des neuen Städtetourismus geworden. Mit dem Slogan ›Swinging London‹, der 1965 in amerikanischen Zeitungsberichten erstmals aufgetaucht war, war just das altmodische England zum Marktführer im Jugend-Business geworden. Im Zuge der Beatwelle galt die Stadt plötzlich als jung, modern und kreativ: schnelle Songs, flotte Minis, grelle Plastikutensilien. Als die Musik versponnener und die Modelinie fließender wurde, wurde auch das Image der Stadt ornamentaler, es kam zu einer Wiedergeburt der Art Nouveau und zu einem Aufschwung der Marktsegmente Silberschmuck und Räucherstäbchen.

Pionier-Orte wie Height Ashbury in San Francisco, bis in die frühen 60er ein abgewohntes Arbeiterviertel, der Trödelmarkt in der Londoner Portobello Road oder die Flaniermeile entlang der Boutiquen von King's Road wurden zu Kristallisationspunkten einer neuen Stadtromantik. In fast jedem Land gab es bald pittoreske Plätze, an denen man halbnackte Hippies anstaunen und den Duft der Blumen des Bösen aufschnappen konnte.

In der Musik der späten 60er Jahre trat das Harte und Klare gegenüber dem Fließenden und Mysteriösen zurück. Tibetanische Totenglöckchen und der Schwebeklang der indischen Sitar ließen Musikstücke als Zeremonialmusik spiritueller Pilgerreisen erscheinen. Manchmal war es auch bloß, in Synchronisation mit der obligaten Tolkien-Lektüre, die regressive Rückkehr in die Simultan-Szenerie der Märchen- und Zauberwelt. Der sanfte schottische Barde Donovan lockte seine Fans in ein geheimnisvolles Land, das »hinter riesigen Wolkenbergen« lag und jenseits von

›verdorrten Wüsten‹ – Atlantis. Die bevorzugte Form dieser Musik war die Arabeske. Die Reise konnte, ob von naturhafter Flöte oder von flirrendem Synthesizer begleitet, durch unterschiedlichste halluzinatorische Zustände führen und in weiten Rundungen abschweifen. Gitarrensoli folgten der Form der Spirale oder stiegen wie die unendlichen Treppen der Zeichnungen Eschers, Orgasmen simulierend, in ungreifbare Höhen. Wenn Enthusiasten über neue Platten redeten, klang das etwa so: »Ich kenne nur die *Super Session* von ihm. Besonders das erste Stück, bei dem die Gitarre abhebt, daß man die Klänge am Himmel verschwinden sieht wie den langen Schwanz eines Drachen.«[21] Die Rede war von Mike Bloomfield; er hatte als Studiogitarrist Bob Dylan begleitet und brachte 1969 mit *Super Session* eine jener Querfeldein-Platten heraus, auf denen die Stücke die bisher üblichen Zeitbegrenzungen sprengten. Bei diesen Marathonstücken, wie *In-A-Gadda-Da-Vida* von *Iron Butterfly* oder *Endless Boogie* von *Canned Heat*, wurde eine Reise ins Ungewisse simuliert. Sie versprach den Ausstieg aus der Zeitlogik, und man war bereit, in ein meditatives Nirvana vorzudringen. In der Gegenkultur der späten 60er Jahre wollte man Traveller sein, nicht Tourist, man verachtete die Massenrouten und bestand, den ganzen Kosmos umarmend, auf Selbstfindung als Reisezweck.[22]

The Incredible String Band:
The Hangman's Beautiful Daughter, 1968

Wie omnipräsent Landschaftsbilder waren, wenn es darum ging, die psychedelische Wahrnehmung in Worte zu fassen, mag eine Passage von Rolf-Ulrich Kaiser belegen, der um 1970 in zahlreichen Büchern deutschen Lesern im Tonfall eines Erweckungspredigers die neuen Musik- und Drogenerfahrungen zu vermitteln suchte. Über die *Incredible String Band*, elektische Folk-Esoteriker aus Schottland, liest man:

»*Hexen fliegen vorbei. Wasser plätschert von ferne, Gräser sprießen. Die Sonne geht auf, und die Sterne sprechen ... Innen und Außen gelten nicht mehr. Denn wir sind dort wie hier. Wir erleben sie beide, jetzt. Die neue Landschaft hat keinen Anfang und kein Ende, kaum einen Horizont. Ihre Bilder leuchten auf, und sie waren doch schon immer da ... Aber die neue Landschaft ist schön. Sie zeigt sich in den herrlichsten und sanftesten Farben; sie wird durchströmt von den süßesten und wildesten Gerüchen; es ertönen die zauberhaftesten Klänge.*«[23]

20 Jahre später kann man derartige Wellness-Poesie in Werbeprospekten für makrobiotischen Bio-Urlaub finden.

6. Nostalgie und Agrarromantik

Letztlich lief die ins Unendliche strömende Naturmystik der Hippies auf eine neue Sensibilität für die Nähe hinaus, auf Agrarromantik und einfaches Leben. Just auf dem Höhepunkt der psychedelische Welle florierten in der Popmusik zugleich auch Veduten der englischen Countryside. Seit mit den *Small Faces* eine dezidiert urbane Band verkündet hatte, sich zwecks innerer Sammlung in ein einsames Landhaus in Berkshire zurückziehen zu wollen, wurden solche Sommerfrischen zu beliebten Imagefaktoren für Rockmusiker. Die entlegene Hütte wurde zum Synonym für ungestörtes Kiffen und für frugales Schäferglück. Was dabei als naive Weltflucht begonnen haben mag, wurde bald zu einer Wurzelsuche mit antizentralistischem Grundgefühl: Holz kontra Beton, altes Wissen gegen Plastikmoderne, eine Kultur der Ränder gegen Gleichmacherei und Raubbau an der Natur. In vielen Ländern wurden periphere Musiktraditionen neu belebt, und es kam zu einer Hinwendung zum Randständigen und Minoritären. Es ist kein Zufall, daß die keltischen Ränder Westeuropas zu Pioniergebieten des bald einsetzenden Alternativ- und Ursprünglichkeits-Tourismus wurden – begleitet von neu belebter Fiedel- und Harfenmusik, mystischen Images und esoterischen Kursangeboten.

Zur selben Zeit, etwa ab 1967, entdeckten auch die amerikanischen Hippies den Charme des Landlebens. Es kam zu einem verblüffenden Bündnis zwischen der Rockkultur und der als reaktionär verschrienen Countrymusik, die nun auf ihr Outlaw-Potential hin befragt wurde. Zu Mandoline und Fiddle sangen langhaarige Typen, die böse Trips und wirre Lebensphasen hinter sich hatten, über das klare Wasser des Bergbaches und über Wald & Wiese. *Going to the country* war eine der häufigsten Textzeilen jener Zeit. The Band besangen mit archaischen Sinnbildern das alte Leben der bibeltreuen Sünder und zyklischen Ernten (*King Harvest*), und selbst Bob Dylan schwärmte von einer kleinen Hütte in Utah, wo er fischen und das stille Glück genießen könnte (*New Morning*). Stadtflüchtlinge gründeten Landkommunen und propagierten trotzige Autarkie; Gruppenfotos jener Jahre zeigen Analogien zu Indianerstämmen (etwa von *Grateful Dead* – deren traumsusige Zeitlupensongs den *Outlaw* ebenso beschworen wie die *American Beauty*). *Mother Nature* wurde besungen, während in der Underground-Presse die ökologische Gefährdung des »Raumschiffs Erde«, so Buckminster Fullers populär gewordene Metapher, beschworen wurde. Spätestens um 1970 – parallel zum Auftauchen des Begriffs ›Nostalgie‹ – war ein Grundgefühl des Bewahrens der alten Dinge und Werte auch in der Rockkultur

The Allman Brothers Band: Brothers and Sisters, 1973: Vorderseite (rechts) und Rückseite

dominant. Jugendliche, die erlebten, wie ihre Eltern ein altes Möbelstück nach dem anderen auf den Sperrmüll warfen, um dem Ideal sauberer Modernität zu entsprechen, lernten den Charme des Trödels schätzen. In den Industrieländern wurden aus vernachläßigten Stadtplätzen Flohmärkte mit Bohème-Flair und Drogenverdacht.

In der Schweiz trafen sich zum Beispiel 1971 die langhaarigen »Bärglütli« auf einer Alm im Oberwallis. Im Teilnahme-Aufruf war die notwendige Veränderung der Lebensgewohnheiten als Hauptmotiv genannt: »Wir wollen uns in den Bergen treffen, wo die heilenden, wiederherstellenden Kräfte der Natur, der Geist unserer Vorfahren und die Vision der Zukunft als Energiequellen für Zeiten der Krise und der großen Veränderungen ruhen.«[24] Ökopax-Träume mischten sich mit frühen New-Age-Ideen, die Hirtenflöte erklang zur Bluesgitarre. Ein paar Monate hausten die selbsternannten Bergler in eigens erbauten Steinhütten und befaßten sich mit Meditation, Sufi-Tanz, Schamanismus, Pilzen, außereuropäischer Musik, freier Liebe, Yoga, Naturheilmethoden und vergessenen Sagen.

Man wollte und konnte, dazu ermunterten die Raumbilder der Popkultur, jederzeit überall sein, wobei allerdings zwischen den Orten der positiven Energie und solchen der Lüge deutlich unterschieden wurde. Gleichsam eine animistische Weltaneignung unter postindustriellen Bedingungen: Die Zapfsäulen einer vergammelten Tankstelle in Arizona erschienen ebenso beseelt wie die verlassene Backsteinfabrik, in der man autonome Kultur einnisten wollte. Problemlos ließ sich das Andere ins eigene Leben hereinzitieren.

7. Schlußbemerkung

Das Bild von Hellas, das Martin Heidegger im Kopf hatte, ließ der Realität des modernen Griechenland keine Chance. Immerhin war es ein kohärentes Bild, gespeist aus dem Kanon klassischer Bildung. Die Raumbilder des Rock waren fragmentierter und fließender. Und heute schreibt der britische Musiker und Autor David Toop: »Musiker sind zu virtuellen Reisenden geworden, zu Schöpfern von Klangtheatern, die all die Signale übertragen, die sich im Äther empfangen lassen.« Ihre Reisebilder hätten jede konkrete Bedeutung und Stabilität verloren.[25]

Einerseits zeigte sich in den Sehnsuchtbildern der Rock-Subkultur der Wunsch nach Zeit- und Raumoasen im Off der Geschichte, nach einem Innehalten angesichts eines unerbittlichen Vorrückens der rationalen Fortschrittsdampfwalze. Andererseits war die Popmusik mit ihrer Gier nach sinnlicher Intensität selbst ein Antriebaggregat für die Beschleunigung im Erlebnisangebot und wurde zu einem dominanten Impulsgeber der Konsumkultur. In ihr scheint ein Hybridzustand von jederzeit abrufbaren und kombinierbaren Reizen zu herrschen, ein Dauermix von Nähe und Ferne, ein scheinbar konturloses Ineinanderfließen von Eigenem und Fremdem.

Anmerkungen

1. Mark Terkessidis: Das Land der Griechen mit dem Körper besuchen. Über deutschen Alternativtourismus in Griechenland. In ders./Ruth Mayer (Hg.): Globalkolorit. Multikulturalismus und Populärkultur, St. Andrä/Wördern 1998, S. 65.

2. Jean Baudrillard: Amerika, München 1987, S. 109.

3. In einem berühmten Country-Song ist vom *White Line Fever* die Rede, womit der Mittelstrich der ins Unendliche zielenden Landstraße gemeint ist. Siehe auch Anm. 7.

4. Greil Marcus: Mystery Train. Der Traum von Amerika in Liedern der Rockmusik, Reinbek 1981, S. 71.

5. Vgl. ders.: Basement Blues. Bob Dylan und das alte, unheimliche Amerika, Hamburg 1998.

6. Zit. n. Stefan Kolditz: Kommentierte Filmografie. In Wim Wenders, Reihe Film 44, München/Wien 1992, S. 113.

7. George W. Pierson: The Moving American, New York 1973. Zu den Zusammenhängen zwischen Mobilität und Populärkultur gibt es zahllose Studien, hier nur: David Pichaske: A Generation in Motion. Popular Music and Culture in the Sixties. New York 1979; Jens P. Becker: Das Automobil und die amerikanische Kultur, Trier 1989; Peter Urban: Rollende Worte – die Poesie. Von der Straßen-Ballade zum Pop-Song, Reinbek 1979.

8. Solche Idealbilder veränderten auch in Europa die Landschaftspräferenzen und ließen beispielsweise traditionelle mitteleuropäische Sommerfrischen für ein jüngeres Publikum kitschig und altmodisch erscheinen. Vgl. Wolfgang Kos: Imagereservoir Landschaft. Landschaftsmoden und ideologische Gemütslagen nach 1945. In Reinhard Sieder et al. (Hg.): Österreich 1945–1995. Gesellschaft – Politik – Kultur, Wien 1995, S. 599–623.

9. Peter Handke: Der kurze Brief zum langen Abschied, Frankfurt a. M. 1972, S. 81. Mit ganz ähnlichen Bildern beschrieb Handke auch europäische Stadtrandlandschaften, etwa die von Salzburg in der Erzählung »Der Chinese des Schmerzes«.

10. Interview mit John Fogerty. In Rolling Stone v. 4. 2. 1993.

11. Marcus 1981 (wie Anm. 4), S. 56.

12. Gernot Wolfgruber: Auf freiem Fuß, Salzburg 1975, S. 22.

13. Tuli Kupferberg: Wenn die Musik sich ändert, zittern die Mauern der Stadt. In R. D. Brinkmann/R. R. Rygulla (Hg.): ACID. Neue amerikanische Szene, Darmstadt 1969, S. 130.

14. Peter Handke: Versuch über die Jukebox, Frankfurt a. M. 1993, S. 87f.

15. Das Lied folgt der traditionellen Melodie von *Scarborough Fair*. Der Sänger erzählt von den vielen Häfen, die er anlaufen wird, und sinniert, welche Souvenirs er seiner Liebsten mitbringen könnte. Es ist eine rhetorische Frage, weil er ahnt *that it might be a long time* bis zur Wiederkehr, und weil er weiß, daß die Verlassene seine Nähe ersehnt und sonst nichts. Auch sie kommt zu Wort: Sie wisse genau, seufzt sie, daß sein Herz nicht mehr bei ihr sei, *but with the country to where you're goin'*. Deshalb solle er sich vor dem stürmischen Westwind in acht nehmen. Und, in der allerletzten Zeile, dann doch noch ein Wunsch: Stiefel aus spanischem Leder möge er ihr schicken.

16. Jack Kerouac: Unterwegs, Hamburg 1968, S. 17.

17. »Thru dark sunglasses and other forms of psychic explosion«: eine berühmte Formulierung in Bob Dylans sleeve note der LP *Bringing It All Back Home* (1965).

18. Zit. n. Hanif Kureishi/Jon Savage (Hg.): The Faber Book of Pop, London/Boston 1995, S. 289; siehe George Melly: Revolt into Style. The Pop Arts in the 50s and 60s, London 1970, S. 87.

[19] Angela Carter: Notes for a Theory of Sixties Style. In Kureishi/Savage ebd., S. 317 (zuerst 1967).

[20] Ein Interview mit Allen Ginsberg. In Karin Reese (Hg.): DIG. Neue Bewußtseinsmodelle, Frankfurt a. M. 1970, S. 71.

[21] Jürgen Theobaldy: Der Sammler. In Bodo Morshäuser (Hg.): Tank You Good Night, Frankfurt a. M. 1985, S. 24. Morshäuser lud für diese Anthologie Schriftsteller ein, über ihre Musikerlebnisse zu schreiben.

[22] Zur Unterscheidung Traveller-Tourist vgl. Oliver Häußler: Reisen in die Hyperrealität. Baudrillard und das Problem der Authentizität. In Voyage Bd. 1 (1997), S. 99ff.

[23] Rolf Ulrich Kaiser: Rock-Zeit. Stars, Geschäft und Geschichte der neuen Pop-Musik, Düsseldorf/Wien 1972, S. 106.

[24] Beat Hächler: Flower Power im Land der Geranienstöcke. Queerbeet durch die Hippie-Jahre in der Schweiz. In A walk on the wild side. Jugendkulturen der Schweiz von den 30er Jahren bis heute, hrsg. v. Stapferhaus Lenzburg, Zürich 1997, S. 88.

[25] David Toop: Ocean of Sound. Klang, Geräusch, Stille, St. Andrä/Wördern 1997, S. 12.

Es gibt keinen Grund, das Reisen den Büchern vorzuziehen

Von Jochen K. Schütze

Der große Khan von Khanbaliq besaß einen Atlas, der sämtliche Städte der Welt zeigte, einschließlich der untergegangenen und der noch nicht gegründeten. Als er diesen Atlas eines Tages vor Marco Polos Augen wälzte, bemerkte der Khan: »Mir scheint, du kennst die Städte im Atlas besser, als wenn du sie selbst besuchst.« Marco Polo antwortete: »Beim Reisen merkt man, daß sich die Unterschiede verlieren: Jede Stadt gleicht sich allen Städten an, die Orte tauschen miteinander Form, Anordnung, Entfernungen, ein formloser Staub überzieht die Kontinente. Dein Atlas bewahrt die Unterschiede makellos, jenes Sortiment von Eigenschaften, die wie die Buchstaben eines Namens sind.«

Diese deprimierende Erfahrung spricht Marco Polo in Italo Calvinos wunderbarer »Geographie der Unsichtbaren Städte« aus. Sie bedeutet, daß sich der Zauber der anderen Orte durch Akkumulation verliert, und daß sich die Einzigartigkeit der Fremde nicht im Augenschein, sondern erst in der Beschreibung verwirklicht. Für den großen Fabulanten Marco Polo erschöpfte sich die Beschreibung selbstverständlich nicht in der Wiedergabe jener eintönigen Erfahrung, sondern ging bruchlos ins Erzählen über. Er profitierte, wie alle Handelsleute, von der für das Publikum uneinholbaren Entfernung, vom Exotismus der heimgebrachten Schätze und Berichte. Wie der Preis der Waren überliefern die Buchstaben Qualität und Seltenheit der Eindrücke und sichern ihnen eine beständige Seinsweise.

Der Urtext der europäischen Reiseerzählung, Marco Polos Beschreibung der Welt, verdankt sich aber, wie das gesamte Genre, auch einer gründlichen Einsamkeit. Marc Augé nennt den Raum des Reisenden den ›Archetypus des Nicht-Ortes‹. Es zeichnet den Passagier aus, daß er sich nicht durch mannigfaltige Beziehungen zu einem Ort, gemeinsame Geschichten oder Sprachgewohnheiten identifizieren kann. Er muß unterwegs mit der Gleichgültigkeit der Orte rechnen; die Freiheit der Landstraße entspricht jener der Flughäfen, Hotelketten und Einkaufszentren, der Unverbindlichkeit der aufgereihten Sehenswürdigkeiten. Die Rede von der letzten Reise, die alte Analogie von Reise und Tod, verdient nur noch Beachtung, sofern sie besagt, daß man hier wie dort in einem Meer von überdeterminierten Belanglosigkeiten versinkt.

Gegen die wachsende Leere auf Reisen – ein Zweig der Melancholie, der so viele Reisende unwillkürlich befällt – half schon immer das Schreiben. Den bleibenden Ort der Reise, und nicht bloß einen verschwommenen, flüchtigen Aufenthalt, bildet der Reisebericht, das Buch. Im Buch kreuzen sich sämtliche Routen und die Kreuzungen verdichten sich, in der Benennung und Wiederholung haben die Wege ein Ziel. Schreiben und Reisen schließen einander wohlweislich aus, das Schreiben widersetzt sich gerade der anhaltenden Dislokation der Reise. Dennoch kommt die Reise – diese klarste Erfahrung der Vergänglichkeit – nirgendwo anders als in der Schrift zu sich.

Im Gegensatz zur Fotografie lügen die Bücher nicht. Sie erzählen Geschichten von den endlosen Umwegen, auf denen man sich der Fremde nähert, ohne sie je zu erreichen. Fotos unterstellen dagegen eine Erinnerung, die sie im selben Augenblick auslöschen. Aus diesem konformistischen Blickwinkel erscheinen Orte bedeutsam, wenn sie sich reibungslos ihrem Image fügen.

Im Verhältnis des Reisens zu den Büchern kann man, grob vereinfacht, zwei Epochen unterscheiden. In der ersten wurden aus allen großen Reisen Bücher; sie hatten den Zweck, Kunde von einem bis dahin unbekannten Erdteil zu geben. Der Grad der Fiktion, in die die Fakten eingebettet wurden, tat dem Zweck keinen Abbruch. In der zweiten Epoche hat die Weltkarte keine weißen Flecken mehr; jetzt werden aus den Büchern Reisen. Zwar muß man zum Beispiel aus Kolumbus' unbeirrbarem Glauben an die Wahrheit des Marco Polo schließen, daß auch die Reisen der ersten Epoche lediglich umständliche Lektüren kanonischer Texte waren. Aber erst als sich der edle Ritter von der Traurigen Gestalt Don Quixote de la Mancha anschickte, auf seinen Irrfahrten das Vermächtnis der Ritterromane zu erfüllen, entstand der neuzeitliche Typus der Reise im Schutz imaginärer Geographien. Solange die Welt voller Abgründe und zusammenhanglos war, wurde sie mit den schönsten und schaurigsten Phantasien bevölkert oder sogar gefälscht, doch der Reisende mußte, stets kriegsbereit, das tatsächlich Fremde anerkennen. Don Quixote ist noch ein Vertreter der textkundigen, gefährlichen Reiserei, hat aber schon mit modernen Touristen gemeinsam, daß seine Reisen aus lauter Wiedererkennungen bestehen. Wie sie ist er blind, sein von einer übermäßigen Sinnfülle geblendeter Blick ist nicht länger empfänglich für die Andersartigkeit der Welt. Wie sie fühlt er sich überall zu Hause. Seit Don Quixotes Zeiten, jedoch spätestens seit die großen Entdeckungen abgeschlossen wurden, reisen wir auf der Folie einer zweiten Topographie: durch moralische oder Bildungslandschaften, auf historisch und malerisch nobilitierte Gipfel, in geschützte Wildnisse und zu wiederbelebten Kulturen.

Essay: Jochen K. Schütze

Die Idee des Nationalparks, wie sie in der zweiten Hälfte des 19. Jahrhunderts in den USA aufkam, beleuchtet diese Verkehrung denkbar genau. Weil dem aufstrebenden Land große Kultur und Geschichte fehlten, durch die es sich auf sich selbst beziehen konnte, wurden kurzerhand überragende Naturmonumente zu nationalen Ressourcen erklärt. Sie erhielten den Status einer Ersatzkultur, und von diesem Zeitpunkt an konnte man auch in der Neuen Welt durch wohlbeschriebenes Gelände reisen, getreu der Maxime aus den Propyläen: »Was man weiß, sieht man erst!« Dieser Satz Goethes enthält die ganze Bequemlichkeit des höheren Tourismus. Er macht wie kein anderer deutlich, daß es nicht nur keinen Grund gibt, den Büchern das Reisen vorzuziehen, sondern daß wir dergleichen auch nie getan haben.

Die stereotype Begeisterung für den Augenschein stammt aus der Epoche Rousseaus, als Nacktheit mit Unschuld und ›Augen haben‹ – das visuelle Gegenstück zur Mündigkeit – mit Unverbildetheit assoziiert wurden. Der Purismus des Augenscheins war Teil des Versuchs, die Aussicht auf eine einfältige Ursprungsexistenz wiederzugewinnen. Aber auch damals stützten sich die meisten Ansichten der Fremde auf Nachrichten aus zweiter Hand, Rousseaus dringender Reiseappell an die Philosophen blieb ungehört. Heute reist man nicht bloß im Futur II – es zählt, was wir gesehen haben werden: das Foto –, sondern in erster Linie an Plätze, deren widerständige Faktizität, deren Gestank und Elend in ein gereinigtes Klischee überführt wurden. Sie ähneln einander alle darin, daß ihnen der Glanz der Geschichte, der verlorene Eigensinn, perfekt illuminiert wiederaufgepfropft wurde. Der Unterschied, der sie einst blühen ließ, verschwindet zum zweiten Mal, aus den Reisezielen werden von formlosem Staub überzogene Nicht-Orte. Die meisten von ihnen muß man nicht gesehen haben. Was in den Büchern über sie steht, ist spannender, und die unsichtbaren Städte sind am wirklichsten.

Raumkonstruktion und Tourismus

Orte der Erinnerung und Räume der Antizipation in Quebec City

Von Rob Shields

Quebec City ist eines der wichtigsten Touristenziele Nordamerikas. Es verfügt nicht allein über den ›mittelalterlichen‹ Charme einer mauerumgürteten Altstadt, sondern auch über das geschichtsträchtige Flair, einst ein entscheidender Ort in den Konflikten der europäischen Mächte um die Beherrschung Nordamerikas gewesen zu sein. Die Hauptstadt der kanadischen Provinz Quebec ist zugleich die Hauptstadt der französischen Sprache in Nordamerika – ein Ort der Erinnerung und der Gedächtnisrituale. Diese Faktoren haben wesentlich zur Erhaltung des historischen Stadtzentrums beigetragen, wodurch der französisch-›europäische‹ Charakter unterstrichen wurde. In der Tat wird für Quebec oft als für ein ›kleines Stück Europa‹ geworben. Der Tourismus bringt hier ritualisierte raumbezogene Praktiken mit sich. Für die einen vergegenwärtigen diese Praktiken hier die Vergangenheit; andere konzentrieren sich nur darauf, die Stadt als ›andersartig‹ – als einen Ort der Differenz – zu erleben.

1. Die erste und die zweite Natur des Raumes

Dieser Text untersucht die Konstruktion von ›Alt-Quebec‹ als Touristenziel, das sowohl historisch ist als auch ein ›Stück Europa‹, das heißt eine vor-moderne und nicht-nordamerikanische Destination für englischsprachige Touristen. Er betrachtet dominante visuelle Bilder von Quebec City und untersucht die Verknüpfung zwischen Quebec als Ort des kollektiven Gedächtnisses und als beliebter Touristenattraktion, die organisiert wird zur Darstellung der »anheimelndsten Stadt« Amerikas.[1] Der touristische Konsum trifft hier auf einen sozial konstruierten Ortsmythos. Diese Raumvorstellung wird am Beispiel von Reklamebildern untersucht, die von der *Cana-*

dian Pacific Railway Company in den Zwischenkriegsjahren produziert wurden, um Werbung für Reisen und das Hotel Château Frontenac zu machen. Methodisch verlasse ich mich dabei darauf, daß die Popularität dieser Bilder und die Gestaltung der Postkarten und Illustrationen – weit über die Funktion als Reklame für die Bahn und ihre Ziele hinaus – einen Indikator darstellt für den allgemeinen nordamerikanischen und britischen Konsens über ›Alt-Quebec‹. In den Werbebildern wird eine Serie normalerweise kaum aufeinander bezogener Elemente zusammengesetzt zu einer unwahrscheinlichen Kombination von ›touristischen Aktivitäten‹ und ›Alt-Quebec-Szenen‹: Schlittenhunde und Wintersport in unberührter Natur vor dem Hintergrund der mauerumgürteten Stadt oder ein französischer Forscher des 18. Jahrhunderts vor dem Hotel Château Frontenac (vgl. Abb. S. 62).

Quebec City (der Name stammt von einem Wort der Algonquin-Indianer für ›Flußenge‹) befindet sich an einem strategisch günstigen Platz, an dem der St.-Lorenz-Strom von einem 91 Meter hohen Kliff, dem Cape Diamond, überragt wird. Die an sich schon auffällige Topologie wird gewissermaßen überlagert von »Ortsbildern«[2], die den touristischen und werbemäßigen Ortsmythos schaffen, den ich hier als ›Alt-Quebec‹ bezeichne. Wir werden sehen, daß die bemerkenswerte und strategisch vorteilhafte Topographie nur die physische Fundierung einer mythischen Landschaft darstellt, in der historische Ereignisse von nationaler Bedeutung, kollektive Erinnerung und nationalistische Quebec-Geschichte angesiedelt sind. Noch wichtiger: Dieser Ort ist verbunden mit einem generalisierten Netzwerk mythisierter, aufeinander bezogener Orte und Gegenden, in denen jeder Ort nicht nur durch seinen eigenen Mythos bestimmt wird, sondern auch durch Abgrenzungen und Kontraste zu anderen Gegenden bzw. Orten. Diese Geographie der Unterschiede wird über lange Zeiträume hinweg gesellschaftlich konstruiert; sie begründet Vorstellungen von Orten und Regionen als ›Orte für dies‹ und ›Orte für jenes‹. Das heißt: Jeder Raum wird für unterschiedliche soziale Aktivitäten und Verhaltensweisen als geeignet erklärt – und dies ist von zentraler Bedeutung für seine jeweilige Identität. Die Orte werden entworfen als bestimmte Raumtypen: romantisch, herb, warm, langweilig, verschmutzt, fremd und so weiter. Die »erste Natur« der Topologie entsteht als »zweite Natur« neu, wie Henri Lefebvre sagte.[3]

Es handelt sich dabei nicht um ein fixes Koordinatensystem, sondern eher um ein relationales Netzwerk von Differenzen, das die Grundlage für die Bewegung zwischen Orten und Regionen liefert. Mehr als eine feste Struktur stellt die soziale Konstruktion der Raumerfahrung einen Prozeß und einen Horizont von Bedeutungen dar. Im Unterschied beispielsweise zu John Urry, der beschreibt, wie Elemente und Massen an einem bestimmten Ort die jeweilige Atmosphäre schaffen[4], wird hier ebenso das Ausgeschlossene und das, was anderswo bleibt, betont: die Kontraste und entfernten Orte – wie das Zuhause der Touristen –, auf deren Hintergrund die touristische Erfahrung von Quebec entsteht. Für jeden dieser Ortsmythen spielt sich ein intensiver Kampf um seine Bedeutung ab. Plätze werden aus der rohen topologischen Unterschiedlichkeit der Landschaften herausgegriffen und in eine bedeutungsvolle ›menschliche Geographie‹ integriert, die ihrerseits umstritten ist. Diese soziale Raumkonstruktion[5] begründet im Kern die Wahl von Touristenzielen und ist die Grundlage unserer geographischen Auffassung der Welt als eines Raums von Differenz und Distanz.[6]

Terrasse Dufferin vor dem Château Frontenac in Quebec City, Kanada

Die geographische Besonderheit des ummauerten historischen Zentrums von Quebec City hat wesentlich dazu beigetragen, daß sich die Illusion der in der Geschichte eingefrorenen Stadt erhalten konnte. Das trifft sowohl in visueller Hinsicht für die Silhouette der Stadt zu als auch für die unmittelbare Erfahrung der Touristen und für das Bild der Einheimischen selbst. Neuere Viertel, die seit dem späten 18. Jahrhundert entstanden sind, und Vorstädte des späten 19. Jahrhunderts, ganz zu schweigen von den Stadtteilen der Zeit nach dem Zweiten Weltkrieg, bilden heute eine fortlaufende städtische Agglomeration an beiden Ufern des St.-Lorenz-Stroms. Literatur und Images dieser Zonen sind dem englisch- und französischsprachigen Publikum durch die Werke populärer Autoren wie beispielsweise Roger Lemelins Roman »Les Plouffes« (1948, engl. 1950) bekannt, nach dem später ein Film und eine Fernsehserie gedreht wurden. Diese Gegenden sind viel typischer für nordamerikanische Städte, aber in der englischen Fernsehfassung werden sie nicht mit dem fast museumsreifen touristischen Image von ›Alt-Quebec‹ verbunden. So beginnt der touristische Ortsmythos von ›Alt-Quebec‹ zu schwanken und problematisch zu werden, sobald man die ausgetretene Touristenstrecke im Zentrum verläßt und in den umgebenden Vierteln des frühen 19. Jahrhunderts umherstreift. Wir können das in Analogie zum ›Kulturschock‹ als eine Form des touristischen ›Raumschocks‹ bezeichnen. Die erwarteten Regeln des sozialen Kontakts und Verhaltens für einen bestimmten Ort sind auf einmal nicht mehr gültig und erleichtern nicht mehr die Verständigung zwischen Kulturen und Sprachen.

Im Prozeß der sozialen Konstruktion des Raumerlebens werden die Plätze nicht nur mehrfach kodiert, sondern auch untereinander verbunden durch Klassifikationsschemata und verdinglichende Unterscheidungen, z. B. in einheimische und touristische Stadtteile, sichere und gefährliche Zonen, Arbeits- und Freizeitorte, ›Eigenes‹ und ›Fremdes‹. Es geht dabei um mehr als um bloße Funktionen. Diese ›Raumproduktion‹ betrifft soziale und kulturelle Reproduktion und Interaktionen. Menschen erlernen das zu einem Ort gehörende Verhalten genauso wie Rollen, die an Sozialstatus und Geschlecht gekoppelt sind. Raumkonstruktion ist so nicht nur eine Angelegenheit von Orten und räumlichen Netzen, sondern sie wirkt auf allen Ebenen, indem sie den Mikrobereich des Körpers an den Makrobereich der Umgebung bindet.

Der Leib ist räumlich organisiert: Die Körperhaltungen, die Gesten, Handlungen und Rhythmen der Alltagsroutine sind an Orten und im somatischen Gedächtnis ihrer einzelnen Bewohner verankert. Diese praktizierte somatische Hexis – um den Begriff Bourdieus zu benutzen – wird im allgemeinen nicht bewußt, es sei denn in der unangenehmen Situation, in der man sich ›fehl am Platz‹ fühlt. Raumbilder werden in der Praxis von den Körpern skizziert und entziffert; metaphorisch schlagen sie sich in den begrifflichen Operationen der Kommunikation nieder. Goffman hat sich darauf unter dem Begriff Bedeutungsrahmen bezogen;[7] Bourdieu spricht von habituellen Routinen,[8] andere von Skripts für alltägliche Interaktionen – wie immer umstritten oder verhandlungsbedürftig diese auch sein mögen.[9] Im Kern der sozialen Raumkonstruktion liegt ein Prozeß der Vereinfachung für kognitive Zwecke und der Stereotypisierung als pragmatischer Strategie des Alltagslebens.

Als Habitus ist die Konstruktion der Raumerfahrung nicht nur eine Quelle sozialer Ablaufschemata bzw. Algorithmen,[10] sondern auch von allegorischen Lösungen,[11] binären Kategorien,[12] sowie Chiffren, Stereotypen und »Metaphern, durch die wir leben«.[13] Raumkonstruktion schließt die kulturelle Auffassung der Umgebung mit individuellen Körpern zusammen und bringt die soziale Reproduktion auf praktische und physische Weise in Übereinstimmung mit Ortsmythen. Sie beinhaltet nicht nur räumliche Muster, sondern auch zeitliche. Orte sind Datenbänke der Gesellschaft. Sie übernehmen diese Gedächtnisfunktion, indem sie die in Zeit und Raum eingeschriebenen Spuren rhythmischer Wiederholung von Routinen aufbewahren und darstellen. Das geschieht in einer Weise, die es einzelnen Individuen oder kleinen Gruppen relativ schwer macht, solche Kopplungen in kurzer Zeit aufzuheben oder zu ändern, ohne enorm viel Kraft aufzuwenden (wie etwa bei der totalen Zerstörung einer Stadt).

2. Das Bild von ›Alt-Quebec‹

Einer der wesentlichen touristischen Faktoren eines Orts ist dieser dort verankerte Sinn historischer, beständig wiederholter Routinen – unabhängig davon, ob sie Touristen und Tourismusunternehmern erwünscht oder unerwünscht sind. Quebec City ist auch eine Datenbank kultureller Traditionen und politischer Ereignisse, die Touristen in direkten Kontakt mit der örtlichen Kultur und Tradition bringt. Die Reklamebilder der Stadt müssen notwendigerweise touristische Freizeitaktivitäten mit den physischen und historischen Aspekten des Ortsmythos verbinden. Die vorgegebenen Elemente des Ortsmythos müssen erst als ›genießbar‹ entworfen werden, wenn sie nicht schon so gesehen werden. Das läuft darauf hinaus, Illustrationen von möglichst genußvollen Verbindungen zwischen den Körpern der Touristen und dem Ort selbst zu geben – Raumvorstellungen, in die die Körper der Touristen in vorteilhafter Weise integriert sind (vgl. Abb. S. 76, 93, 116, 147).[14]

Im späten 19. und frühen 20. Jahrhundert beruhte das touristische Bild von ›Alt-Quebec‹ zunächst auf seinem Ruf als uneinnehmbare natürliche Festung, die von dem hohen Kliff des Cap Diamant die Durchfahrt zu den stromaufwärts liegenden besiedelten Zonen des St.-Lorenz-Stroms und Montreals kontrollierte. Samuel de Champlain gründete 1608 die erste Siedlung unter den Felsen.[15] Die neue ›Altstadt‹ auf den Klippen über der Unterstadt besteht seit 1633. Mit ihren Mauern ging sie auf die europäische Kriegstheorie und Militärarchitektur zurück und war nicht auf die Formen des beweglichen Buschkriegs eingestellt, die von den Indianern und dann auch von den amerikanischen Truppen praktiziert wurden. Zusammen mit der Festung Louisbourg[16] sollte Quebec Frankreichs Ansprüche auf Nordamerika sichern. Beide Anlagen waren unter strategischen Gesichtspunkten allerdings falsch geplant: Ihre Entfernung von allen Nachschubquellen hatte zur Folge, daß im Kriegsfall der Sieg derjenigen Seite zufiel, die ihre Truppen schneller versorgen und verstärken konnte. Louisbourg ging nach der Belagerung von 1757 verloren, Quebec fiel 1759 an die Briten in der berühmten Schlacht auf den *Plains of Abraham*, bei der die kommandierenden Generäle beider Seiten – Wolfe für die Briten und Montcalm für die Franzosen – tödlich verwundet wurden. Die Schlacht wird oft als Duell zwischen diesen beiden Gestalten geschildert. Die Stadt wurde dann von französischen Verstärkungstruppen aus Montreal zurückerobert; diese Truppen zogen sich ihrerseits zurück, sobald britische Verstärkung eintraf: Quebec blieb seither in den Händen der Briten.

Als Hafen am St.-Lorenz war Quebec eine Station für Schiffspassagiere. Als Ort einer Schlacht, die als Entscheidungsschlacht für das Schicksal Nordamerikas gilt, wurde es auch eine obligatorische Station im säkularisierten Ritual des Erinnerungstourismus; Reisende konnten hier die Topographie dieses ›Wunders der Neuen

Welt‹ betrachten, den Ort der historischen Entscheidung sehen und mit den Siegern (oft auch: als die Sieger) den beherrschenden Blick über den Fluß und die französischsprachige Region Quebec von der Promenade auf den Klippen genießen. Der Führer »Ancient City of Quebec« der *Canadian Pacific Railway* (CPR) behauptete 1926:

»*Hier begann die Zivilisation, die Barbarei in diesem nördlichen Landstrich zu unterwerfen, denn hier liegen die Schlachtfelder, auf denen das beste Blut des alten Frankreich und des alten England in tödlicher Schlacht aufeinandertrafen und das Schicksal eines halben Kontinents entschieden ...*«[17]

Von der Dufferin-Terrasse genießt man eine Aussicht, die noch immer zu den schönsten Stadtpanoramen zählt.[18] Eine beliebte, weitverbreitete Technik, an der Beute historischer Sieger teilzuhaben, besteht darin, diese – im wörtlichen und übertragenen Sinn – ›Gipfelposition‹, wie kurzzeitg auch immer, in Besitz zu nehmen (vgl. Abb. S. 158).

»*Über das Ufer ragend, befindet sich 60 Meter über der reizvollen ›Unterstadt‹ die Dufferin-Terrasse – eine von der Regierung errichtete Promenade, die sich mit den Hove Lawns und der Esplanade von Brighton in England an Schönheit und Eleganz messen kann; sie übertrifft fast jede Promenade auf der Welt durch ihr großartiges Panorama. Am östlichen Ende des Wegs erhebt sich das schöne Gebäude des Chateau Frontenac, dessen westlicher Teil unter dem Schatten der düsteren Festung steht, die als Zitadelle bekannt ist. Von ihr weht der Union Jack als Symbol des (Britischen) Reiches, auf das niemand stolzer ist als die Menschen von Quebec.*«[19]

Die Aussicht wurde den potentiellen Touristen in großartigen Tönen beschrieben:

»*Zusammengedrängt auf und um felsige, steile Höhen, die in ihrer einschüchternden Unbezwingbarkeit Gibraltar ähneln, dominiert diese wunderbare alte Stadt eine Landschaft, die in einer Reihe mit den großen Sehenswürdigkeiten der Welt steht. Die Oberstadt blickt über den mächtigen St.-Lorenz-Strom zur anderen Seite, wo ebenso hohe Klippen mit den Häusern der Stadt Lévis gesprenkelt sind und von den immensen, von der britischen Regierung errichteten Festungen gekrönt werden. Weit weg zeichnen sich die entfernten Ausläufer der alten Appalachian Mountains ab, die sich 1300 Meilen nach Süden und Osten erstrecken. In der anderen Richtung kann man die kühnen Umrisse des 40 Meilen entfernten Tourmente-Kaps am nördlichen Ufer sehen. Von der nördlichen Uferlinie wird das Auge dorthin zurückgeführt, wo die Höhenzüge der Laurentians in Wellen von wunderbaren Blau- und Purpurtönen dahinschmelzen und sich unmerklich mit dem Azurblau des Himmels mischen. Jenseits dieses Horizonts liegt eine weite, unbesiedelte Wildnis, die sich bis zur Polarregion erstreckt.*«[20]

Europäische Führer und Reisebuchautoren versuchten, jede Stadt mit wenigen Begriffen zu beschwören und zu umschreiben, damit sie rasch erfaßt und antizipiert werden konnte. So nannte Henry W. Beecher (allzu markant) Quebec ein »bevölkertes Kliff« und »ein kleines Stück mittelalterliches Europa, das auf einem Felsen zusammengedrängt und zur Aufbewahrung getrocknet wurde – eine Sehenswürdigkeit, die auf dieser Seite des Ozeans nicht ihresgleichen hat«.[21] Quebec wird als europäisch geschildert, auch wenn es dafür in einen Flickenteppich aus europäischen Fragmenten verwandelt werden muß:

>*Wenn man in der Unterstadt bummelt, kann man sich fühlen wie in Amiens ... und auf der Grande Allée, die direkt über die Plains of Abraham läuft, könnte man auch in Brüssel oder Paris sein, mit dem Unterschied, daß die Clifton-Terrasse an Kensington erinnert.*«[22]

Der französische Soziologe Henri Lefebvre hat gezeigt, wie die sozialen Akteure und institutionellen Entscheidungsträger solche Kodierungen von Orten und Regionen als »natürlich« – gleichsam wie materielle Objekte – behandeln. Der historische Ortsmythos scheint dann so festgefügt wie das steile Felsufer, auf dem die Stadtmauern ruhen.[23] Charles Dickens schrieb auf seiner Hochzeitsreise (welche übrigens wesentlich zur Popularisierung der ›Flitterwochen‹ beigetragen hat):

>*Der Eindruck, den dieses Gibraltar Amerikas auf den Besucher macht, ist zugleich einzigartig und dauerhaft; man kann den Ort nicht wieder vergessen: seine schwindelerregenden Höhen, die schwebende, gleichsam in der Luft hängende Zitadelle, die pittoresken steilen Straßen, die düsteren Torwege und die großartigen Ausblicke, die bei jeder Biegung auf das Auge einstürzen.*«[24]

3. Das Château Frontenac

Die Silhouette von Quebec City wird vom Château Frontenac beherrscht. Dieses Hotel wurde in verschiedenen Bauabschnitten – nicht immer war es so hoch wie heute – von der *Canadian Pacific Railway* errichtet; es gehörte zu dem ehrgeizigen Plan des Unternehmens, Luxushotels für Bahnreisende anzubieten, insbesondere für Touristen, die den nordamerikanischen Kontinent durchquerten oder die Northern Tour absolvierten: eine Rundreise mit den Stationen Boston, Quebec, Montreal, den Niagara-Fällen und Buffalo, die seit dem frühen 19. Jahrhundert bei wohlhabenden Südstaatlern beliebt war.[25] Das Hotel wurde 1893 nach Plänen von Bruce Price als dreistöckiges »Schloß« mit Türmen eröffnet.[26] Trotz des importierten Stils und der durch die späteren Anbauten überproportionierten Fassade paßt sich das Gebäude den Umrissen des Hügels erstaunlich gut an. Es hat vielleicht einen ironischen Hintersinn, daß das Hotel – ein rein touristischer Bau und keineswegs ein »Schloß« – für das Stadtbild heute so wichtig ist wie die alten historischen Bauwerke, nämlich vor allem die um 1760 errichtete Zitadelle und die Mauern der Altstadt, die zwischen 1730 und 1750 entstanden und bis ins frühe 19. Jahrhundert hinein erweitert wurden.

Im Kontrast zur horizontalen Linie der Befestigungsanlagen und Wälle wurden in den 1920er Jahren dem Château einige Stockwerke angefügt, so daß es jetzt die historischen Gebäude der Stadt überragt. Viele Zimmer des Hotels bieten eine großartige Aussicht auf den Fluß; die spätere Erweiterung sollte die Anzahl der

Räume mit diesem Panorama vermehren. Die für ihre Zeit sehr voluminöse Konstruktion befindet sich auf der Spitze des Kliffs, das die ummauerte Oberstadt von der Unterstadt trennt. Von unten erscheint das Château Frontenac noch mächtiger, vor allem seit der Hinzufügung des zehnstöckigen zentralen Blocks. Es wird von Türmen und einem grünen Kupferdach im ›Château-Stil‹ überragt, einem Stil, der seine Vorbilder in Loire-Schlössern und schottischen Burgen hat (vgl. Abb. S. 55 und 62). Diese historisierende Architektur wurde von der *Canadian Pacific* gepflegt, um europäischen Komfort und Luxus ihrer Hotels anzudeuten – auch in geographisch ganz abgeschiedenen Gebieten.[27] Die CPR warb dafür als für »ein wirkliches Schloß der alten Zeit mit Bögen und Kuppeln, Türmen, Durchgängen und Hof«.[28]

Das Hotel befindet sich an einem der beeindruckendsten städtischen Plätze Nordamerikas. Die Ausblicke auf den Fluß und die beherrschende Lage garantieren ihm Beliebtheit bei den Touristen. Ein Gebäude in dieser Position mußte zentrale Bedeutung für Image und Überlieferung von Quebec City bekommen. Die Kanadische Eisenbahngesellschaft stellte es in ihrem »Guidebook«, sich selbst beglückwünschend, vor als »das am großartigsten gelegene Hotel der Welt, einen Ort, an den sich alle mit Freude erinnern, die es für einen Aufenthalt in dieser romantischen Stadt zu ihrem Quartier machen«.[29]

4. Zur Rolle der Eisenbahn

Daß die *Canadian Pacific Railway Company* diesen Platz zur Verfügung erhielt, mit der Genehmigung, Gebäude niederzureißen und neue zu errichten – und dann später anzubauen und dabei alle Maßstäbe der umgebenden historischen Architektur zu sprengen: Das alles zeigt die politische und wirtschaftliche Macht der Kanadischen Eisenbahn zwischen 1865 und dem Zweiten Weltkrieg. Die *Canadian Pacific* produzierte die erste umfassende Tourismuswerbung für Kanada als Teil ihrer Werbung für Reisen mit der Eisenbahn und mit Ozeandampfern im Atlantik und Pazifik. Ihre Kampagne deckte das ganze Land von Küste zu Küste ab. Obwohl sie weder Ansichten der sub-arktischen Taiga noch der arktischen Inselwelt brachte, vermittelte sie eine romantisierte Sichtweise der nordamerikanischen Wildnis mit zugehörigen sportlichen Aktivitäten wie Wandern, Kanufahren, Golf, Jagen, Fischen und Skifahren. Indem sie auch den Winter und die rauhe Landschaft des Westens berücksichtigte, lieferte die CPR eine mehr oder weniger authentische Sicht der Möglichkeiten, die das kanadische Klima und die Topographie boten. Die Reklamebilder und Reiseführer zeigten auch einige der Unterschiede von einheimischer Urbevölkerung, Siedlern aus verschiedenen Nationen sowie den weißen, englischsprachigen Touristen, welche das wohlhabende Publikum dieser Bilder darstellte. Weit stärker als jede staatliche Tourismusorganisation formte die *Canadian Pacific* ein dominierendes Kanada-Bild und legte die Bedingungen und Kosten für den Zugang zu diesen Landschaften fest, den sie der damals relativ kleinen Schicht von gebildeten, städtischen Anglo-Kanadiern sowie Ausländern ermöglichte.

Die Werbekampagne begann knapp fünf Jahre nach der Bildung der Konföderation (und damit der Gründung des kanadischen Staats als *British Dominion* – eines quasi-kolonialen Vorläufers des heutigen Verfassungsstatus). Im späten 19. Jahrhundert entstand das kanadische Bild des »Wahren Nordens«; seine wesentlichen Bestandteile waren Eingeborene und nördliche Wildnis, Schnee, Berge und »Land für alle«-Siedler auf den Prärien. Die Werbeanstrengungen der *Canadian Pacific* fügten diesem Bild eine Reihe von stark betonten Ortsmythen – wie denjenigen von ›Alt-Quebec‹ – hinzu. Die andere große Leistung der Eisenbahngesellschaften war es, das Motto der jungen Nation »Von Meer zu Meer« zur Wirklichkeit der Reisenden zu machen.

5. Stadt im Schatten des ›Schlosses‹

Die Werbebilder von Quebec City, die für die *Canadian Pacific* produziert wurden, um Reisen zum Château Frontenac anzupreisen, betonen die militärische und religiöse Symbolik ebenso wie Vorstellungen vom Wintersport. Geschichte – vor allem die große Geschichte der Schlachten und Entdeckungen – ist die wichtigste Ware, welche diese Broschüren anpreisen; damit wird die Erinnerungsfunktion von Quebec betont. Image und Architektur des Hotels beschwören die Historie durch den ›Château-Stil‹. Das wird verstärkt im Text der Broschüren und in der Entwicklung der Ober- und Unterstadt als vom Tourismus dominierte Orte. Diese Stadtviertel Quebecs werden als eine Art lebendes Museum präsentiert – als von der Geschichte vielfach kodierte Räume touristischen Konsums. Dabei fungieren die ›musealen‹ Gebiete weiterhin als urbane Infrastruktur, jedoch für eine mobile, außerhalb wohnende Population von Touristen und Dienstleistern. Bei den Dienstleistungen dominiert die Infrastruktur für Reisende; sie hält so viele Konsumangebote wie möglich bereit. Dennoch sind diese Orte mehr als bloße Stätten des Konsums. Durch ihren Anspruch auf Authentizität unterscheiden sie sich von jedem noch so clever gestalteten Themenpark; sie unterstützen weiterhin eine modifizierte Form städtischer Aktivität, machen damit die Vergangenheit gegenwärtig und bringen eine archäologische Gestalt der Geschichte – Steine und materielle Artefakte – ein in die symbolische Kultur, die habituellen Praktiken und die Alltagsrhythmen des heutigen Lebens.

Die Werbematerialien zu ›Alt-Quebec‹ zeigen das Château Frontenac im Hintergrund und Menschen im Vordergrund. Beispielsweise dient ein majestätisch

Comte de Frontenac in Eroberungspose vor dem Château

posierender Comte de Frontenac dazu, die Nähe des Hotels zur Historie zu unterstreichen – und speziell zur Geschichte von Herrschaft, Eroberung und Kolonisierung, was hier durch ein Kanonenrohr symbolisiert wird (vgl. Abb. links). Der häufige Verzicht auf die französische Schreibweise – manchmal der offizielle Name *Québec*, manchmal das für das englischsprachige Publikum eher akzeptable *Quebec* – unterstreicht, wie die touristischen Bilder von Teilen der sozialen und politischen Geschichte gesäubert werden. Die Hauptfiguren auf diesen Bildern werden gleichsam als Statuen entworfen: Sie durchbrechen den Horizont, drängen aufwärts – stark, vital, glücklich, voller Energie und in Bewegung (vgl. Abb. S. 147). Der Hintergrund dagegen ist ruhig, passiv, stabil, aber würdevoll; er durchbricht ebenfalls den Horizont: historische Monumente, wie das Château Frontenac, das sich mit seinen Türmen dramatisch über den Zinnen der Stadt erhebt. Das Château selbst ist in der Tat eine Persönlichkeit. Auf manchen Karten wird es sogar begrüßt, auf anderen fährt man auf Skiern oder Schlitten von ihm los – fast als käme man direkt aus dem Eingang. Diesen Gesten entsprechen Stimmen; auf den Plakaten und Karten steht der Ruf: *Bienvenue, Welcome* (vgl. Abb. S. 93 und 147). Hier signalisiert die Sprache Gastfreundschaft und antizipiert deren Verwirklichung. Auch Quebec ohne den französischen Akzent betont sprachliches Entgegenkommen. In vielen dieser Bilder wird man unmittelbar begrüßt – es wird einem zugewunken, als säße man selbst auf einem Schlitten (vgl. Abb. S. 93) oder stünde auf Skiern (vgl. Abb. S. 116).

Auf anderen Bildern schaut jemand, vielleicht liebevoll, zurück auf das Gebäude – die alte verläßliche Wacht. Wogegen? Das Château, wie alle Hotels der *Canadian Pacific*, ist eine Wacht gegen die Natur selbst. Es bedeutet Europa gegen Amerika, Zivilisation gegen Natur. Der Garant des Schneevergnügens, einer sonnigen, selbst des nachts hellen Winterlandschaft, die nicht zu kalt ist, um das Lächeln europäischer Besucher einzufrieren. Daher:

»An Sommerabenden kommen die Militärmusiker von der Zitadelle ... herunter, um zur Freude all derer zu spielen, die auf der Promenade Erholung suchen. Dann ist die Szene heiter, voller Leben und Lachen und romantisch in der mysteriösen Schönheit der Nacht ... Hinab und hinaus zu schauen auf solche weitgespannten Entfernungen, wie sie diese Promenade auf den Klippen *beherrscht, in einer ungewöhnlich riesigen und erhabenen Nacht, beeindruckt die Vorstellungskraft mit neuen Gefühlen von Ehrfurcht und Geheimnis. Auf der einen Seite ist die Natur, still, elementar und alles umfassend. Auf der anderen Seite Leben und Musik, weiches Licht und ein ständig wechselndes Bild von Schönheit und Eleganz. Sie gehen eine unvergeßliche Verbindung ein.«*[30]

Manche dieser Bilder sind auch voller Menschen, vor allem zeigen sie eine Gruppe von Komparsen, die man die *compagnions* nennen möchte: die Masse, die Kumpel, die zusammen Ski fahren, aus dem Hintergrund winken, die Hänge und den Fußgängerweg der Terrasse bevölkern (Abb. S. 76, 93, 116, 147). Einige spielen symbolisch auf den ›authentischen‹ Stil von Quebec an, auf die *bonhomerie*, auf das ›eine gute Zeit zusammen verbringen‹, was durch das Lächeln unterstrichen wird. (Dagegen stehen die Haube und die mit extravaganten Tüchern Bekleideten vielleicht für den Eingeborenen und seine Kleidung.) All diese Bild- und Textelemente sind Aspekte des Raumbilds von Quebec City als eines besonderen Touristenorts im Verhältnis zu allen anderen. Es ist sprachlich und kulturell »anheimelnd«[31] im Gegensatz zu Montreal oder zum nahegelegenen Trois-Rivières; es ist ›europäisch‹; es ist ›anderswo‹ – sprachlich und symbolisch nicht Teil von Nordamerika.

Eine wesentliche Rolle, die die geographische Lage des Ortes im Norden Amerikas herausstreicht, nimmt der Winter ein. Er steht hier für Spiel und Spaß, für das Aufgeben der alltäglichen Pflichten. Quebec ist die ›Hauptstadt des Winters‹ und des Schneesports. Es gibt eine lokale Tradition der Kinder, die sich noch in heutigen Gemälden findet, eine Tradition des Spielens im Schnee: die Jugend in ›Alt-Quebec‹. Schlitten, Ski und Hundeschlitten wirken auf den Werbebildern fast beiläufig, als Hintergrundelemente. Diese Aktivitäten sind in der Realität aber kaum durchführbar, denn die Stadt ist kein Skiort, und man fährt nicht auf dem zugefrorenen St.-Lorenz-Strom Schlittschuh. Aber sie suggerieren eine physische Beziehung und praktische Orientierung, welche die Körper der potentiellen Touristen zur Stadt und zum Hotel einnehmen können. Das Château Frontenac wurde im Kunstgriff eines Werbegraphikers für ›Alt-Quebec‹ eingesetzt. Was in den frühen 20er Jahren nur die Komposition eines Graphikers war, ist heute eine weit verbreitete Überzeugung. Das Hotel der CPR steht sowohl für ›Quebec City‹ als auch für ›Alt-Quebec‹ und ist in der allgemeinen Vorstellung genauso wichtig geworden wie die Sehenswürdigkeiten des Ortes selbst.

6. Tourismus und Orte der Erinnerung

»Tourismus steht in Beziehung zur Geschichte, weil touristische Orte oft entweder Relikte der Vergangenheit sind oder als solche verkauft werden.« (Jack Kugelmass)[32] Das Territorium des Tourismus ist unter seiner Oberfläche ein politisches und religiöses Territorium. Quebec repräsentiert nicht nur ethnische Authentizität, stellt nicht nur einen ungewöhnlichen Ort dar, sondern es ist ein Platz politischer Kämpfe zwischen rivalisierenden, durch sprachliche und religiöse Identitäten gebundenen Staaten und politischen Institutionen. Als Ort des Tourismus und des Gedächtnisses dient es Einheimischen und Reisenden und auch einem Typ des Pilgers, der hier eine doppelte Erinnerung findet: sowohl an die Niederlage der französischen Truppen als auch an die fortdauernde kulturelle und sprachliche Identität Quebecs. Die Geschichte bleibt hier von entscheidender Bedeutung. Der Historiker Pierre Nora hat die Erinnerung selbst als einen Ort beschrieben, als *lieu de mémoire*; noch deutlicher aber wird, daß die Geschichte an Orten verwurzelt ist. Nora charakterisiert solche Orte als »Überreste, ... Verkörperungen eines Erinnerungsbewußtseins.«[33]

Tatsächlich wird an diesen Plätzen die Vergangenheit verräumlicht und ihr Abstand zu uns verringert. Geschichte wird nahegebracht, und vergegenwärtigt in Ruhm, Pathos, Tragödie. Die Erinnerung an Ereignisse von gesellschaftlicher Bedeutung setzt eine bestimmte soziale Organisation des geschichtlichen Raums und der geschichtlichen Zeit voraus.[34] Die Erinnerung wird in säkularisierten Ritualen konstruiert; sie stellt sich in systematischen, häufig geführten Besichtigungstouren her, bei denen Diskurse den Ort ›einrahmen‹. Terdiman hat darauf hingewiesen, daß Erinnerung in der Gegenwart operiert, um die Vergangenheit zu repräsentieren,[35] und Ricœur spricht von einer Dialektik von Aneignung und Distanzierung;[36] sie schließt persönliche und kollektive Erfahrungen zu einem Bündel von Elementen zusammen, das dann als ›die Erinnerung‹ an ein Ding, ein Ereignis oder eine Person erscheint.[37] Die psychologischen, musealen und archäologischen Metaphern, mit denen die Vergangenheit begriffen wird, »tendieren zur Verwandlung des Zeitlichen ins Räumliche; sie sind intensiv visuell. Archäologische Schichten werden ausgegraben, Schleier gelüftet, Vorhänge entfernt. Die Position des Betrachters bleibt unklar, aber es gibt immer einen Raum, eine Distanz zwischen dem Betrachter und seiner Erinnerung«, sagen Antze und Lambek[38] – einen Raum, in dem der touristische Blick sich fokussiert und die Erinnerung eine Form gewinnt.

Während Historiker und Archäologen den geschichtlichen Wandel in akademischen Termini erfassen, haben Reisebücher eine besondere Beziehung zur mündlichen Überlieferung und zur Körpererfahrung, der somatischen Erinnerung. Die historischen Informationen über Orte, Monumente und Ereignisse verbinden sich eng mit Tips für bestimmte Bewegungen, etwa zur Anordnung eines Rundgangs oder einer Fahrt. Man liest diese Informationen, während man sich um die Sehenswürdigkeit bewegt; man trägt sie mit lauter Stimme den Reisegefährten vor oder liest sie von Gedenktafeln ab. Solche Informationsquellen erlauben es auch unerfahrenen Besuchern, sich einem ritualisierten Weg einzufügen;[39] sie leiten so das Erleben und die Körpererfahrung der Reise. Es geht dabei um ein ›Dasein‹ in der vollen ethischen

Bedeutung des Wortes, in einer Verbindung mit den Erinnerungen der anderen am selben Platz (beispielsweise Führer, touristische Dienstleister, andere Touristen). Die Information dringt unmittelbar in das Verhalten und die Bewegungen der Körper ein und prägt somit die Raumerfahrung des Ortes; tatsächlich stellt ja die Verfügbarkeit von Reiseführern oder -büchern eine der wesentlichen Besonderheiten von Touristenorten dar. Sie ermöglichen die Koexistenz mit der Alltagsumgebung und -infrastruktur der Einheimischen und anderer Insider, die solche Führung vermeiden.

Die rituellen Aspekte der Besichtigung Quebecs umfassen das Aufsuchen der Sehenswürdigkeiten in der Oberstadt einschließlich der Aussicht von der Promenade (vgl. Abb. S. 55) und des Gangs über die Wälle, deren Kanonen zum Fluß hin auf einen unsichtbaren Feind zielen. Dazu kommt der steile Abstieg in die Unterstadt mit ihren Läden, historischen Plätzen, Museen, der Zitadelle und dem Schlachtfeld der *Plains of Abraham*. Ein wichtiges Element bildet das Einkaufen, häufig in Galerien und Kunstgewerbeläden; im allgemeinen werden Bilder erworben, die Quebec City und seine Bewohner darstellen.

Unter Bezug auf verschiedene Quellen hat Kugelmass das pilgerartige Reisen zu historischen Stätten wie Auschwitz als eine Form das säkularisierten Rituals interpretiert, das die Vergangenheit mit den Einzelleben verbindet.[40] Prägende historische Ereignisse, darunter Phasen des Völkermords oder der Unterdrückung, aber auch Ideen über das Schicksal einer Kultur und der essentialistische Glaube an kulturelle Identität gehören zu den individuellen ›Erinnerungsprojekten‹ und zu größeren mythischen Rahmen, die auch Todesvorstellungen umfassen. Sie schlagen sich im Konsum von kulturellen Mythen und Orten der Erinnerung nieder. Kugelmass warnt, die Rekonstruktion der Vergangenheit in mythischen Kategorien beraube die Geschichte ihrer kritischen Kraft. Es ist aber auf die zentrale Bedeutung hinzuweisen, welche die Orchestrierung einer konstruierten mythischen Vergangenheit für die Motivation und Manipulation sozialer Energien hat – im guten wie im schlechten Sinne (einschließlich der katastrophalen Exzesse von Nationalismus und Fremdenfeindschaft in den letzten zwei Jahrhunderten). Quebec City mit seiner Zitadelle, den Kanonen, Wällen und dem Schlachtfeld der *Plains of Abraham* ist genau so ein Erinnerungs-Ort. Er bewahrt die Spuren historischer Handlungen – auf dem Schlachtfeld beispielsweise blieben Spuren von Gräben und Erdwällen, obwohl tatsächliche Plätze des Kampfes und somit der französischen Niederlage vom Schlachtfeld in eine politisch vorsichtige Ausstellung im ›Battlefield Interpretation Centre‹ verbannt wurden. Nur weniges erlaubt hier, das historische Ereignis mit individuellen Biographien zu verbinden; die Kanonen an den Mauern und der Promenade stellen hier nur malerische Attribute eines historischen Ortes dar und rufen nicht die Schreckensbilder einer Schlacht hervor; in der touristischen Werbung kommen sie kaum vor.

»Je me souviens« – »ich erinnere mich« – steht in Quebec auf dem Nummernschild jedes Autos. Wer versteht, worauf sich dieses Motto bezieht (und welche subtilen Unterschiede es bei seiner Interpretation gibt), hat in Quebec den Insider-Status erreicht. Es gibt kein generelles Bedürfnis, sich an die Vergangenheit zu erinnern; Bloch hat darauf hingewiesen, daß unterschiedliche Kulturen die Beziehung der Individuen zur Geschichte in sehr unterschiedlicher Weise herstellen.[41] Die jeweilige Sichtweise, die Menschen von ihrer historischen Rolle haben, wirkt auf ihr aktuelles Verhältnis zur Geschichte – ein Verhältnis, können wir hinzufügen, das sich oft in der Form des Kulturtourismus ausdrückt. Das *Je me souviens* verweist auf einen Erinnerungstourismus. (Er ist diametral derjenigen Form des Tourismus entgegengesetzt, die sich in Château Frontenacs ›Willkommen in Quebec – der Wintersporthauptstadt des Wintersportlandes‹ [vgl. Abb. S. 147] ausdrückt.)

Die kulturelle Einstellung zur Historizität beeinflußt die Art des Interesses, die Mitglieder verschiedener Kulturen an der geschichtlichen Erinnerung haben, und die Form, die sie diesem Interesse geben.[42] Oft wird angenommen, das Motto »Ich erinnere mich« beziehe sich auf die Niederlage in der Schlacht der *Plains of Abraham*, also aus der Sicht der frankophonen Staatsideologie Quebecs auf ein noch heute stark negativ besetztes Ereignis. Dies wäre jedoch ein Mißverständnis: Die Aufforderung bezieht sich nicht auf ein bestimmtes Ereignis, sondern auf das ›Erinnern‹ an sich – auf eine besondere Haltung zur kulturellen Tradition (dem *patrimoine*) der französischsprachigen Bauern-Siedler Quebecs. Von daher rühren die Ambivalenz des Schlachtfelds und die fortdauernde Bedeutung, die es – und ›Alt-Quebec‹ – für die Bewohner Quebecs und auswärtige Besucher bei der Rekonstruktion einer historischen Zeit und eines historischen Ortes hat. Jack Kugelmass schreibt:

»Ethnische Gruppen haben eine einzigartige und kollektive Bindung an die Erinnerung – man könnte diesen Zug tatsächlich als ihr hervorstechendes Charakteristikum bezeichnen; aber diese Erinnerung ist weniger als ein Ding zu verstehen, das intakt von einer Generation zur nächsten weitergegeben wird, und auch nicht als eine konstante Kraft auf dem Weg einer Gruppe (ich möchte den Sinn für die Bedeutung der Vergangenheit oder der Tradition von der Substanz der Tradition unterscheiden). Es handelt sich mehr um einen kontinuierlichen Prozeß von Engagement und Auflösung des Engagements, von Erinnern und Vergessen – einen Prozeß, der von übergreifenden sozialen, politischen und ökonomischen Kräften in die eine oder andere Richtung gelenkt wird.«[43]

Das touristische Ziel ›Alt-Quebec‹ ist so konstruiert, daß es die politischen Risiken und interkulturellen Schwierigkeiten der sehr verschiedenen touristischen Praktiken ausbalanciert. Möglichkeiten, die den vorgegebenen Rahmen sprengen könnten, werden durch die Einschränkung potentieller Kontakte ausgeschlossen; ein ordnungsgemäß gelenkter Touristenstrom zieht durch die Altstadt, während die meisten Einheimischen ihren Geschäften im benachbarten Geschäftsviertel, im Regierungsviertel mit dem Landesparlament und den Verwaltungsbehörden sowie in den umgebenden Quartieren nachgehen. Dennoch ist das scheinbar festgefügte Raumbild von ›Alt-Quebec‹ – malerisch und altmodisch-europäisch, eindrucksvoll und doch nicht bedrohlich – durchaus instabil und voller innerer Widersprüche: Auf der einen Seite die Bedeutung Quebecs als Ort der kollektiven Erinnerung, auf der anderen die Freizeitpraktiken des touristischen Konsums, die den Ort wegen seiner Geschichte, der Ausblicke, der Aktivitäten schätzen – alle diese Elemente bilden zusammen die touristische Erfahrung. Diese Instabilität wird verstärkt durch Quebecs politische Bedeutung als Hauptstadt des frankophonen Kanada.

7. Post factum: antizipatorische Raumbilder

Quebec City ragt als Objekt intensiver Anstrengungen zur Schaffung eines touristischen Images heraus; darüber hinaus bildet die Stadt einen besonders signifikanten Knotenpunkt in der gesamten Raumvorstellung von Kanada. Hier steht Quebec als Ort historischer Ereignisse und als exemplarischer Platz der französisch-kanadischen Besiedlung, an dem sich kulturelle Geschichte und nationalistische politische Projekte abgelagert haben wie geologisch sedimentierte Schichten. So erhält das touristische ›Alt-Quebec‹ seine Bedeutung im Verhältnis zu anderen Räumen und Orten. Seine politische Geschichte gewinnt in bezug auf die Bevölkerung und die Provinz von Quebec und ganz Kanada an Gewicht. Dieses ist aber nicht nur historisch relevant, sondern auch ein Thema der gegenwärtigen Politik und der Zukunft. Wer am Ende des 20. Jahrhunderts als Tourist nach ›Alt-Quebec‹ reist, muß notwendigerweise das politische Projekt eines selbständigen Staates Quebec wahrnehmen, dessen Hauptstadt Quebec City wäre.

      Man könnte über die offenkundig widersprüchlichen Ziele für Quebec stolpern. Es treten Ansprüche hervor, eine neue Raumvorstellung von ›Alt-Quebec‹ im Verhältnis zur Vergangenheit und zu anderen Orten zu entwickeln, um damit andere Formen der Zukunft zu schaffen – auch nationalistische Formen. Der in den Werbebildern des Château Frontenac entfaltete Ortsmythos verliert offenbar an Boden; es gelingt ihm immer weniger, konkurrierende Bilder und die Ortsmythen anderer Plätze fernzuhalten. Statt eines kohärenten, lokal fokussierten Ortsmythos entsteht eine dynamische, antizipatorische Raumkonstruktion, in der die Beziehungen zu anderen Orten primäre Bedeutung gewinnen. Diese Raumkonstruktion zeigt nicht mehr eine relativ fixe Identität, wie sie in den Reiseführern der *Canadian Pacific Railway* entworfen und vermarktet wurde; ihr Charakter wird fließender, bewegt sich zu anderen Orten und auf die Zukunft hin, zu den erwähnten Zielen – zu dem, »was als nächstes geschieht«, und was hier geschieht im größeren Zusammenhang der sozialen Raumkonstruktion von Nordamerika und der ganzen Welt. In dieser Geographie ist Quebec nur ein Relais in einem übergreifenden Zusammenhang, in dem Touristen, Ortsbilder und Kapital niemals ruhen.

Die ritualisierte Praxis, die Quebec als Ort der Erinnerung behandelt, wird noch von einer Struktur beherrscht, in der archäologische Spuren, historische Plätze und Monumente sich auf ein anderes, ein verschwundenes Quebec beziehen. Doch zentrifugale Bezüge und Verbindungen verweisen mehr und mehr auf andere Plätze und räumliche Verbindungen. Als Konsequenz verliert die festgefügte Raumkonstruktion des Reklame-Ortsmythos des Château Frontenac an Einfluß und Kontrolle über den Ort. Der Akzent verlagert sich von intrinsischen, festen Referenzen mit Bezug auf den Ort auf extrinsische und zentrifugale Vergleiche und Kontraste zu anderen Orten. O'Connor stellt die These auf, Raumvorstellungen seien antizipatorisch und repräsentierten eine Form projizierter Disziplin.[44] Man kann das als eine spezifische Form von Macht verstehen.[45] Mit dem Blick auf das Kino argumentiert O'Connor, daß Raumvorstellungen Beziehungen herstellen zwischen dem, was man sieht und dem, was von einem anderen ›gesehen werden könnte‹ oder was man in der nächsten Aufnahme oder Szene ›sehen wird‹. Sie zielen dahin, Handlungen zu formen, die aus einer gegebenen Situation folgen, und zugleich andere Handlungen oder Reaktionen auszuschließen:

»*Die Macht des Kinos rührt daher, daß es diesen offenen Raum von Potentialen okkupiert, der zwischen dem Offenkundigen und dem Verborgenen liegt, das heißt, in der selektiven Enthüllung des Geheimnisses. Das Kino formt und strukturiert Möglichkeiten, indem es diese geheime Potenz losläßt, bewegt und kontrolliert. Sein Mittel dafür ist ein neuer und bisher unbemerkter Mechanismus der Macht, den ich Montage nenne.*«[46]

Jedoch, anders als im Kino, wo Wiedergabe- und Regietechniken eine Aufnahme nach der anderen strukturieren, wird in der Raumkonstruktion das Gegebene mit dem Entfernten durch eine Eigenart der Ortsmythen gekoppelt: Sie gewinnen erst durch andere, kontrastierende Ortsmythen ihre Bedeutung. Ortsmythen zirkulieren nicht nur in Medien und Werbung, sondern zum Beispiel auch in der greifbaren Erscheinung von Waren aus fernen Ländern. Die motivationale Struktur, die Touristen in Bewegung setzt, weist dieses Prinzip komparativer Differenz auf: Reisen wird durch das Versprechen motiviert, den Inhalt der Ortsmythen fühlbar am eigenen Körper zu erleben, sobald die Touristen am Ziel ankommen. Antizipierende Wünsche und das Versprechen ihrer Befriedigung gehen in die Gleichung ein, die das entscheidende *Ereignis* produziert: die Mobilisierung des Touristen.

Für *postmoderne* Touristen ist dies als eine Art ›virtueller Präsenz‹ theoretisch gefaßt worden, eine Nähe, die alles dicht heran bringt.[47] Als Ergebnis befinden sich Ortsmythen – anstatt konstant, selbstreferentiell und innenorientiert zu bleiben – zunehmend in Bewegung innerhalb eines globalisierten Flusses von Informationen, Waren und Menschen. Das ›Fließen‹ ist entscheidend, denn in dem Zwischenbereich von Selbstbezug und Kontrast zu anderen Orten gewinnt die Raumkonstruktion ihre Bedeutung.[48] So bilden sie immer weniger eine feste Struktur, sondern einen Raum der Möglichkeiten. Dabei geht jedoch das spezifisch Lokale nicht verloren; eher wird die Bedeutung lokaler Ortsbilder und -mythen als Gegenkraft zu den Bildern anderer Plätze und Räume verstärkt.

Die Bedeutung antizipatorischer Raumbilder liegt für touristische Zielgebiete darin, daß diese soziale Konstruktion das Hier und Jetzt, das Nahe und ›jetzt in Reichweite Liegende‹ mit dem Entfernten, dem Zukünftigen und dem Möglichen verbindet. Sie verbindet, was man die ›reale‹ Gegenwart nennen könnte, mit dem Virtuellen. Im synoptischen Netzwerk unterschiedlicher Ortsmythen sind weit entfernte Räume, auch wenn sie nie konkret erfahren werden, immer schon bekannt.

Anmerkungen

[1] H. W. Beecher, zit. n. Canadian Pacific Railway Company (CPR) (Hg.): The Ancient City of Quebec. Canadian Pacific Guide, Montreal 1926, S. 3 (im Original: *quaintest*).

[2] R. Shields: Imaginary Sites. In Between Views [Katalog], hrsg. v. Walter Philips Gallery, Banff 1991a; vgl. zum Folgenden auch ders.: Places on the Margin. Alternative Geographies of Modernity, London 1991b; sowie ders.: Die Masken des Konsumenten. Lebensstil Konsum. In GDI-Impuls 21 (1992).

[3] Vgl. hierzu R. Shields: Henri Lefebvre. A Critical Introduction, im Druck.

[4] J. Urry: Consuming Places, London 1995.

[5] Im Original: *spatialisation*.

[6] Vgl. Shields 1991b (s. Anm. 2).

[7] E. Goffman: Frame Analysis. An Essay on the Organization of Experience, New York 1974 (dt. u. d. T. Rahmenanalyse).

[8] P. Bourdieu: Sozialer Sinn, Frankfurt a. M. 1993, S. 97ff.

[9] D. Smith: The Everyday World as Problematic: A Feminist Sociology, Boston 1987.

[10] Ein Begriff Pierre Bourdieus.

[11] Mit denen versucht wird, neue Probleme oder kulturelle Rätsel zu lösen, indem sie mit etablierten Routinen verbunden werden.

[12] Zum Beispiel ›rechts‹ vs. ›links‹ und ›nah‹ vs. ›fern‹.

[13] Vgl. G. Lakoff/M. Johnson: Metaphors We Live By, Chicago 1979.

[14] Vgl. R. Shields: Feel Good Here? Rethinking simple urban pleasures in terms of the body. In J. Caulfield/L. Peake (Hg.): Cities and Citizens, Toronto 1997.

[15] Zwischenzeitlich, von 1629 bis 1632, war die Siedlung in englischer Hand, was in der Überlieferung von Quebecs ›französischem Charakter‹ jedoch praktisch ausgelöscht ist.

[16] Die Festung Louisbourg wurde nach den Theorien des französischen Militärarchitekten Vauban errichtet. Dazu gehörte die Stadt Nova Scotia, die nach stadtplanerischen Gesichtspunkten des 17. Jahrhunderts auf Cape Breton Island erbaut wurde. Sie diente als Basis zur Kontrolle der Kabeljau-Fischerei auf den Grand Banks. Bereits 1758 aufgegeben ist sie nun als Museumsstadt rekonstruiert und wurde zu einer Touristenattraktion ersten Ranges.

[17] CPR 1926 (s. Anm. 1), S. 3.

[18] Die Aussicht ist geblieben, obwohl man heute flußabwärts zur Landschaft der Ile d'Orléans schaut und über den Fluß auf die weniger touristische Industriestadt Lévis.

[19] Ebd., S. 12f. Aufschlußreich angesichts der Autonomiebestrebungen Quebecs zumal der letzte Satz dieses Zitats von 1926 (vgl. Kap. 7 unten).

[20] Ebd., S. 3f.

[21] Beecher zit. n. ebd., S. 6.

[22] Ebd., S. 7.

[23] Wie Anm. 3.

[24] Zit. n. CPR 1926 (s. Anm. 1), S. 6.

[25] E. McKinsey: Niagara Falls: Icon of the American Sublime, Cambridge, Mass. 1985.

[26] Gemessen an seiner späteren Größe war das Château Frontenac zunächst eine bloße ›Villa‹. Das schloßartige Eisenbahnhotel ist Ausdruck einer speziell kanadischen Spielart der Neugotik; andere Beispiele sind das ebenfalls von Price errichtete Springs Hotel in Banff (erbaut 1886–88), das Empress Hotel in Victoria (1904–08, Architekt: Rattenbury) und das Château Laurier in Ottawa (1908–12, Architekten: Ross und MacFarlane). Hierzu Shields 1991a (s. Anm. 2).

[27] Vgl. ebd.

[28] CPR 1926 (s. Anm. 1), S. 10.

[29] Ebd., S. 12f.

[30] Ebd., S. 14f.

[31] Beecher, zit. n. ebd., S. 6.

[32] J. Kugelmass: Missions to the Past: Poland in Contemporary Jewish Thought and Deed. In P. Antze/M. Lambek (Hg.): Tense Past: Cultural Essays in Trauma and Memory, London 1996, S. 200.

[33] P. Nora: Between Memory and History: Les Lieux de Mémoire. In Representations 26 (1989), S. 12.

[34] Vgl. L. Kirmayer: Landscapes of Memory: Trauma, Narrative and Dissociation. In Antze/Lambek 1996 (s. Anm. 32).

[35] Vgl. R. Terdiman: Present Past: Modernity and the Memory Crisis, Ithaca 1993.

[36] Vgl. P. Ricœur: Interpretation Theory, Fort Worth 1976.

[37] Vgl. U. Neisser: Memory Observed: Remembering in Natural Contexts, San Francisco 1992.

[38] Antze/Lambek 1996 (s. Anm. 32), S. xii.

[39] Shields 1991b (s. Anm. 2), S.128. Vgl. auch die empirische Studie zu Salzburg von A.G. Keul/A. Kühlberger: Die Straße der Ameisen, München/Wien 1996 (d. Red.).

[40] Kugelmass 1996 (s. Anm. 32).

[41] M. Bloch: Internal and External Memory: Different Ways of Being in History. In Antze/Lambek 1996 (s. Anm. 32).

[42] Vgl. Antze/Lambeck 1996 (s. Anm. 32).

[43] Kugelmass 1996 (s. Anm. 32), S. 200.

[44] D. O'Connor: Cinematic Regimes of Light/Power/Knowledge: The Political Economy of Secrecy, Ph.D. Thesis, Department of Sociology and Anthropology, Carleton University, Ottawa 1998. Siehe auch Anm. 31 oben.

[45] Eine Ergänzung und Erweiterung von Michel Foucaults Sicht panoptischer, disziplinierender Macht (vgl. ders.: Überwachen und Strafen. Die Geburt des Gefängnisses, Frankfurt a. M. 1979).

[46] O'Connor ebd., S. i.

[47] Vgl. meine Analyse klassisch ›moderner‹ Konstruktionen des Lokalen und Entfernten in: A Truant Proximity: Presence and Absence in the Space of Modernity. In Environment and Planning D: Society and Space 10 (1992).

[48] R. Shields: Flow. In Space and Culture 1 (1997).

Die Übersetzung des englischen Manuskripts besorgte Eduard P. Bär.

Auf der Suche nach Shangri-La

Der Himalaja in der Imagination des Westens und in der nepalesischen Literatur

Von Michael Hutt

Von den Darstellungen entfernter und fremder Kulturen sind in den westlichen Ländern jene am leichtesten verfügbar, die von den Massenmedien und der Unterhaltungsliteratur vermittelt werden. Es ist unvermeidlich, daß sie die Dinge vereinfachen. Zudem tauchen, sobald von bestimmten entlegenen Winkeln der Welt die Rede ist, einige Klischees immer wieder auf – die Wendung ›entlegene Winkel‹ ist selbst ein treffliches Beispiel dafür. Ich möchte hier darlegen, wie ein englischer Roman dazu beigetragen hat, das Bild zu formen, das sich der Westen von einer bestimmten Region macht: dem Himalaja. Das beharrlich existierende Vorurteil, wonach der Himalaja ein Märchenland sei, hat auch Auswirkungen auf politische und gesellschaftliche Prozesse, und der Umstand, daß zahlreiche Europäer und Amerikaner jetzt als Touristen dorthin reisen – und zwar mit ihren westlichen Vorstellungen davon, was sie dort erwartet – ist in einigen literarischen Texten dieser Länder auf interessante, kritische Weise kommentiert worden.

1. Die Erfindung von Shangri-La

Daß eine Kultur eine andere durch das verzerrende Objektiv eines Mythos betrachtet, den sie selbst erschaffen hat, ist weder neu noch auf den Westen begrenzt. Benedict Anderson beschreibt beispielsweise in seiner Studie über den modernen Nationalismus, welche psychologischen Auswirkungen es auf Europa hatte, als dieses im 15. und 16. Jahrhundert die alten und hochentwickelten Kulturen anderer Kontinente entdeckte, über deren Existenz bis dahin nur gerüchteweise oder gar nichts bekannt gewesen war. Für ein Europa, das an seiner christlichen Zentralität und Überlegenheit in der Welt nicht den geringsten Zweifel hegte, war es vor allem verstörend, daß diese Kulturen fast ausnahmslos nicht nur unabhängig von Europa, sondern auch vom Christentum entstanden waren, also »jenseits von Eden und nicht darunter subsumierbar«.[1] Diese Enthüllung schlug sich auch in der europäischen Literatur jener Zeit nieder; einige Schriftsteller wurden berühmt, weil sie eigene Spielarten der perfekten Gesellschaft entwarfen. Jede dieser Utopien behauptete, einer weit entfernten, aber zeitgenössischen Gesellschaft nachgebildet zu sein, die dann implizit den keineswegs perfekten Gesellschaften Europas gegenübergestellt wurde. So lag Thomas Morus' Utopia in Amerika, Francis Bacons Neues Atlantis im Pazifik, Jonathan Swifts Insel der Houyhnhnms im Südpazifik. Im 20. Jahrhundert dann verlegte der englische Schriftsteller James Hilton sein Utopia in den Hohen Himalaja: Shangri-La.

Für die Völker Südasiens besaß der Himalaja seit jeher einen mythischen Status. Agehananda Bharati schreibt, die meisten Inder hätten keine klare geographische Vorstellung von dem Gebirge, das im Norden ihr Land begrenzt: »Für alle Hindus, die dort lebenden ausgenommen, ist der Himalaja eher ein beschworenes als ein reales Gebirge«.[2] Bharati stützt diese etwas überzogene Behauptung (schließlich besuchen viele Inder als Pilger und Touristen den Himalaja) mit einem Zitat des hinduistischen Philosophen T. V. R. Murti: »Für den Existentialismus ist das Potentielle wichtiger als das Reale. Das ist wahr: Der Himalaja der Rischi und Yogi ist uns wichtiger als die realen Felsen und ärmlichen Hütten der Menschen dort.«[3] Vielleicht trifft es zu, daß – wie Bharati meint – für indische Hindus, die die Gegend nicht besucht haben, der Himalaja vor allem ein mythisches Land ist und ihre Vorstellungen von der Gebirgskette auf den Legenden und Geschichten der Hindu-Tradition basieren. Ebenso wahr aber könnte sein, daß die Repräsentation dieser Region auch in der abendländischen Gegenwartsliteratur in nicht geringem Maße durch die Verbreitung eines Mythos beeinflußt wurde, der viel jüngeren Datums ist, und der nicht zuletzt von dem Romancier James Hilton (1900–1954) formuliert wurde.

Die Rede ist von Hiltons Roman »Lost Horizon«.[4] Er erschien 1933 und wurde vier Jahre später mit großem Erfolg in Hollywood verfilmt – obwohl, wie ein Kritiker anmerkte, »so viele Unakkuratheiten sicher beträchtliche Recherche erforderten«.[5] Die Geschichte beginnt mit der Evakuierung von Europäern aus einem fiktiven, offenbar indischen »Baskul« wegen eines »Aufstands der Einheimischen«. Vier Evakuierte besteigen ein kleines Flugzeug: zwei britische Kolonialoffiziere, eine Missionarin und ein amerikanischer Geschäftsmann. Einer der beiden Briten, Conway, ist ein gebildeter und philosophisch veranlagter Mann, der emotional noch immer unter seinen Erlebnissen während des Weltkriegs leidet. Er ist die zentrale Figur des Romans und vermutlich dem Bergsteiger George Mallory nachgebildet. Statt der geplanten Route nimmt das Flugzeug Kurs auf die Gebirgsketten des Himalaja; die Passagiere entdecken, daß ihr Pilot nicht, wie sie annahmen, ein britischer Offizier, sondern ein bewaffneter »Asiate« ist – sie werden offenkundig entführt. In einem abgeschiedenen Winkel von Tibet kommt es zur Bruchlandung. Die Passagiere werden von dem Gefolge eines vorüberziehenden Weisen, eines »Lama«, gerettet und ins Tal des Blauen Mondes (in der deutschen Übersetzung: Tal Aller Heiligen Zeiten) geführt. Dort werden sie in einem Kloster, der »Lamaserei« von Shangri-La, einquartiert. Im weiteren Fortgang der Geschichte erfahren wir, daß das fruchtbare Tal mit seinem milden Klima zum Refugium der Weltkultur geworden ist, wo Literatur, Musik und bildende Künste vor einer Vernichtung durch Krieg und Katastrophen geschützt werden. Die Lamas haben auch ein Elixier erfunden, das ihnen eine sehr lange Lebenszeit beschert. Mit dem Hohen Lama, einem gebürtigen Luxemburger namens Perrault, der etwa 250 Jahre alt ist, schließt Conway eine Freundschaft von außerordentlicher Vertrautheit und Offenheit. Schließlich stirbt der Hohe Lama, nicht jedoch, ohne Conway zuvor als Nachfolger in der Leitung des Klosters zu bestimmen. Inzwischen sind drei der vier gekidnappten Besucher der heiteren Ruhe Shangri-Las verfallen und haben sich mit dem Gedanken ausgesöhnt, dort bleiben zu müssen. Der jüngere Brite jedoch will unbedingt fort. Da Conway um dessen Sicherheit fürchtet, begleitet er ihn aus dem Tal hinaus – und verliert dabei Shangri-La. »Es war ihm, gleich Millionen andern, bestimmt«, schreibt Hilton, »Weisheit zu fliehen und ein Held zu sein.«[6] Das letzte, was man von Conway hört, ist, daß er verzweifelt nach einem Weg suchte, in das Tal des Blauen Mondes zurückzukehren.

Der Erfolg von Hiltons Roman gründet darin, daß dessen romantische Handlung an landläufige Phantasien anschloß. Vielleicht gestützt von Legenden über ›verlorene Täler‹, hatten sich viele Europäer bereits vor Hilton ausgemalt, daß jenseits der höchsten Berge dieser Welt ein Paradies liege, wo Menschen ein sagenhaftes Lebensalter erreichen. Zunächst wurde Tibet und sein geistlich-politisches Zentrum, die ›verbotene Stadt‹ Lhasa, zum ›Aufhänger‹ für unterschiedliche europäische Wunschbilder. Später übernahmen andere Regionen und Reiche des Himalaja die Rolle eines Shangri-La: In dem Maße, wie Reisende die Heiligkeit einer ›verbotenen‹ Stadt nach der anderen, eines ›verbotenen‹ Landes nach dem anderen verletzten, verlagerte sich die Phantasie vom ›geheiligten Ort‹ auf die ›Utopie‹, von einer »symbolischen Konzentration« auf die »geographische Abstraktion«.[7] Die Faszination und der unverminderte Reiz von Hiltons Utopie beruhen unter anderem darauf, daß Shangri-La auf immer verloren ist. Für die Hollywood-Verfilmung wurden zwei verschiedene Schlußszenen gedreht: Die eine ließ Conway – anders als im Roman – triumphierend nach Shangri-La zurückkehren; doch sie wurde als zu glückselig und vorhersehbar verworfen, und man entschied sich für die mystische Vieldeutigkeit einer Hiltons Vorlage besser entsprechenden Fassung.

Es kann nicht überraschen, daß fast alle kulturellen Ausgangs- und Referenzpunkte des Romans europäisch sind: Das künstlerische und wissenschaftliche

Erbe, das vor der Zerstörung gerettet werden soll, stammt offenbar ausnahmslos aus dem Westen; selbst der Hohe Lama, der das Kloster gegründet hat, ist Europäer. Es fehlt an nichts: Von der freien Liebe über Bibliotheken und Klaviere bis zu ›westlichen‹ Toiletten mit Wasserspülung gibt es alles. Zudem sind die wichtigsten ›Asiaten‹, die in der Geschichte vorkommen, nicht Tibeter, sondern Chinesen, denn Stereotype von der Undurchsichtigkeit und dem Mystizismus der Chinesen waren dem abendländischen Denken vertraut, während über die Tibeter keine klar umrissenen Vorstellungen bereitstanden.

Hiltons Erzählung spiegelt vor allem die Reaktion seines Verfassers auf die Unzulänglichkeiten der westlichen Gesellschaften, aber auch der menschlichen Existenz im allgemeinen wider. Da in Shangri-La die Lebenszeit außergewöhnlich lange bemessen ist, muß sich dort niemand beeilen oder seine Mitmenschen bedrängen. Das Leben vergeht mit ästhetischen und intellektuellen Betätigungen, ohne Konkurrenz, Konflikt oder Streit: Tibet als ein Gegenbild zum hektischen, krisengeschüttelten Europa.

2. Auf der Suche nach Shangri-La

Das abgelegene Tibet, formell seit 1720 ein chinesisches Nebenland, war zwar spätestens durch die britische Expedition 1903/04 in das globale Ringen der Großmächte einbezogen – Lhasa war nun »entschleiert«[8] –, doch 1912 hatte es sich von China faktisch gelöst und verstärkt allen äußeren Einflüssen entzogen. Die Karte Tibets wies in den 30er Jahren durchaus noch weiße Flecken auf, in denen Hilton sein Shangri-La hätte ansiedeln können. In der folgenden Zeit aber sollten die Phantasien von einem konkreten Ort zu einem Nicht-Ort – einer Utopie – fortschreiten.

»Shangri-La«, ein frei erfundener, vermeintlich tibetisch klingender Ortsname, ist längst in die englische Sprache eingegangen. Das Collins English Dictionary definiert es als »entlegenes oder phantasiertes Utopia«.[9] 1942 soll Präsident Roosevelt die Japaner und Deutschen vor ein Rätsel gestellt haben, als er den Stützpunkt, von dem aus amerikanische Flugzeuge zur Bombardierung Tokyos starteten, Shangri-La nannte – einen Ort, den sie niemals finden würden.[10] Dennoch hat das Wort seine Verbindung zum Himalaja, der es inspirierte, nicht ganz verloren, es taucht in abendländischen Texten über Nepal, Tibet, Bhutan und bestimmte Gebiete des indischen Himalaja immer wieder auf. Als Folge davon werden diese Länder im abendländischen Denken häufig als romantisch-mystische Regionen verklärt, und ihre wachsende Tourismusindustrie tut ihr Bestes, solche Assoziationen zu verstärken. Freilich haben Zuschreibungen, wonach die Völker des Himalaja irgendwie weltfern und entrückt seien, großen Anteil daran, eine objektive Sicht auf ihre gravierenden politischen, ökologischen und ökonomischen Probleme zu verstellen. Westliche Zeitungsberichte über Tibet aus den 70er und 80er Jahren bedienten sich gerne der Geschichte von Shangri-La, und zwar in gegensätzlicher Absicht: einmal, um sie als Mythos anzugreifen (»Das Bild eines unberührten Shangri-La ... vertuscht [Tibets] nicht-aufklärerische Vergangenheit als feudale Theokratie«[11]), ein anderes Mal, um eben jenen Mythos in gefühlsbetonten Worten ein weiteres Mal zu bekräftigen.[12]

Gleichwohl wird das Etikett Shangri-La keineswegs wahllos verliehen. Es ist gewissermaßen mit einem Zustand der Jungfräulichkeit assoziiert; wird sie durch fremde Invasion, Modernisierung oder innere politische Fehde beschmutzt, kommt dies offenbar einem Verrat gleich. Said hat darauf hingewiesen, daß der Orient im westlichen Denken gemeinhin als weiblich konzipiert wird. Die Unzugänglichkeit Tibets trug viel zu seiner Faszination bei, aber es war seit Jahrhunderten das ›Dach der Welt‹ und wähnte seine Hauptstadt Lhasa als die *axis mundi*. 1950 machten Invasionstruppen der tibetischen Abgeschlossenheit ein Ende, das Land wurde als pseudo-»autonome Region« China eingegliedert. Im Westen kam es zu einem Ausbruch des Mitgefühls für den entmachteten jungen Gottkönig, den 14. Dalai Lama,[13] zumal als er dann nach dem gescheiterten Aufstand 1959 mit 20 000 Anhängern über die Pässe nach Süden fliehen mußte. Doch im Zuge der Entspannungspolitik der 70er Jahre schloß sich ein beträchtlicher Teil der Berichterstattung in den Medien der chinesischen Sicht an, wonach die tibetische Gesellschaft ein barbarischer, mittelalterlicher Anachronismus sei: Das Buhlen um das kommunistische China führte viele Autoren dazu, Tibet nicht als mystische Region an der nördlichen Peripherie Indiens, sondern als zurückgebliebene, feudale Gesellschaft am Südwestrand Chinas

Zentrum des kanadischen Wintersports: Quebec City

zu beschreiben. Bei der Wahrnehmung peripherer Regionen spielt es also eine gewisse Rolle, wovon sie Peripherie sind und wer das Privileg des Zugangs gewährt hat.

Nachdem Tibet für westliche Phantasien untauglich geworden war, wurde der Ehrentitel eines Shangri-La an andere Himalaja-Regionen bzw. -Staaten weitergereicht: Nepal, Sikkim, Ladakh und Bhutan. Nepal und Sikkim haben den Mythos in den letzten Jahren allerdings ebenfalls eingebüßt bzw. verraten. Das kleine Sikkim verlor 1975 seinen halbautonomen Status und wurde ein normaler indischer Bundesstaat; Nepal bewahrte seine Souveränität, aber es heißt inzwischen jährlich etwa 300 000 westliche Touristen willkommen. Es trübt die Faszination des Anderen, wenn man sie mit anderen teilen muß – zumal für Besucher, die sich selbst als »Reisende« und nicht als bloße »Touristen« definieren.[14] Katmandu aber ist ein Touristenzentrum geworden, jetzt sind allenfalls die entlegeneren Gegenden Nepals noch reizvolle Peripherie. Die materiellen Begleiterscheinungen der Entwicklung und Modernisierung Nepals gelten als Abweichung von der vermeintlichen Unberührtheit der authentischen gesellschaftlichen und kulturellen Ordnung, und Shangri-La zieht weiter.

Es zieht weiter nach Ladakh, es zieht weiter nach Bhutan. Mehr als jeder andere Schriftsteller läßt Andrew Harvey an Saids Erkenntnis denken, wer als Dichter oder Wissenschaftler über den Orient schreibe, »gibt sich niemals anders mit dem Orient ab außer als dem ersten Grund für das, was er sagt«.[15] Harvey schreibt: »Ich kam nach Ladakh, weil ich nach Nepal wollte«, und zitiert zum Bild Ladakhs – auch Klein-Tibet genannt – einen jungen Franzosen, den er in Delhi traf:

»Ladakh ist der letzte Ort, wo du noch eine Ahnung bekommen kannst, wie es in Tibet gewesen sein mag – jetzt, wo man nach Bhutan nur noch kommt, wenn man viel Geld hat. Und Ladakh ist auch für sich genommen eine wunderbare Welt. Hätte ich eine Räuberbande und ein Flugzeug, ich würde dich kidnappen und selbst hinbringen. Ladakh hat mich gelehrt, die Dinge anders zu sehen. Wenn du in den letzten Stunden irgendetwas empfunden hast, etwas Intensives oder Wahres, dann schreib das nicht allein mir oder uns zu, sondern Ladakh.«[16]

Inwieweit eine Himalaja-Region als Shangri-La gelten kann – und offenbar haben Harvey oder sein Franzose Hiltons »Lost Horizon« gelesen –, ist auch davon abhängig, in welchem Maße es unveränderte Elemente der inzwischen verlorenen Authentizität bewahrt hat. Authentizität leidet nicht zuletzt durch problemlose Erreichbarkeit. Das Land Ladakh am oberen Industal zwischen Himalaja und Karakorum bildet einen entlegenen Teil Kaschmirs, um das es zwischen Pakistan und Indien immer wieder zu kriegerischen Auseinandersetzungen kommt. Es ist noch authentisch, aber seine Bewunderer werden es bald verdorben haben. Tibet wurde durch den Einmarsch der Chinesen und die folgende Zwangsmodernisierung und -säkularisierung ruiniert,[17] Nepal durch die Touristen und die Nepalesen selbst. Bhutan – das Fürstentum erklärte sich 1971 zum souveränen Königreich – bleibt dagegen authentisch. Es beschreitet einen vorsichtigen Weg der Entwicklung, begrenzt die Zahl der Touristen und verweigert ihnen den Zugang zu den Tempeln. Die Regierung hat Fernsehantennen verboten, Bhutanesen können mit Geldbußen belegt oder sogar verhaftet werden, wenn sie an den vorgeschriebenen Orten und bei den vorgeschriebenen Anlässen nicht die Nationaltracht tragen. Abendländische Berichte über Bhutan schildern dies mit uneingeschränkter Bewunderung, obschon seit 1990 mehr als 88 000 Menschen wegen dieser und anderer Verfügungen von Bhutan nach Nepal geflüchtet sind. Said meint, »daß der Orient, wenn er sich selbst vertreten könnte, es tun würde; da er es aber nicht kann, muß die Repräsentation diese Aufgabe« leisten.[18] Bhutan hat jene »Repräsentation« ohne Einschränkungen übernommen – garniert allerdings mit einer Xenophobie, die gar nicht zu einem Paradies passen will. Dazu das Erziehungsministerium des Landes:

»... sie machen Bhutan zu einem ›Paradies‹ oder zu dem, was ausländische Besucher des Königreiches gern als das ›letzte Shangri-La‹ auf Erden bezeichnen ... In den angrenzenden Gebieten leben allerdings viele Millionen Menschen nepalesischer Herkunft, die ... nicht nur auf uns, die Bhutanesen, neidisch sind, weil wir hier soviel Glück und Wohlstand haben, sondern die zu Millionen einwandern möchten, um uns und unseren Kindern unseren Frieden, unser Glück und unseren Wohlstand zu rauben.«[19]

3. Reaktionen von Schriftstellern im heutigen Nepal

In den betreffenden Ländern haben einige Schriftsteller das idealisierte Bild der westlichen Welt von ihren Heimatländern thematisiert. Ich beziehe mich hier vor allem auf Werke moderner nepalesischer Schriftsteller. In den literarischen Werken anderer südasiatischer Sprachen mögen sich ähnliche Äußerungen finden, doch die überwiegende Mehrheit der nicht-asiatischen Himalaja-Touristen kommt nach Nepal. Soweit ich feststellen konnte, wurde Hiltons »Lost Horizon« in keine südostasiatische Sprache übersetzt und ist in Nepal praktisch unbekannt – die Tourismusindustrie und Royal Nepal Airlines ausgenommen, die das Shangri-La-Motiv für ihre Werbung übernommen haben.

In der nepalesischen Literatur – wo der Shangri-La-Mythos nirgends direkt erwähnt wird – beschäftigen sich einige interessante Werke mit dem Verhalten westlicher Nepalbesucher. Der Dichter Ratnadev Sharma veröffentlichte 1971 in Katmandus literarischer Monatszeitung »Madhupark« ein Gedicht mit dem Titel »Auch ich bin ein bemerkenswerter Mensch«. Im Mittelpunkt steht ein Hippie-Mädchen in den Straßen von Katmandu, und der Text verrät eine interessante Mischung von Einstellungen zu den jungen Menschen, die damals zum ersten Mal massenhaft aus dem Westen in den Osten kamen:

»Wie prachtvoll du bist, Hippie,
Wie schön die Tigerzahn-Ohrringe,
Die Perlen und der rote Nepali-Rock, die du trägst.
Du hast dich, einer Laune folgend,
Von den wirbelnden Schrecken der Naturwissenschaft abgesetzt,
Vom Mahlen und Kreischen seiner Mühlsteine;
Du bist hierher gekommen, um dich
Auf dem Schoß unbekümmerter Menschen auszustrecken.«[20]

Einleitend beschreibt Sharma also, vielleicht mit einem Quentchen Ironie, die beeindruckende Kleidung des Hippie-Mädchens. Dann bekundet er Verständnis dafür, daß es von den Naturwissenschaften – und das heißt: von der westlichen Gesellschaft und ihren Werten – enttäuscht ist. Der Dichter heißt das Mädchen willkommen, ist geschmeichelt, daß es in seiner Kultur und seiner Lebensweise etwas von Wert sieht. Doch in den folgenden Zeilen schwingt eine gewisse Belustigung mit, denn Sharma sieht sich offenbar auch genötigt, das Hippie-Mädchen daran zu erinnern, daß er selbst nicht weniger interessant und schillernd ist:

»*Darum drehe dich nur einmal um und schau,*
Schau mich genau an:
Beim Gehen halte ich mit der rechten Hand die Sonne,
Auch ich bin ein bemerkenswerter Mensch.«[21]

Sharma scheint nichts dagegen zu haben, daß das Hippie-Mädchen seine Welt idealisiert. Die vorherrschende nepalesische Auffassung vom Abendland – jedenfalls bis sich das Königreich dem Massentourismus öffnete – war offenbar, daß es technisch hochentwickelt, seine Menschen großzügig und dem Egalitarismus verpflichtet seien. Der Anthropologe James Fisher schreibt, zwischen den ostnepalesischen Sherpas und ihren ausländischen Besuchern sei eine »Gesellschaft zur gegenseitigen Bewunderung« entstanden. Der Grund dafür sei, so Fisher, daß jede Gruppe stereotype Vorstellungen von der anderen gehabt habe:

»*Das Bild, das sich westliche Besucher von den Sherpas gemacht haben, ist außerordentlich positiv ... Dieses Bild entsteht zunächst durch Hörensagen und literarische Berichte, die inzwischen epische Ausmaße erreicht haben, und wird dann... durch persönliche Erfahrung bestätigt ... Die westlichen Besucher sind von den Sherpas so bezaubert, denn die Charakterzüge, die diese angeblich besitzen, sind nicht nur Eigenschaften, die Europäer und Amerikaner bewundern; es sind auch exakt jene, die sie ihrer Meinung nach selbst haben sollten, aber schmerzlich an sich vermissen ... Die Sherpa-Gesellschaft, oder das Bild, das sich der Westen von ihr macht, repräsentiert also eine dramatische Inszenierung dessen, was die westlichen Besucher gern selbst wären, und das ist der Grund für den oftmals stürmischen Enthusiasmus der letztgenannten für die erstgenannten.*«[22]

Gibt es nicht in der Tat eine psychologische Verbindung zwischen der ungeheuren Beliebtheit und Langlebigkeit von Hiltons Utopie einerseits und der Bewunderung westlicher Touristen für die Völker des Himalajas andererseits? Shangri-La ist in allem so, wie wir die Welt gern hätten; für viele ihrer Gäste sind die Sherpas der Inbegriff des heiteren Menschen. Die Nepalesen sind sich der Tatsache, daß sie nicht in einem Shangri-La leben, natürlich nur allzu bewußt. Noch einmal Kanak Mani Dixit:

»*Es heißt immer wieder, daß alle Angehörigen der Drittwelt-Intelligenz auf das hereinfallen, was Sahib sagt und tut: Wir folgen ihm in seiner Wissenschaft und auch in seiner Mythenfabrikation. Neigen wir hierbei vielleicht dazu, als wahr zu akzeptieren, was andere als unsere Kultur und unseren besonderen Reiz bezeichnen, ebenso, wie die diskriminierten Minderheiten in den Industriestaaten die negativen Bilder über sich selbst als wahr akzeptieren? Der Sahib kehrt natürlich nach Kansas, Kensington oder Kew zurück, aber wir müssen von den geliebten Wolken hinabsteigen und in den Schlamm unserer Marktplätze zurückkehren.«*[23]

Auch das anfänglich so positive Bild, das die Sherpas von den Europäern hatten, litt unter ihren späteren Erfahrungen: »Neben dem ursprünglichen, positiven Bild gelten Ausländer jetzt mit gleicher Wahrscheinlichkeit als rüde, ungeschickt, fordernd, unberechenbar und geizig.«[24] Es ist im Interesse der Sherpas wie der nepalesischen Tourismusindustrie, das romantische Bild zu pflegen, das Ausländer von Nepal und seinen Einwohnern haben. Noch einmal Kanak Mani Dixit:

»Findet das Leben im Himalaja auf einer spirituell höheren Ebene statt als in der restlichen Welt? Selbst wenn das nicht so ist, schadet es denn, wenn Menschen jenseits der Ozeane meinen, daß unsere Berge und ihre Bewohner in gewisser Weise erhaben seien? Sollten wir nicht, statt auf die materielle Armut hinzuweisen, die den Hintergrund zur Romantik der Himalaja-Regionen bildet, einfach diese Werbetrommel lauter schlagen, wenn das mehr devisenschwere Touristen hierher bringt? ... In einer Region, wo es darum geht, ob man die Einkünfte aus dem Tourismus auf Biegen und Brechen erhöhen (Nepal), oder die eigene Tradition bewahren und gleichzeitig die Einnahmen aus dem Tourismus maximieren soll (Bhutan) ... müssen solche Fragen ernsthaft erwogen werden. Die meisten Bewohner des Himalajas sonnen sich gern in der überwältigenden Bewunderung, die die Welt ihrer Region entgegenbringt. Selbst ohne jeden materiellen Vorteil bliebe offensichtlich immer noch die psychologische Genugtuung. Und doch muß es irgendwo, irgendwann, irgendwie schmerzen, wenn ein Volk beginnt, die wohlmeinenden Phantasien von Außenseitern für wahr zu halten.«[25]

Der nepalesische Satiriker Bhupi Sherchan verweist in einem Gedicht auf die Widersprüche, die sich ergeben, wenn inmitten von Massenarmut der Massentourismus gefördert wird. Das Gedicht beschreibt das Kommen und Gehen auf dem Flugfeld von Pokhara, einer kleinen Stadt im Inneren Nepals, das für seinen Blick auf die Himalaja-Gebirgskette berühmt ist, vor allem auf den Machhapuchare, den ›Fischschwanz-Berg‹:

»Flugzeuge landen, Flugzeuge starten,
Landen mit Flitterwöchnern,
Starten voller Soldaten,
Die am nächsten Morgen in Kutch sein müssen.
Flugzeuge landen, bringen Touristen,
Die den Fischschwanz-Berg sehen wollen.
Flugzeuge starten voller Körbe, Koffer,
Pflüge und Fischschwanz-Kinder,
die Land in der Ebene suchen ...«[26]

Und Minbahadur Bistha beschreibt ironisch Nepals Abhängigkeit von ausländischer Hilfe:

»Geehrter Besucher, dies ist das Tal von Katmandu.
Hier sind die drei Städte:
Katmandu, Lalitpur, Bhaktapur.
Bitte bedecken Sie die Nase mit einem Taschentuch.
Eine Kanalisation ist nicht möglich.
Der Bau von Toiletten war nicht durchführbar.
In unserem nächsten Fünf-Jahresplan gibt es
die Kampagne Saubere Stadt:
Würden Sie bitte mit einer Spende dazu beitragen?«[27]

Überraschend schnell nach dem ersten Kontakt Nepals mit dem abendländischen Denken wandten sich einige nepalesische Schriftsteller gegen die vorurteilsbeladenen Bilder, die Besucher von ihrem Land hatten. Eine sehr bekannte Reaktion stammt von Shankar Lamichhane; er arbeitete seit den 50er Jahren bis zu seinem Tod im Jahre 1975 für verschiedene kulturelle und staatliche Institutionen und ist einer der geachtetsten Schriftsteller Nepals. 1960 wurde Lamichhane von der Nepal-India Joint Cultural Institution in Katmandu angestellt. Eines Tages bemerkte er, während er in seinem Büro arbeitete, ein Augenpaar, das ihn aus einem höher gelegenen Fenster des Nachbarhauses anstarrte. Die Augen betrachteten ihn teilnahmslos den ganzen Tag lang. Lamichhane erfuhr zu seiner Erschütterung, daß es die Augen eines gelähmten Kindes waren. Am gleichen Tag erhielt er den Besuch einer Amerikanerin, die an einer Photoreportage für National Geographic arbeitete. Sie bat ihn, sie zu einem farbenfrohen Fest in der Gegend zu begleiten – Lamichhane aber war nicht in der Stimmung dazu.[28] Auf diesem Vorfall basiert seine bekannteste Kurzgeschichte: »Die halbgeschlossenen Augen und die untergehende Sonne«, ein Text, in dem ein Nepalese die utopischen Wunschbilder von seinem Land mit tiefem Sarkasmus zurückweist. Die Geschichte enthält zwei längere Monologe: Erst spricht ein gerade in Katmandu angekommener Tourist, dann ein Reiseführer. Der Tourist redet über die Geschichte und Kultur Nepals und protzt mit seinen Kenntnissen nepalesischer Legenden, die er sich in den heimischen Bibliotheken erworben hat. Der Geist Nepals sei, beteuert der Tourist, eingefangen im Lächeln auf den Gesichtern seiner Menschen sowie in den rätselhaften Augenmotiven der buddhistischen Stupas im Tal von Katmandu:

»Es ist ein Lächeln des Willkommens, als sei diese Begegnung weder zufällig noch unsere erste ... Es ist, als hätte ich die schönste Frau der Welt geheiratet. Ich bringe sie mit nach Hause, meine Mutter steht zum Willkommen lächelnd an der Tür... Das ist das Land der Augen, ein Land, das von Buddhas halbgeschlossenen Augen bewacht wird ... Morgen sollst du mir schöne Augen zeigen, Augen, die nicht ihresgleichen haben. Augen, deren Anblick meine Reise unvergeßlich machen wird ...«[29]

Der Reiseführer entspricht dem Wunsch seines Gastes, indem er ihn am nächsten Tag in ein nahes Dorf zu einer armen Bauersfamilie bringt. Dort, sagt der

Reiseleiter, wird er ihm ein Augenpaar zeigen, das ihm »den Pulsschlag unserer Realität« offenbart. Es sind die Augen eines gelähmten Kindes. Dessen Eltern erzählt er, der Gast, den er mitbringe, sei Arzt:

>»In diesem Haus lebt ein Kind, das sicher keine göttliche Inkarnation ist. In eine arme Bauersfamilie hineingeboren und von Kinderlähmung heimgesucht, ist es völlig außerstande, das heilige Gesetz zu verbreiten oder irgendeinen Beitrag zu dieser Welt zu leisten ... Es ist nicht meine Absicht, es Ihnen als Symbol für etwas zu zeigen. Gestern, als Sie von den Wogen ihrer Gefühle davongetragen, von Ihrem ›Black and White‹-Whisky beflügelt wurden, haben Sie mich bestürmt, ich möge Ihnen Augen zeigen, die Sie ewig an ihre Nepalreise erinnern werden. Ich habe Sie also hierher gebracht, um Ihnen solche Augen zu zeigen ... Das Lächeln, das Sie beschreiben, liegt auf ihren Gesichtern, ganz so, als seien Sie ihr ältester Sohn, als seien Sie über sieben Meere gekommen und brächten die lebensrettende Medizin.«[30]

Für Lamichhane hat dieses gespenstische Bild des gelähmten Kindes nichts Abstoßendes. Er läßt seinen Führer sogar sarkastisch sagen, die weite Verbreitung solcher Krankheiten fördere ein weiteres typisches Merkmal des asiatischen Charakters: »Diese Fähigkeit, stumm zu bleiben, untätig, macht- und reglos, und dennoch ohne Klagen zu überleben: Das findet man sicherlich nur bei einem Kind aus Asien!«[31]

Ein anderer Schriftsteller, Parashu Pradhan, hat sich in einem kurzen, aber scharfen Essay mit dem gleichen Thema befaßt. Er beschreibt die Gedanken eines Reiseleiters, der gerade vom Tod seiner Frau erfahren hat:

>»Er hätte wegen eines solch tragischen Geschehens weinen sollen, aber das alles berührte ihn nicht im Geringsten. Es schien so gewöhnlich wie sein tägliches Leben, wie bei Tagesanbruch aufstehen, die Krawatte knoten, dann fremde Gesichter anlächeln, als kenne er sie gut ... Er versuchte, das Telegramm zu vergessen und zu schlafen. Aber in seinen Gedanken kamen alle Touristen, die er an jenem Tag gesehen hatte, zu ihm hin und stellten ihm Fragen – wie alt ist dieses Kunstwerk? Was bedeutet es? Ist Holzschnitzerei ein überliefertes Handwerk? Und so weiter und so weiter.«[32]

Schriftsteller wie Lamichhane und Pradhan kritisieren, daß die Nepal-Begeisterung der Besucher auf einer selektiven Sicht der modernen Realität ihrer Heimat basiert. Sie wollen natürlich nicht in Zweifel ziehen, daß Nepal ein ungeheuer reiches kulturelles Erbe besitzt, aber sie weisen darauf hin, daß es andere, weniger attraktive Aspekte des Alltagslebens gibt, deren sich die Besucher bewußt sein sollten. Das idealisierte Bild, die Repräsentation, könnte für den Westen weiterhin ›funktionieren‹, nicht unbedingt aber für Saids »armen Orient«: Zwischen den gängigen Vorstellungen, die relativ uninformierte Besucher von Nepal und der Himalaja-Region haben, und der Sicht der meisten dort lebenden Menschen herrscht eine tiefe Kluft. Dies ist nicht überraschend, denn kaum jemand, der in einem ›Touristenparadies‹ lebt, wird sein Land so sehen, wie es nach außen verkauft wird. Bemerkenswert aber ist, daß es die allermeisten Besucher schaffen, mit einer mythischen Utopie im Kopf nach Nepal oder Bhutan zu reisen, um dort jene Bilder und Szenen aufzusuchen, die sie aus Broschüren und Bildbänden bereits kennen[33] – und anschließend nach Hause zu fahren, ohne ihre Vorstellungen von jenem Shangri-La wesentlich verändert zu haben.

Anmerkungen

[1] Benedict Anderson: Imagined Communities: Reflections on the Origin and Spread of Nationalism, London 1983, S. 65.

[2] Agehananda Bharati: Actual and Ideal Himalayas: Hindu View of the Mountains. In James F. Fisher (Hg.): Himalayan Anthropology, Paris/Den Haag 1978, S. 78.

[3] Ebd.

[4] James Hilton: Lost Horizon, London 1933 u. ö. (hier: Ausg. London 1947); deutsch 1937 u. d. T. »Irgendwo in Tibet« (jetzt u. d. T. »Der verlorene Horizont«, hier: Ausg. Frankfurt a. M. 1996). Der Roman wurde mit dem Hawthornden Prize for Fiction ausgezeichnet; Hiltons sentimental-romantische Erzählungen werden freilich nicht zur großen Literatur gerechnet. Zu »Lost Horizon« wurde er wahrscheinlich durch die Reiseberichte von Joseph Rock im »National Geographic« angeregt. Vgl. Der Tagesspiegel v. 13. 9. 1998 (d. Red.).

[5] Leslie Halliwell: Halliwell's Film Guide, London 1985, S. 592.

[6] Hilton 1947, S. 178.

[7] Peter Bishop: The Myth of Shangri-La, Berkeley 1990, S. 216, 243.

[8] Vgl. Edmund Candler: The Unveiling of Lhasa, London 1905. 1910 wurde Lhasa dann sogar von chinesischen Truppen geplündert.

[9] Collins English Dictionary, Ausg. 1982, S. 133.

[10] Hilton 1947, Klappentext.

[11] International Herald Tribune v. 11. 5. 1983.

[12] Bis heute bleibt somit ein belletristischer Text, der vor über 60 Jahren von einem Europäer verfaßt wurde, für die Diskussion über die chinesische Okkupation Tibets relevant.

[13] Hierbei erzielte der Augenzeugenbericht des Österreichers Heinrich Harrer eine Resonanz, die – zumindest im deutschen Sprachraum – Hiltons Roman bei weitem in den Schatten stellte: China hatte ein real existierendes Paradies zerstört. Harrer war mit einem Begleiter nach der Flucht aus einem englischen Lager 1944 ins verbotene Lhasa gelangt, wo er bis zur Okkupation einer der wenigen Fremden blieb und als Berater am Hof des Dalai Lama wirkte. Harrers – notwendig subjektiv gefärbter – Bericht mit dem Titel »Sieben Jahre in Tibet« (Wien 1952 u. ö.) wurde in 48 Sprachen übersetzt und ebenfalls verfilmt, zuletzt in Hollywood 1997. Derzeit wird Harrer wegen seiner ›braunen‹ Vergangenheit – er war SS-Mitglied – zum Teil scharf attackiert. Vgl. Tourism Watch Nr. 11 v. 5. 8. 1997, S. 8ff. (d. Red.).

[14] Siehe Richard Shepherd: Happy Tourist, Unhappy Traveller. In Himal, Sept./Okt. 1990; sowie die Entgegnung der beiden »beleidigten Reisenden« in der folgenden Nummer von Himal. Zudem führt Nepal in seinem Bemühen um ausländische Hilfe die Armut seiner Bevölkerung

allzu schamlos vor, und im intellektuellen Klima des Landes gibt es inzwischen Tendenzen, ausländische kulturelle Einflüsse abzulehnen.

[15] Edward W. Said: Orientalism, London 1985, S. 21 (zuerst 1978); dt.: Orientalismus, Frankfurt a. M. 1981, S. 30.

[16] Andrew Harvey: A Journey in Ladakh, London 1984, S. 6; dt.: Ins Innerste des Mandala: eine Reise zur Weisheit des Buddhismus, Reinbek 1995, S. 12f.

[17] China will nun auch Touristen ins Land holen: In Lhasa eröffnete ein Holiday Inn (das allerdings nicht rentabel ist und wieder geschlossen werden soll); und an der tibetischen Grenze erheben gleich zwei Kreisstädte den Anspruch, mit Hiltons Shangri-La identisch zu sein. Vgl. Tagesspiegel wie Anm. 4 (d. Red.).

[18] Und zwar sowohl »für den Westen, und *faute de mieux*, für den armen Orient«: Said 1985, S. 21 (dt. S. 30f.).

[19] Royal Government of Bhutan (RGB), Department of Education: Eighth Quarterly Policy Guidelines and Instructions, Thimpu, March 1992, S. 29f.

[20] Ratnadev Sharma: Ma Pani Euta Anautho Manche [Auch ich bin ein bemerkenswerter Mensch]. In Madhpark 4 (1971) 7, zit. n. Abdi Subedi (Hg.): Pachhis Varshaka Nepali Kavita, Katmandu 1982, S. 83.

[21] Ebd.

[22] James Fisher: Sherpas and Tourists. In Contributions to Nepalese Studies 14 (1986) 1, S. 46f.

[23] Kanak Mani Dixit (Pseud.?): Whose Shangri-La is it anyway? In Himal, Jan./Feb. 1990, S. 7ff.

[24] Fisher 1986, S. 47.

[25] Dixit 1990, S. 7.

[26] Bhupi Sherchan: Ghumne Mechmathi Andho Manche [Ein Blinder auf einem Drehstuhl], 4. Aufl., Katmandu 1983, S. 39 (zuerst 1969).

[27] Minbahadur Bistha: Yasari Euta Rashera Banchne Bahama Gorcha [So gibt ein Volk vor zu leben]. In Taranath N. Sharma (Hg.): Samasamayik Sajha Kavita, Katmandu 1983, S. 218f.

[28] Shankar Lamichhane: Godhuli Samsar, Katmandu 1975, S. 63–67.

[29] Ardhamudit Nayan ra Dubna Lageko Gham, zit. n. Michael Hutt: Himalayan Voices. An Introduction to Modern Nepali Literature, Berkeley 1991, S. 253–59; Shankar Lamichhane: Ardhamudit Nayan ra Dubna Lageko Gham [Die halb geschlossenen Augen und die untergehende Sonne]. In: Bhairav Aryal (Hg.): Sajha Katha, 3. Aufl., Katmandu 1979, S. 136f.

[30] Ebd., S. 137f.

[31] Ebd., S. 139.

[32] Parashu Pradhan: Pratinidhi Kathaharu, Katmandu 1984, S. 163.

[33] Vgl. z. B. Dietmar Frank: Traumland Nepal, Berlin 1976; Pierre Toutain: Nepal, London 1986.

Auf die Setzung diakritischer Zeichen bei der Umschrift des Nepali wurde verzichtet. Der Aufsatz ist die redaktionell überarbeitete und erweiterte Fassung eines Beitrags von Michael Hutt in Tom Selwyn (Hg.): The Tourist Image, Chichester 1996 (vgl. die Besprechung in diesem Band); die Übersetzung des englischen Textes besorgte Ebba D. Drolshagen. Mit freundlicher Genehmigung von John Wiley & Sons Ltd., GBR.

Sehnsucht nach Natürlichkeit

Bilder vom ländlichen Leben im Tourismus

Von Adelheid Schrutka-Rechtenstamm

>»Bei uns können Sie die Natur einatmen und erleben, ausbrechen in die stille Größe der Bergwelt: Glasklare Bäche und donnernde Wasserfälle, märchenhafte Bergseen und eine einzigartige Blütenpracht, abenteuerliche Höhlen und Felsen. Sie werden überrascht sein von den Naturschönheiten unserer zauberhaften und unberührten Region ...«[1]

Natur, Natürlichkeit und Ursprünglichkeit sind Leitbegriffe im Tourismus geworden. Viele Orte und Regionen versuchen heute, sich als ›naturbelassenes‹ Reiseziel zu präsentieren. Die Frage, ob es eine ›unberührte Natur‹ überhaupt gibt, bzw. geben kann, führt in die Diskussion um den Naturbegriff und um die Kulturspezifik der menschlichen Naturbilder.[2] Hier nur soviel: Das Verhältnis des Menschen zur Natur ist durch wiederholte Gegenbewegungen zum Prozeß fortschreitender zivilisatorischer und rationalistischer Denaturierung geprägt.[3] Hierbei fällt der Beginn der jüngsten Phase der Sehnsucht nach Naturerleben zeitlich in die 70er Jahre unseres Jahrhunderts und damit in die Hochblüte des Massentourismus.

1. Suche nach Gegenwelten

Tourismus und Natur stehen in einem widersprüchlichen Verhältnis zueinander. Einerseits stellt das Natur- und Landschaftserleben einen essentiellen Bestandteil des Reisens in der Freizeit dar, wobei Schönheit, Intaktheit oder Erhabenheit wesentliche Werte bilden. Andererseits prägt der Tourismus die Räume: Er beeinflußt und gestaltet sie, wobei die Veränderungen so weit gehen können, daß es zur Zerstörung der eigentlichen Substanz kommen kann (wie es zum Beispiel in vielbesuchten Wintersportzentren zutage tritt). Das Verhältnis des Tourismus zur Natur ist damit zugleich »eine Beziehung der Ausbeutung und der Idealisierung«.[4] Darin spiegeln sich zwei gegensätzliche Momente der Naturwahrnehmung in der europäischen Moderne: Zum einen wird Natur aufgrund ihrer Rohstoffe ausgebeutet, und die technologische Entwicklung zielt auf ihre Beherrschung. Zum anderen dient einer romantischen Sichtweise Natur als Projektionsfläche für verschiedene ästhetische und psychische Bedürfnisse. Während Natur für den einen die Kulisse für Freizeitsportarten darstellt, bedeutet sie für den anderen Herausforderung und Abenteuer und für den dritten beschauliche Harmonie oder mythische Entrückung.

Als touristische Hauptmotive können Vorstellungen gelten, die als »Paradies«, »Arkadien« oder »Schlaraffenland« in einer Vielzahl von Kulturen vorkommen.[5] Die bekannte Theorie, nach der die Flucht aus der industriellen Gesellschaft die Hauptreisemotivation darstellt, wird somit ausgeweitet: Die Sehnsüchte, die mit dem Reisen in Verbindung gebracht werden, können als allgemein menschliche dargestellt werden. Die Metapher vom Goldenen Zeitalter mit seinen drei Komponenten ewige Jugend, ewiger Frieden und müheloses Dasein findet sich in den touristischen Hauptmotiven: Zur ›ewigen Jugend‹ zählt die Sehnsucht nach Sonne, Erholung und Aktivität. Unter ›ewigem Frieden‹ läßt sich eine Sehnsucht nach Harmonie, und zwar sowohl in der Natur als auch in der Beziehung zu anderen Menschen, subsumieren.[6] Das ›mühelose Dasein‹ schließlich symbolisiert die Sehnsucht nach dem Überfluß, dem Schlaraffenland und damit den alten Menschheits-traum, ohne eigenes Zutun um- und versorgt zu werden. Das Umsorgtwerden bezieht sich dabei nicht nur auf die Güte der Unterbringung und der Verpflegung, sondern darüber hinaus auf die Ebene des Kontaktes, der über die Grenzen des üblichen Wirt-Kunden-Verhältnisses hinausreichen kann.

Die Bilder eines besseren Lebens schließen mit ein, daß man sich im Urlaub von den Bezügen des Arbeits-Alltags lösen kann. Sie haben im subjektiven Erleben der Reisenden durchaus ihre Berechtigung. Allerdings nimmt man seine kulturelle und individuelle Identität mit in den Urlaub[7] – so sehr es auch der Wunsch sein mag, eine Gegenwelt zu erleben und im Urlaub ein anderer sein zu wollen. Der Wunsch nach zeitweiligen Ausbrüchen aus gesellschaftlichen Zwängen gründet in der zunehmenden Komplexität fast aller Lebensbereiche während der vergangenen Jahrzehnte. Diese ›Flucht‹ ist mit der Übernahme spezifischer ›Rollen‹ verbunden und selbst längst institutionalisiert; in diesem Sinne hat der Urlaub eine wichtige Stabilisierungsfunktion für den einzelnen wie für die Gesellschaft.[8] Im Urlaub scheint zu funktionieren, woran es im Alltagsleben mangelt, er repräsentiert das ›eigentliche‹ Leben. Diese Erwartungen an die Reise prägen den Blick auf die Fremde. Die Fremde wird dabei selektiv standardisiert.[9] Touristische Stereotype beziehen sich auf die Wünsche und Vorstellungen hinsichtlich des Urlaubs generell, und sie stehen mit Bildern und Klischees der bereisten Regionen in engem Zusammenhang, wie sie zum Beispiel von Informations- und Werbemedien verbreitet werden.

2. Urlaub auf dem Lande – Vorstellungen vom ländlichen Leben

Natur- und Landschaftserleben sind seit dem 18. Jahrhundert ein wichtiger Teil der touristischen Reise; angestoßen von Intellektuellen wurden das Hochgebirge und das Meer als Reiseziele entdeckt.[10] In der Folge kam es zu einer romantischen Stilisierung bestimmter Regionen zu touristischen Zielgebieten, deren Zahl mehr und mehr zunahm; dies äußert sich im Ferntourismus ebenso wie in europäischen Destinationen, wobei auch das Eigene im Sinne einer Exotisierung neu entdeckt wird.

Derzeit erleben wir ein verstärktes touristisches Interesse an Natur und traditionellem ländlichen Leben.[11] Die Möglichkeiten zu unmittelbarem Naturgenuß werden von mehr als der Hälfte der Reisenden als wichtig für ihre Reisezielentscheidung erachtet. Das Erleben von intakter Natur und Umwelt ist sogar für 80 Prozent der Deutschen Maßstab ihrer Urlaubszufriedenheit, wie neuere Umfragen zeigen.[12] Demnach sind gegenwärtig immerhin 30 Prozent an einem naturerlebnisorientierten Urlaub interessiert. Dies manifestiert sich auch im zunehmenden Wunsch, einen Urlaub in der ›authentischen‹ Atmosphäre eines Bauernhofes zu verbringen.

Mit dem bäuerlichen Leben verbinden Touristen Bilder einer noch heilen, ›bodenständigen‹ Welt. Das Land steht für Ruhe, Stille, reine Luft, Naturnähe und Gesundheit sowie für den Umgang mit Tieren und Pflanzen im Wechsel der Jahreszeiten. Touristische Werbefolder kommen diesen Vorstellungen entgegen:

»*Kann etwas im Boden verwurzelter sein als ein mächtiger, an den steilen Berghang gelehnter Einhof? Die von den Bauern geschaffene und gehegte Kulturlandschaft geht ebenso nahtlos über in die Urlandschaft der Bergriesen wie in das aus Holz gezimmerte Heim. Ist der zusammengeführte Weidezaun noch Bauwerk oder schon Landschaft? Bodenständig, wie ihre Bergbauernhöfe sind auch die ... Bauern.*«[13]

Natur ist hier also keineswegs das ›Unbekannte‹ und ›Unerforschte‹, das den Abenteuerurlauber lockt, sondern sie wird unter romantisierenden Vorstellungen von Tradition erlebt und geht mit den Menschen, die sie bewohnen, eine feste Verbindung ein. Die Menschen und ihre kulturellen Zeugnisse verschmelzen gleichsam mit ihrer Umgebung. Die Bilder beschränken sich nicht auf die äußere Erscheinung, sondern beziehen die Lebensweise und Mentalität der Bewohner mit ein; zur Natur gehört ihre Kultivierung durch den Menschen:

»*Leben im Einklang mit der Natur. Ein Traum unserer Tage, der den Wunsch, Ferien auf einem Bauernhof zu verbringen, stärkt. Denn bei Bauern zu Gast sein, ist mehr als nur Erholung auf dem Lande. Natürliches Leben im Rhythmus der Jahreszeiten ist hier gelebter Alltag. Vor dem Hoftor gleitet der Blick über die Weite der von den Landwirten gestalteten Kulturlandschaft.*«[14]

Die Verklärung des Landlebens hat besonders in den alpinen Regionen eine lange Tradition.[15] Entsprechende Stereotype prägen auch die Einschätzung der Unterschiede zwischen Stadt- und Landbevölkerung. Empirische Untersuchungen zeigten schon in den 70er Jahren, daß Städter die Lebensweise auf dem Land als natürlicher und ursprünglicher empfinden, und daß sie meinen, in den zwischenmenschlichen Kontakten herrsche Ruhe und Ausgeglichenheit vor.[16] Urlauber aus Großstädten schätzen demnach den Kontrast zu ihrem Alltag signifikant höher ein als solche aus Klein- und Mittelstädten (da die gegenwärtigen Stadtstrukturen das Bedürfnis nach Natur und Landschaft nicht erfüllen können).

Den Vorstellungen von intakter Landschaft, traditionsbewußter Lebensweise und freundlicher Atmosphäre entsprechen auch die Werbebroschüren, wie eine Analyse von Unterkunftsverzeichnissen steirischer Bauernhöfe der Jahre 1970–97 zeigt. Auf den Titelseiten finden sich vorwiegend Szenen mit alten Bauernhäusern, Kindern und Tieren – wobei jeder Bezug auf den heutigen bäuerlichen Alltag vermieden wird. So rücken Neubauten und moderne technische Gerätschaften, wie Erntemaschinen, nicht ins Bild. Der bäuerliche Hof und seine Umgebung werden nicht als wirtschaftlicher Betrieb präsentiert, sondern als ›bodenständige‹ Kulturlandschaft.[17] Das Werbe-Image, das von einem Aufenthalt in einem bäuerlichen Betrieb vermittelt wird, kann sich dabei einer fast mythischen Sprache bedienen:

»Die ursprünglichen Kreisläufe wieder schließen, auf die Anforderungen der Natur horchen soweit es geht, und behutsam und mit Einfallsreichtum das hervorbringen, was die ›Chemie‹ schon lange nicht mehr vermag.«[18]

Ein solcher Bauernhof entspricht eher einem vorindustriellen Subsistenzhof als einem landwirtschaftlichen Betrieb im ausgehenden 20. Jahrhundert, der durch Technisierung, intensive Massentierhaltung und Monokulturen gekennzeichnet ist. Das Leben auf dem Lande gilt – trotz Genmanipulation, ökologischen Problemen oder Tierkrankheiten wie BSE – als Gegenwelt zum Alltag, die von an der Vergangenheit orientierten Stereotypen geprägt ist. Was die Touristen suchen, ist ein überschaubarer Kosmos mit artgerechter Tierhaltung und Anbau ohne Agrochemie. Der landwirtschaftliche Betrieb sollte mit einer Vielzahl an verschiedenen Tieren ausgestattet sein und dem Klischee entsprechen, das in Kinderbüchern verbreitet wird. Trifft diese Erwartung in der Realität nicht zu, so ist die Enttäuschung groß, wie unlängst in einem Reisebericht nachzulesen war, der auf »keinen richtigen Bauernhof« führte, da es an Tieren mangelte.[19] Dazu kommt aber noch der ›menschliche Faktor‹, nämlich das Bild von der intakten, traditionsbewußten und gastfreundlichen bäuerlichen Dreigenerationenfamilie, der Harmonie von Mensch zu Mensch.

3. Urlaub auf dem Lande – ein kommerzielles Produkt

Die Angebote der Tourismusindustrie bieten diese Sehnsüchte als fertige Produkte mit standardisierten Vertriebskanälen an.[20] In Österreich, beispielsweise, wurde das Konzept des ›Dorfurlaubs‹ entwickelt, das seit Beginn der 90er Jahre für einen sozial und ökologisch geprägten, autonomen Fremdenverkehr steht. Unter den 200 Bewerbern, die an diesem Projekt landesweit teilnehmen wollten, hatten 32 kleine Gemeinden die Anforderungen des »Dorfbeirates«[21] erfüllt und werben nun mit einem gemeinsamen Marketing unter dem Motto: »Natürlich – Dorfurlaub in Österreich«. Die Auflistung der Kriterien, die für die Aufnahme in den »Dorfurlaub« erfüllt werden müssen, zeigt die bereits bekannten Bilder, die verstärkt oder weiterentwickelt werden: Zu den Auflagen, die diese Dörfer erfüllen müssen, zählt, daß sie

»... – ihren natürlichen Charakter behalten haben und weiterhin behalten wollen, – landestypisches Ortsbild und eine eigenständige traditionelle Kultur noch erhalten haben, – eine aktive Dorfgemeinschaft (Vereine, lebendiges Brauchtum, Tradition) haben und den Gast in das Dorfleben miteinbeziehen, – eine problemlose Versorgung mit regionaltypischen Produkten aus eigener Erzeugung am Bauernhof, im Handel etc. gewährleisten können ...«[22]

Das Dorf, das hier präsentiert wird, entspricht den stereotypen Vorstellungen von ›Dorfleben‹ und ›Dorfgemeinschaft‹. Daß hierfür eine starke Nachfrage besteht, zeigt der Erfolg des Projektes, das in den 90er Jahren weiter ausgedehnt wurde. In Weiterentwicklung der Ideen eines ›sanften Tourismus‹ aus den 80er Jahren kommt der Lebensqualität für Gast und Gastgeber steigende Bedeutung zu. Diese versucht man durch Direktvermarktung von landwirtschaftlichen und handwerklichen Produkten und eine aktive Dorfgemeinschaft, die ›lebendiges Brauchtum‹ pflegt, zu erreichen.

Hierbei bestehen generell hohe Erwartungen hinsichtlich der Servicequalität. Dazu zählt eine spezifische Form von Gastfreundschaft, die eine gastliche Aufnahme im Sinne quasi individueller Betreuung miteinschließt. »Gastfreundschaft in ursprünglicher Natur« lautet beispielsweise ein Slogan, der zu einem Natur- und Aktivurlaub in Frankreich einlädt.[23] Bei der Unterbringungsform »Urlaub auf dem Bauernhof« lassen sich auch andere Erwartungen und Stereotype, mit denen Besucher ins ländliche Ambiente kommen, bedienen. Über das reine Interesse an einer Erholung in der Natur spielt die eigene Aktivität in der Landwirtschaft eine tragende Rolle.

Dabei lassen sich zwei verschiedene Tendenzen beobachten: Die jüngere Entwicklung geht dahin, daß Landwirte traditionelle bäuerliche Arbeits- und Lebensweisen mit in ihr Angebot aufnehmen und die Gäste dementsprechende Kenntnisse erwerben (Weben, Spinnen und Färben, Brotbacken, Kräuter sammeln).[24] Die ältere Tendenz umschreibt Tätigkeiten der Gäste auf dem Bauernhof, die sich durch das Schlagwort ›Mithilfe‹ charakterisieren lassen und sich vor allem in den Bereichen der Stall- und der Feldarbeiten konkretisieren. Auch dieser Bereich wurde ausgebaut: Angeboten wird die Möglichkeit, sich bei Arbeiten wie dem Schnapsbrennen oder der Weinernte zu beteiligen.[25] Zum Angebot »Urlaub auf dem Bauernhof« gehört also auch in der Regel, daß eine Mitarbeit in der Landwirtschaft für Touristen möglich ist.[26] Touristen suchen in der landwirtschaftlichen Arbeit oftmals einen Ausgleich zu ihrer beruflichen Tätigkeit. Indem sie in Stall und Feld mithelfen, tauchen sie in eine vermeintliche Gegenwelt ein, wobei die körperliche Anstrengung und die ›rechtschaffene Müdigkeit‹ am Abend eine wichtige Rolle spielen. In Interviews, die ich im Rahmen eines Forschungsprojektes durchgeführt habe, betonen die befragten Touristen, das für sie erhebende Gefühl zu haben, an elementaren Prozessen teilzuhaben, ›Erde zu spüren‹ und in den natürlichen Kreislauf von Anpflanzen, Wachstum und Ernte eingebunden zu sein.[27] Wie die Vorstellung und die Realität mitunter auseinanderklaffen, zeigt sich daran, daß selbst in kleinstrukturierten landwirtschaftlichen Betrieben in Mitteleuropa nur mehr wenige Arbeiten ohne Spezialmaschinen durchgeführt werden und auch zahlreiche Produkte der agrochemischen Industrie Anwendung finden, so daß die Arbeit von Hand, wie sie dem Bildmaterial der Prospekte entspricht, zur Seltenheit geworden ist; die ›Natürlichkeit‹ erweist sich als relativ.

Touristen interessierten sich aber auch zunehmend für die Lebensbedingungen ihrer Gastgeber. Hierbei geht es nicht mehr in erster Linie um brauchtümliche Termine, die sich auf das beschriebene Etikett des ›Folklorismus‹ beschränken lassen. Die wichtigsten Aspekte bilden vielmehr die Lebens- und Wirtschaftsweise, der Alltag in den bereisten Regionen. Wie meine Feldforschungen belegen, bestätigen vermietende Landwirte das Interesse vieler Gäste an der bäuerlichen Arbeit.[28] Dabei fällt jedoch auf, daß sich die ›Mithilfe‹ nicht nur auf Information und Animation von seiten der Beherberger beschränkt, sondern die Tätigkeiten von Gästen in der Landwirtschaft vereinzelt auch tatsächliche Unterstützung und Erleichterung bedeuten kann; zum Beispiel, wenn Hobbyhirten auf Tiroler Almen beim Schafabtrieb mitmachen. Da keine professionellen Helfer zu bekommen sind, hat man sozusagen aus der Not eine Tugend gemacht und bietet das Treiben von Schafen über die Tirolwerbung als ›Erlebnistour‹ an.[29]

Die Besucher, die einen Urlaub auf einem Bauernhof verbringen, lassen sich vereinfacht in zwei Interessengruppen einteilen: junge Familien aus der Stadt, die ihren Kindern das Leben auf einem Bauernhof vorführen möchten, und ältere Menschen, die Jugenderinnerungen an Erfahrungen in der Landwirtschaft auffrischen möchten. Die Erwartungen werden in der Realität nicht immer erfüllt: Schmutz- und Geruchsbelästigungen, aber auch Enttäuschungen über den Mangel an Vielfalt bei der Tierhaltung und im Anbau sowie über die Technisierung der Betriebe. Es hat sich aber bei den befragten Gästen eine Sensibilisierung für die Problematik heutiger Landwirtschaft entwickelt.

In den Erwartungen spiegeln sich Vorstellungen hinsichtlich intakter natürlicher Umgebung, die von Umweltproblemen noch wenig tangiert wurde, in zweifacher Weise: Einerseits präsentieren sich die ländlichen Regionen durch den erwähnten Gegensatz von Stadt und Land als vorbildhaft und werden damit dem

Trend nach Urlaubserleben in idyllischer, sauberer und natürlicher Landschaft gerecht. Andererseits wird auch die Natur in der touristischen Praxis idealisiert und ihrer bedrohlichen Größe und Feindlichkeit entkleidet.[30] Um den Vorstellungen gerecht zu werden, wird von Anbieterseite auf ›Altes‹ und ›Echtes‹ zurückgegriffen und ein harmonisches und in diesem Sinne rückwärtsgewandtes Bild von bäuerlicher Kultur und Natur präsentiert. Der Urlaub auf dem Lande wird ergänzt durch traditionelle Tätigkeiten, die erlernt werden können.

4. Ökologische Aspekte

Die Veränderungen durch den Tourismus und speziell durch die beschriebenen Bilder von Natur und Kultur machen auch vor der bäuerlichen Wirtschaftsweise nicht halt. Die Landwirte beginnen verstärkt eigene Produkte zu erzeugen, und Monokulturen werden zumindest ansatzweise zugunsten einer Vielfalt zurückgebildet. Dabei konnten Veränderungen der bäuerlichen Identität beobachtet werden. Formen der regionalspezifischen Direktvermarktung und naturnahe Wirtschaftsweisen haben sich zu positiven Werten entwickelt, die sich bei Landwirten wie Kunden steigender Beliebtheit erfreuen und Eingang in die Selbstpräsentation der vermietenden Höfe gefunden haben. Ein Auszug aus der Werbung eines Betriebes der Region Ennstal (Steiermark) möge dies dokumentieren:

> »*Zurück zur Natur – an die Wurzel bäuerlicher Tradition. Mitten im Naturpark ... können Sie auf unserem Familienbetrieb mit kleiner Hofkäserei und Gästehaus am Waldrand einmal richtig ›urlauben‹. Erlebnisse am Bergbauernhof – bei Interesse auch selbst aktiv mithelfen, Pferdereiten, Fischteich, Tischtennis, gemütliche Bauernstube ... «*[31]

Bemerkenswert in diesem Zusammenhang scheint, daß sich Landwirte durch die Beschäftigung mit den Gästen auch betrieblich neu orientieren, wie sich bei meinen empirischen Erhebungen vielfach bestätigen ließ. Die Möglichkeit der Direktvermarktung verändert die Wirtschaftsweise, das heißt, die Bauern produzieren eine größere Vielfalt an Produkten für den Verkauf an die Gäste. Dem Stereotyp ›Bauernhof‹ entsprechen derzeit die sogenannten Biohöfe am ehesten, die sich durch naturnahe und vielseitige Anbauweise und Tierhaltung und den Verzicht auf chemische Zusätze auszeichnen. Damit verbunden ist eine zweite Tendenz, daß nämlich der Anteil an ökologisch engagierten und interessierten Landwirten unter den Vermietern besonders hoch ist. Dieser Trend geht Hand in Hand mit dem zunehmenden touristischen Engagement von ökologisch arbeitenden landwirtschaftlichen Betrieben.

Diese Entwicklung manifestiert sich auch überregional, wofür das *European Centre for Eco Agro Tourism* (ECEAT), das im Jahre 1991 von Umwelt- und Naturschutzorganisationen und Organisationen für kontrolliert-biologische Landwirtschaft gemeinsam gegründet wurde, exemplarisch Erwähnung finden soll. Es handelt sich dabei um ein europäisches Netzwerk von vermietenden landwirtschaftlichen Betrieben in bislang fünfzehn europäischen Staaten. Es werden Umweltschutz, nachhaltiger Tourismus[32] und ein zusätzliches Einkommen für Landwirte in benachteiligten Regionen zu einem Konzept verwoben.[33] Zu den europaweit gültigen Kriterien dieser Organisation gehören tourismusrelevante Qualitätsstandards, Umweltschutzstandards, Standards für eine umsichtige Landnutzung und soziokulturelle Standards. Den Interessenten wird der Eindruck vermittelt, daß sie durch einen derartigen Urlaub nicht nur Einblick in umweltfreundliche Landwirtschaft erhalten und einen naturnahen Urlaub verbringen können, sondern es wird viel Wert darauf gelegt, die ökologische Sinnhaftigkeit des Konzeptes zu erklären, die ökonomische Bedeutung des Tourismus für die Betriebe zu erläutern und Verständnis für die Gastgeber und ihren Alltag hervorzurufen. Die Werbeversprechen, deren Tenor sich von den mythischen Überhöhungen herkömmlicher Touristikwerbung deutlich unterscheidet, halten in der Regel den Erwartungen stand; und der kontinuierliche Ausbau der Mitglieder- und das Ansteigen der Gästezahlen zeigt, daß die Nachfrage nach einem Urlaub im bäuerlichen Ambiente mit ökologischer Ausrichtung im Ansteigen begriffen ist.

Auch beim herkömmlichen Konzept des ›Urlaubs auf dem Bauernhof‹ lassen sich Veränderungen in Richtung neuer Qualitätskriterien feststellen, woraus insgesamt ein Imagewandel abgeleitet wird. Bei Betonung des hohen Umweltstandards der Umgebung schließt dieser Urlaub die Annehmlichkeiten einer komfortablen Unterkunft und eine breite Palette von Freizeitmöglichkeiten mit ein, die vom »Reiten bis zum Golf«, »vom eigenen Schwimmbad bis zum Wasserski« reichen.[34] Das Image schließt aber auch Werte wie Gemütlichkeit und persönliche Betreuung ein. Der Trend geht weg vom Billigurlaub hin zu Qualität und Komfort und soll durch das Versprechen der erwähnten Erlebniskriterien diese Urlaubsform auch für höhere Einkommensschichten reizvoll machen.

5. Professionelle Authentizität

Der Tourist hat ein negatives Image. Es ist ein wesentliches Merkmal des Tourismus, daß sich die Reisenden von ihrem Tourist-Sein absetzen möchten. Es gilt, jenseits des Massentourismus Authentisches zu erleben und Neues zu entdecken.[35] Zwar hält auch der Psychologe Philip Pearce die Bedeutung von authentischem Erleben im Urlaub für wichtig, aber er stellt aufgrund empirischer Erhebungen ihre Ausschließlichkeit in Frage, da es sich dabei um einen zu stark vereinfachten Zugang zur Motivation der Touristen handele.[36] Das menschliche Verlangen nach Authentizität umfaßt jedenfalls ein breites Spektrum. In einer zunehmend säkularisierten Welt geraten andere Bereiche menschlicher Erfahrung auf der Suche nach dem ›Echten‹ und schließlich auch dem ›echten Selbst‹ in das Zentrum des Interesses. Die Suche nach Authentizität dient sogar als wichtiger Schlüssel zum Verständnis der Moderne.[37] Vor allem die Freizeit ist zu einem bedeutenden Faktor für die Erfüllung der Wünsche nach authentischem Erleben und der Suche nach dem wahren Selbst geworden. Die Suche nach Erfahrungen aus ›erster Hand‹ ist ein Motor der touristischen Entwicklung. Der Urlaub ist im subjektiven Erleben jedes Einzelnen eine zutiefst persönliche und private Angelegenheit, die trotz der von außen wahrzunehmenden Konformität eine starke individuelle Komponente aufweist.

Touristen, die sich ländliche Gebiete im Sinne eines ›sanften Tourismus‹ auswählen, bringen ihre Sehnsüchte nach einer intakten ökologischen und sozialen Umwelt mit. Auch wenn vor Ort erkannt wird, daß im Urlaubsgebiet keine heile Welt existiert, erfolgt ihre Wahrnehmung weiterhin durch eine rosa Brille.

... als säße man selbst auf einem Schlitten: Werbung für den Wintersportort Quebec City

Die Gäste sehen ihre Gastgeber in einfachen und positiv besetzten Lebensumständen.[38] Besonders Stammgäste wollen nicht nur passiv an diesem Leben teilhaben, sondern gemeinsam mit den Beherbergern Aktivitäten unternehmen. Diese wiederum wissen um die Wünsche und Vorstellungen ihrer Gäste. Sie gestatten den ›authentischen‹ Blick in beschränktem Ausmaß; was darüber hinausgeht, ist Teil einer bewußten Selbstdarstellung und Inszenierung. So kommt es zu einer ›Folklorisierung‹,[39] einer Aufbereitung und Überhöhung des Alltags.

Anschaulich lassen sich derartige Phänomene im Bereich der Tierhaltung beobachten. Da sich der Bauernhofurlaub besonders bei Familien mit kleinen Kindern großer Beliebtheit erfreut, sind ›Streicheltiere‹ gefragt. Klein- und andere Tiere, die dem Bilderbuch eines Bauernhofs entsprungen sein könnten – Kaninchen, Hühner, Enten, Gänse, Ziegen, Schafe –, werden angeschafft; gleichzeitig wird die intensive Nutztierhaltung reduziert. Der Bauernhof erfährt als ›Schauhof‹ eine Ergänzung, was sich auch im Werbematerial spiegelt: Kinder mit Jungtieren und Pferde,

Kühe, Schafe auf der Weide sind dabei die häufigsten Motive. Abgeleitet von den ›animatorischen‹ Tätigkeiten der Vermieter läßt sich in den letzten Jahren ein Phänomen beobachten, das die Folklorisierung des Alltags besonders verdeutlicht. Dazu gehört, wie erwähnt, die Vermittlung traditioneller Fertigkeiten, die zu einem ›richtigen Bauernhof‹ gehören. Da diese jedoch heute kaum mehr in der Agrarproduktion anzutreffen sind, müssen sie die Anbieter zunächst selbst erlernen: Vermieterinnen belegten beispielsweise einen Kurs im Vollkornbrotbacken.

Die Folklorisierung des Alltags auf dem Lande hat sich in den letzten Jahren professionalisiert. Aus informeller Beschäftigung mit den Gästen wurden regelrechte Animationsprogramme entwickelt; das zunehmende Interesse für ein derartiges Miterleben führte zu professionellen Konzepten. Die Bilder der Harmonie von Natur und Kultur werden durch ein Dienstleistungsangebot im Sinne einer »touristischen Gastfreundschaft«[40] ergänzt. Mit dem Versprechen von Gastfreundschaft werden Werte suggeriert, wie sie einer privaten, nicht-kommerziellen Beherbergung entsprechen. Die Beherberger inszenieren sich als ›Gastgeber‹, da sie es als ihre Aufgabe sehen (müssen), zum Gelingen des Urlaubs entscheidend beizutragen. Sie instrumentalisieren daher ihre Gefühle im Sinne einer persönlichen Betreuung. Die so erzeugte Atmosphäre paßt sich in die tradierten Bilder des Erlebens von Natürlichkeit ein. Es entsteht ein Gesamtbild, das eine scheinbar heile Welt repräsentiert, in der Natur, Landschaft und Menschen zu einer Einheit verschmelzen.

Anmerkungen

[1] Die Tauplitz, hrsg. v. Tourismusbüro Tauplitz (1997).

[2] Vgl. Lothar Schäfer: Wandlungen des Naturbegriffs. In Jörg Zimmermann (Hg.): Das Naturbild des Menschen, München 1982, S. 11–44.

[3] Götz Großklaus: Der Naturtraum des Kulturbürgers. In ders./Ernst Oldemeyer (Hg.): Natur als Gegenwelt. Beiträge zur Kulturgeschichte der Natur, Karlsruhe 1983, S. 169–196, vor allem S. 172f.; Hasso Spode: »Reif für die Insel«. Prolegomena zu einer historischen Anthropologie des Tourismus. In Christiane Cantauw (Hg.): Arbeit, Freizeit, Reisen. Die feinen Unterschiede im Alltag, Münster/New York 1995, S. 105–123, vor allem S. 115.

[4] Christoph Hennig: Reiselust. Touristen, Tourismus und Urlaubskultur, Frankfurt a. M./Leipzig 1997, S. 103.

[5] Marion Thiem: Tourismus und kulturelle Identität. Die Bedeutung des Tourismus für die Kultur touristischer Ziel- und Quellgebiete, Bern/Hamburg 1994, S. 181ff.

[6] Zur Suche nach Ursprünglichkeit in der Natur z.B. Horst W. Opaschowski: Tourismusforschung, Opladen 1989, S. 90.

[7] Zu Recht stellt Köstlin das Gegenweltmodell daher in Frage. Vgl. Konrad Köstlin: Wir sind alle Touristen – Gegenwelten als Alltag. In Cantauw 1995 (s. Anm.3), S. 1–12, hier S. 6.

[8] Vgl. Ottmar L. Braun: (Urlaubs-)Reisemotive. In: Heinz Hahn und H. Jürgen Kagelmann (Hg.): Tourismuspsychologie und Tourismussoziologie. Ein Handbuch zur Tourismuswissenschaft, München 1993, S. 199–207, hier S. 202. Zur touristischen ›Rolle‹ schon Hans-Joachim Knebel: Soziologische Strukturwandlungen im modernen Tourismus, Stuttgart 1960, S. 99ff.

[9] Ueli Gyr: Touristenkultur und Reisealltag. Volkskundlicher Nachholbedarf in der Tourismusforschung. In Zeitschrift für Volkskunde 84 (1988), S. 224–239, hier S. 233.

[10] Vgl. Anm. 3 oben sowie den Beitrag von Richter in diesem Band.

[11] Jeremy Boissevain: Introduction. In ders. (Hg.): Coping with Tourists. European Reactions to Mass Tourism, Oxford 1996. S. 1–26, hier S. 3.

[12] Dietlinde von Laßberg: Urlaubsreisen und Umwelt, Ammerland 1998.

[13] Urlaub am Bauernhof. Servus in Österreich, hrsg. v. Bundesverband ›Urlaub am Bauernhof‹, (Wien 1994).

[14] Ebd. Vgl. Karlheinz Wöhler: Tourismus und kulturelle Identität. Beispiel »Urlaub auf dem Bauernhof«. In Freizeitpädagogik 16 (1994), S. 269–278, hier S. 275: Das touristische »Kerngeschäft« sei die von der Landwirtschaft gestaltete Kulturlandschaft.

[15] In den 60er Jahren z. B. beeinflußten verklärende Heimatfilme oder Lesebuchtexte das Bild bäuerlich-alpiner Kultur. Vgl. Wolfgang Kaschuba: Der deutsche Heimatfilm, Bildwelten und Weltbilder. Bilder, Texte, Analysen zu 70 Jahren deutscher Filmgeschichte, Tübingen 1989.

[16] Michaela Rödling: Urlaub auf dem Bauernhof 1. Eine psychologische Untersuchung der Erwartungen der Urlauber, Starnberg 1974, S. 46.

[17] Zu einem ähnlichen Ergebnis kommt Hennig (Die Mythen des Tourismus, DIE ZEIT v. 25.6.1998, S. 47f.; s. a. Anm. 4) bei einer Analyse von gängigen Toskanareiseführern, in denen auf über 800 Abbildungen kein einziges Baugerüst, keine Fabrik, kein Wohnblock, keine Hochspannungsmasten und kaum Autos zu sehen sind.

[18] Die Steiermark ganz natürlich. Urlaub am Biobauernhof, Graz 1997.

[19] Anonym: Landluft schnuppern am Königssee. In Eltern, Jg. 1998, H. 7. Bereits 1972 zog eine Familie erfolgreich vor Gericht, als sie auf ihrem Urlaubsbauernhof keine Kühe vorfand: Armin Ganser: Zur Geschichte touristischer Produkte in der Bundesrepublik. In Hasso Spode (Hg.): Goldstrand und Teutonengrill. Kultur- und Sozialgeschichte des Tourismus in Deutschland 1945 bis 1989, Berlin 1996, S. 185–200, hier S. 192, Anm. 18.

[20] 1968 startete in Deutschland der erste Großanbieter in diesem Marktsegment: Ganser ebd.

[21] Der Dorfbeirat setzt sich aus Experten des Landwirtschaftsministeriums, des Umweltministeriums, des WWF, der Kammer der gewerblichen Wirtschaft und der Österreichwerbung zusammen.

[22] Dorfurlaub in Österreich, hrsg. v. Verein Dorfurlaub in Österreich, Wien 1997.

[23] Natur- und Aktivurlaub in Frankreich, hrsg. v. Maison de France, o. O. 1994.

[24] Beispielsweise in: Familienurlaub am Bauernhof in Pyhrn Eisenwurzen, hrsg. v. Landesverband der bäuerlichen Gästeringe Oberösterreichs, Linz 1995.

[25] Urlaub am Biobauernhof. Steiermark, hrsg. v. Landesverein Urlaub am Bauernhof der Landeskammer für Land- und Forstwirtschaft in der Steiermark, Graz 1995; Urlaub am Weinbauernhof 1996: Urlaub am Weinbauernhof in der Steiermark, hrsg. v. Landesverein ›Urlaub am Bauernhof‹ in Zusammenarbeit mit der Landeskammer für Land- und Forstwirtschaft, Graz 1996.

[26] Dies trifft auch für deutsche Anbieter zu. Vgl. Urlaub auf dem Bauernhof. Gesamtkatalog aller Urlaubs-Bauernhöfe mit DLG-Gütezeichen in der Bundesrepublik Deutschland, Frankfurt a. M. 1995.

[27] Adelheid Schrutka-Rechtenstamm: Tourismus und Gastfreundschaft. Volkskundliche Untersuchungen zur Entwicklung von Normen und Werten in der Privatzimmervermietung und beim Urlaub auf dem Bauernhof, unveröff. Habilitationsschrift, Univ. Bonn 1998.

[28] Ebd. Zur »aktive(n) Mitgestaltung« auch kurz Wöhler 1994 (s. Anm. 14), S. 273.

[29] Peter H. Schäfer in Süddeutsche Zeitung v. 18. 10. 1996.

[30] Vgl. Felizitas Romeiß-Stracke: Tourismus im Alpenraum. Anforderungen für die Zukunft. In Tourismusentwicklung in den Alpen. Bilanz – Gefahren – Perspektiven, Bensberg 1995. S. 133–147; siehe auch Anm. 3 oben.

[31] Urlaub am Biobauernhof 1995 (s. Anm. 25).

[32] Zur Diskussion vgl. Christoph Becker et al.: Tourismus und nachhaltige Entwicklung. Grundlagen und praktische Ansätze für den mitteleuropäischen Raum, Darmstadt 1996; sowie den Literaturbericht von Dieter Kramer in Voyage 1 (1997), S. 163–175.

[33] Eco Agro Tourism in Europe. 1994 Annual report of the European Centre for Eco Agro Tourismus, Amsterdam 1995.

[34] Anke Köller (Red.): Landferien. Europas schönste Bauernhöfe für Wochenende und Urlaub, Bonn 1996.

[35] »The touristic critique of tourism is based on a desire to go beyond the other ›mere‹ tourists to a more profound appreciation of society and culture, and it is by no means limited to intellectual statements. All tourists desire this deeper involvement with society and culture to some degree; it is a basic component of their motivation to travel.«: Dean MacCannell, The Tourist. A New Theory of the Leisure Class, 2. Aufl., New York 1989, S. 10. Zur Diskussion siehe auch Anm. 4 und 37.

[36] So spielt die Erlebnisdimension generell eine wichtige Rolle: Philip L. Pearce: The Ulysses Factor. Evaluating Visitors in Tourist Settings, New York usw. 1988, hier S. 186.

[37] Vgl. Marshall Berman: All That is Solid Melts Into Air. The Experience of Modernity, 2. Aufl., New York 1988; zum Authentizitätsbegriff in der Tourismusforschung vgl. Oliver Häußler: Reisen in der Hyperrealität. Baudrillard und das Problem der Authentizität. In Voyage Bd. 1 (1997), S. 99–109.

[38] Siehe Anm. 27.

[39] Adelheid Schrutka-Rechtenstamm: »Die Gäste fühlen sich wohl bei uns« – Begegnungen durch Tourismus. In Burkhard Pöttler (Hg.): Tourismus und Regionalkultur, Wien 1992, S. 85–94, hier S. 93.

[40] Vgl. zur Begriffsdiskussion: dies.: Vom Mythos der Gastfreundschaft. In Ulrike Kammerhofer-Aggermann (Hg.): »Herzlich willkommen«. Rituale der Gastfreundschaft, Salzburg 1997, S. 47–56.

Imagekonstruktion fremder Räume

Entstehung und Funktion von Bildern über Reiseziele

Von Karlheinz Wöhler

1. Statt einer Einleitung: Ökonomie der Zeichen

Kaufentscheidungen werden längst nicht mehr ausschließlich aus funktionalen oder preislichen Überlegungen heraus getroffen. In der Postmoderne sind Waren und Dienstleistungen verzaubert worden: Wir konsumieren symbolisch, und dies bedeutet für Kaufentscheidungen, daß die Konsumgüter als Bedeutungsträger fungieren, auf immaterielle Signifikate verweisen; die Güter selbst – die Signifikanten – sind nur noch Bedeutungsträger. Folglich mutieren Kaufentscheidung und Konsum in der Postmoderne zu einer ›semiotischen Arbeit‹, zu einer verstehend-interpretativen ›Alltagswissenschaft‹ der Entschlüsselung von Konsumlandschaften: Man erwirbt Güter nicht ihrer materiellen Physis wegen, sondern aufgrund ihres Symbolgehalts. Der postmoderne Konsument ist daher ein steter Spurensucher und -leser. Zeit und Raum haben ihre verhaltens- und identitätsbestimmende Kraft eingebüßt, da überall und zu jeder Zeit Beliebiges hergestellt, verkauft und mit Symbolen belegt werden kann.[1]

Auf den Tourismus übertragen und als These: Da der besuchte fremde Raum nur als Bedeutungsträger relevant ist, orientieren sich Reisewünsche an Zeichen (Symbolen), die im Raum gesucht werden.

Daß die gegenwärtige Wirtschaft zu einer »Ökonomie der Zeichen« (Lash/Urry) geworden ist, resultiert aus der Loslösung des postmodernen Menschen von traditionellen Strukturen und des sich daraus ergebenden Bemühens, sich über Konsum sozial zu verorten.[2] Wenn hergebrachte Normen, Überzeugungen und Deutungsmuster mehr und mehr in Frage gestellt werden, dann führt diese Erosion von Selbstverständlichkeiten auch zu Reflexionen dergestalt, daß die alles überragende und strukturbestimmte Warenwelt wie ein Text gelesen wird: Beim Konsumenten werden

Situationen lebendig bzw. Bilder geweckt, die ihn mit der Ware in soziale Bezüge stellen, die ihm die Bedeutung der Ware vermitteln (etwa: ›Damit werde ich akzeptiert‹). Konsumieren und diese Ausdeutung der Warenwelt, das heißt der soziale, interpretierende Gebrauch der Waren, erfolgt nicht ungesteuert, sondern wird neben Bildung, Alter und Einkommen von Bildern und Erzählungen, die die modernen Informations- und Kommunikationsstrukturen vermitteln, bestimmt. Bilder und Erzählungen (bzw. ›Geschichten‹ über eine Ware) sind ästhetisch-hermeneutische Zeichen: der Mensch der Postmoderne lenkt seinen Blick auf Symbole.[3]

Als These und auf den Tourismus übertragen: Ein (antizipierter) Aufenthalt im fremden Raum ruft Bilder wach, die den Reisenden in gewünschte (Beziehungs-)Welten stellen.

Welche Vorstellungen, Bedeutungen, Eindrücke und Gefühle ein Konsument mit einer Ware und deren Umwelt – der Einkaufsstätte – verbindet, welches Image ihr also anhaftet oder zugeschrieben wird, entscheidet letztlich, ob sie erworben wird oder nicht. Bedeutungs- und Symbolmanagement – die Fähigkeit, Images und Zeichen herzustellen, umzuarbeiten, zu kommunizieren und zu manipulieren – wird daher zum entscheidenden Element postmodernen Wirtschaftens, sowie der Produktion und Reproduktion des Sozialen.[4] Die Folge ist eine Ästhetisierung des Konsums, der für den privilegierten Bevölkerungsteil eine spielerische Dimension gewinnt, indem er als eine Art Schauspiel wahrgenommen wird. Im Konsumschauspiel als der kulturellen Inszenierung der Gegenwart werden die wichtigsten Werte der Kultur sichtbar und zugänglich. Sichtbar werden sie durch eine mimetische Konstellation:[5] Man begehrt Güter, weil ›Rivalen‹ sie ebenfalls begehren. Identitätsbildung bedarf also eines anderen, der sagt, was begehrenswert ist. Im Konsumschauspiel ist der postmoderne Mensch gleichzeitig Zuschauer und Beteiligter. So oder so wird er dabei mit Menschen konfrontiert, die im Besitz der begehrenswerten Güter sind, und versuchen, dieses Modell nachzuahmen.[6]

Als These und tourismusbezogen: Die Organisation und Struktur des Tourismus stellt eine (artifizielle) Fortführung der Realität der Konsumgesellschaft dar.

Weil Besitzer begehrenswerter Güter nicht liquidiert, neutralisiert oder isoliert – also: ›geopfert‹ – werden (sollen), tritt anstelle derartiger Gewaltakte die Transformation der Güter des Rivalen in Repräsentationen, die für den anderen stehen, der diese Güter besitzt oder von dem angenommen wird, daß er zu ihnen einen Zugang hat, das heißt, sie erwerben kann. Die postmodernen mimetischen Wünsche haben daher Repräsentationen als Bezugspunkte, die vornehmlich von der (ästhetisierten) Wirtschafts- bzw. Konsumwelt erzeugt werden. Die Stimulierung der Nachahmung mittels Güterrepräsentationen ist die Voraussetzung für die Massenproduktion, die Kopien ohne Originale produziert.[7] Repräsentationen von Gütern stellen Konstruktionen eigener Marketingversionen der Güter dar. Es sind ›Ikonen von Gewünschtem‹: Was gewünscht wird, wird in einem ›Konzept‹ gezeigt, so daß das Gewünschte unmittelbar wiedererkannt wird.[8] Dies gelingt, weil Ähnlichkeiten zwischen Ikone und bezeichnetem Gut, dem Original, bestehen. Abweichungen vom Original sind möglich und werden bewußt – durch Hervorhebung oder Verschleierung bestimmter Eigenschaften – vorgenommen. Anreicherungen, Reduktionen und Manipulationen des Originals sind das Resultat der Orientierung an den Bedürfnissen bzw. Wünschen der Konsumenten, so daß in letzter Konsequenz ›Wunsch-Images‹ zirkulieren: Das Marketing hat die Güter so transformiert, daß sie als Repräsentanten für Vorstellungen, Einstellungen und Emotionen der Konsumenten stehen.[9] Die Massenmedien produzieren visuelle Images, die originalähnliche Abbildungen von Gütern darstellen und die gleichzeitig mit Zeichen versehen sind, die auf außeralltägliche Wirklichkeiten verweisen. Das Marketing sagt deshalb von sich selbst, daß es nicht den Absatz von Gütern und Dienstleistungen befördere, sondern von Erwartungen und Wünschen. Es positioniert Produkte so, daß sie mit den Wunschbildern der jeweils verschiedenen Zielgruppen möglichst weit übereinstimmen.

Auf den Tourismus angewandt und als These: Um den Wünschen/Wunschbildern der potentiellen Raumkonsumenten (Reisende/Touristen) zu entsprechen, werden Räume in Images transformiert.

Schaubild 1: Subjektkonstitution durch den Markt/Konsum

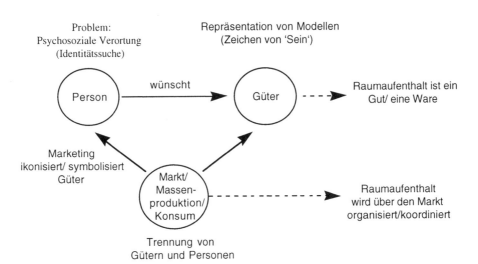

Für den weiteren Fortgang sei das Argumentationsgerüst im Schaubild 1 zusammengefaßt. Danach erfolgt die postmoderne Subjektkonstitution durch den Markt bzw. Konsum. Der Mensch ist stets rückverbunden an Güter, die Modelle des (postmodernen) ›Seins‹ repräsentieren. Der Konsum ist daher ein reflexiv-interpretierender

Weltzugang, bei dem der Mensch die Bedeutung der Güter für sich selbst mit den Augen der anderen – der Rivalen – ausmachen muß.[10] Die begehrenswerten Güter sind durch Zwischenschaltung des Marktes von Personen separiert, so daß eine Konversion von Nicht-Besitzern zu Besitzern (idealiter) ohne weiteres möglich ist. Konsumwünsche können ohne Liquidation der Rivalen erfüllt werden, zumal die Massenproduktion Güter im Überfluß bereithält. Der Markt verkörpert Freiheit – Freiheit bei der Auswahl der Güter und somit Freiheit bei der Selbstbestimmung mittels Gütern. Da Güter nicht wegen eines materiell-physischen Grundnutzens erworben werden, sondern wegen der bisweilen sogar davon abweichenden psychosozialen Nutzenstiftungselemente,[11] ist es für den Markterfolg unerläßlich, diese Nutzen zu entwickeln und dem Gut anzusinnen. Das Marketing, speziell die Werbung, ersinnt auf der Basis von Kundenwünschen Produktkonzepte, die die Güter in einem Rahmen ikonischer Symbolisierung abbilden – ein Produktimage ist ebenso entstanden wie ein Raumimage.

2. Semiotisierung/Semantisierung von Gütern

Wenn Güter auf Nicht-Gegenständliches verweisen (Intangibilitäten/psychosozialer Nutzen) und sich das Marketing darauf konzentriert, dann ist die postmoderne Konsumwelt von Wechselbeziehungen zwischen einer realen Güterpräsenz und einer marketinglichen Repräsentanz geprägt. Im Marketing wird daher das reale Gut imaginiert: Es wird mit Vorstellungen belegt, die sowohl die Gutsbedeutung als auch das Gutsvermögen für den Konsumenten spezifizieren. Bekanntlich gibt die mediale Repräsentanz – Werbespots, Events und so fort – Auskunft über imaginierte Wirklichkeiten, zeigt, was sich ›faktisch‹ ereignen und in Erfahrung bringen lassen wird, wenn man einen fremden Raum aufsucht. Das Gut ist also in einem Konzept bzw. einer Konstellation abgebildet; es steht in einem gedachten Verweisungsverhältnis. Dieses Verweisungsverhältnis stellt eine neue Realität dar. Reisen, der temporäre Aufenthalt in fremden Räumen, wird aufgrund der Abwesenheit dieses Raumes vor (und auch nach) dem Aufenthalt stets imaginiert. Imagination ist eine ›Materialisierung des Immateriellen‹, da es sich dabei um eine nachvollziehbare Bedeutungszuschreibung, um eine Herstellung von Realität handelt. Am Beispiel eines Verbrauchsgutes kann dieser Prozeß der Produktion von (effizienten) Wirklichkeiten ebenso gut demonstriert werden wie die Herausbildung und Funktion des Image.

Beim Gutserwerb wird diese Wirklichkeit antizipierend imaginiert. Überprüfbar sind nur solche Eigenschaften des Gutes, die der direkten Beobachtung zugänglich sind: Preis, Form, Farbe oder Materialien sind vorab erkennbare ›Sucheigenschaften‹. Imaginierte Eigenschaften lassen sich dagegen nicht unmittelbar feststellen. Ob beispielsweise ein Deo seinen Besitzer attraktiv macht, läßt sich nur überprüfen, wenn man es gebraucht, sprich: Erfahrungen sammelt. Imaginierte Gutseigenschaften stellen daher ›Erfahrungseigenschaften‹ dar. Da aber Güter meist vor dem Konsum verkauft werden müssen, besteht beim Kauf für den Anbieter ein Glaubwürdigkeitsproblem und beim Käufer ein Unsicherheitsproblem. Diese Unsicherheit erhöht sich noch, wenn dem Deo Eigenschaften zugeschrieben werden, die, wenn überhaupt, nur sehr langfristig überprüfbar sind, zum Beispiel daß es umweltfreundlich sei und die Haut schone. Solche ›Vertrauenseigenschaften‹ sind praktisch weder durch Inspektion noch durch Gebrauch überprüfbar. Daß es dennoch zu Kaufabschlüssen kommt, liegt daran, daß der Konsument seine Unsicherheiten durch den Rückgriff auf Signale reduziert. Signale vermitteln ihm indirekte Informationen über die nicht beobachtbaren Gutseigenschaften (›Informationssubstitute‹). Es stellt sich immer wieder heraus, daß dem dem Produkt und dem Anbieter zugeschriebene Image als Signal beim Kaufentscheid eine zentrale Rolle zukommt und es als eine höherwertige Information interpretiert wird: Ein Image wirkt wie ein Vertrag, den der Anbieter einlöst.[12] Verständlich, daß die Wirtschaft viel für Imageaufbau und -pflege aufwendet.

Je mehr Erfahrungs- und Vertrauenseigenschaften Güter marktfähig machen, desto stärker rückt die Produktion von Symbolen zu Lasten der materiellen Produktion in den Vordergrund. Den Gütern wird ein nicht-anschaulicher Sinn – wie ›hautschonend‹ – angeheftet. Prägnant werden diese durch symbolische Formung.[13] Symbolische Formen bilden nicht ab, sondern sie bilden Wirklichkeit. Das so ›geformte‹ Deo wird als ein ganzes Eigenschaftsbündel wahrgenommen. Diese Eigenschaften gelten nun nicht nur für das konkrete Gut ›Deo‹. Sie funktionieren auch bei anderen Gütern. Sie sind unabhängig vom Objektbezug und verweisen somit auf kulturelle Systeme, die die Welt erschließen.[14] ›Attraktivität‹ oder ›Hautschonung‹ wären demnach Werte, die in der Gesellschaft Geltungsanspruch besitzen; diese Eigenschaften erhalten eine erweiterte Bedeutung, beispielsweise ›beruflichen Erfolg‹ und ›Jugendlichkeit‹. Die Eigenwelt ›Deo-Gebrauch‹ besäße dann das Spezifikum, jugendlich zu wirken und beruflichen Erfolg zu haben. Diese sekundäre ›Semiotisierung‹ eines Zeichens wird als Konnotation bezeichnet. Das Gefüge sei (verkürzt) im Schaubild 2 skizziert.[15]

Schaubild 2: Semiologische Kettenstruktur (Sinnebenen) am Beispiel ›Deo‹ als Mythos

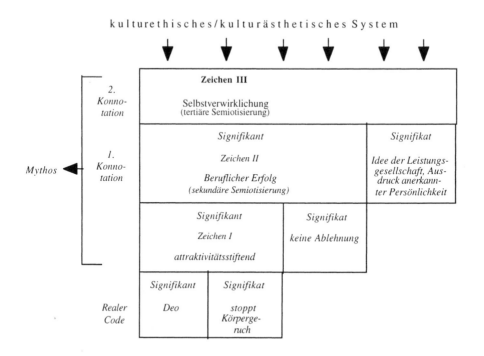

Ihre eigenweltliche Bedeutung erhalten die Signifikanten erst durch Zuordnung eines Signifikats, das sich durch normative und wertethische – und somit immaterielle – Implikationen des Gutserwerbs auszeichnet. Eine Vermarktung des realen Codes, wonach zum Beispiel ein Deo den Körpergeruch stoppt, macht ein Gut weder markt- noch unterscheidungsfähig. Das Gut ist vielmehr auf mehreren Ebenen zu re-konstruieren: Einerseits bauen die Ebenen aufeinander auf; andererseits mutiert ein Zeichen zum jeweiligen Signifikanten auf der nächst höheren Ebene in bezug zum jeweiligen Signifikat, und so bilden diese Ebenen je eigene Systeme. Ein Zeichen steht für ein assoziatives Ganzes eines Begriffs oder Bildes; es ist die Verbindung von Signifikant und Signifikat (Barthes). Das Image eines Gutes wird durch diese Zeichen gebildet. Im Image steckt also ein Mythos – ein Mythos definiert ein Image. Modifiziert läßt sich dieses Gefüge für ein bekanntes touristisches Beispiel anhand des Schaubilds 3 darstellen.

Schaubild 3: Raum-Sinnbildungsprozeß im Kontext des Tourismus

Auf der untersten Ebene befindet sich das ikonische Zeichen ›Strandleben‹, dessen Signifikant visuell wahrgenommen wird, und dessen Signifikat mit ›im Süden‹ umschreibbar ist. Dieses denotative Sinnsystem wird zu einem Signifikant ›Richtig Urlauben‹ gemacht, diesmal in sprachlicher Form, etwa in einem Katalogtext. Dieses wiederum ließe sich mit dem Signifikat ›Nichtstun und sich bedienen lassen‹ aufladen und zusammen mit dem Signifikant als Ganzes zu dem komplexen weiteren Signifikanten ›Einmal im Jahr das Gefühl zu haben, man selbst zu sein‹ formen. ›Anerkennung als Person‹ wäre das passende Signifikat hierzu. Auf der letzten Sinnebene ließe sich wie beim Deo-Beispiel ›Selbstverwirklichung (nur) in der Fremde‹ ansiedeln. Deutlich wird, daß dem Raum Bedeutungen angesonnen werden, die er als solcher nicht hat. Indem derartige Symbolisierungsvorgänge im Tourismus medial produziert und distribuiert werden, entstehen Raummythen, die als Images gepflegt und gehegt werden.

3. Vom fremden Raum zum Zeichen

Im folgenden wird aufgezeigt, daß der Tourismus als Raumkonsum genau den hier beschriebenen Strukturen und Mechanismen unterliegt. Das ›touristische Produkt‹ verliert seine Raumsubstanz und wird ersetzt durch Zeichen. Verkauft werden Raumimages, die dem fremden Raum auferlegt werden.

Das ursprüngliche, materielle Substrat des Reisens ist der ferne, fremde Raum.[16] Dieser besteht für sich – eine Eigenschaft, die ihn bis in die Zeit der Eisenbahn hinein bestimmte: Der Raum war nur wahrzunehmen, indem man ihn in seiner topographischen Struktur sinnlich durchquerte und ›vor Ort‹ betrachtete. Reisen war daher stets ein Erfahrungsgut. Den Raum selbst realiter zu sehen, zu begehen, zu durchqueren und sich in ihm mit allen Sinnen aufzuhalten, waren die entscheidenden Kriterien für Authentizität und Wahrheit. Bis heute bleibt für den Reisenden, trotz Eisenbahn, Auto und Flugzeug – nahezu autonome Systeme, die sich von ihrer Umgebung emanzipieren und sich einen homogenisierten Raum schaffen –, eines von Bestand: Der ferne Raum ist nicht am Ausgangspunkt der Reise inspizierbar. Er ist also vor Reiseantritt materiell nicht da (›intangibel‹); somit verharrt die Reise als Passage und als Aufenthalt in ›Uneigentlichkeit‹. Als solche ist sie prinzipiell offen, inhaltsunabhängig und daher beliebig charakterisierbar. Da es dem Menschen eigen ist, das nicht-gegenwärtige ›Anderswo‹ mit einem der Lebenserfahrung entnommenen (primären) Sinn zu versehen,[17] ist der zu bereisende Raum ein Erfahrungs- und Vertrauensgut. Welche Zuweisungen er erhält, variiert kulturspezifisch. Jede Merkmalsbestimmung einer Reise als temporärer und sukzessiver Aufenthalt in einem fremden Raum stützt sich immer auf ein sekundäres Bedeutungssystem. Das Fremde eines Raumes ist nicht ein besonderes Merkmal eines konkreten Raumes, sondern das Ergebnis einer Interpretation, ein Interpretationskonstrukt.

Die ›Uneigentlichkeit‹ des fremden Raumes – aus der Sicht des Reisenden oder reisetechnisch: des Quellandes – macht ihn offen für semantische Einschreibversuche.[18] So hatte die Grand Tour die Bedeutung eines Erziehungsinstituts.[19] Für die Formierung einer tourismusförderlichen mobilen und mobilisierten Kultur ist zumal die Kutschenreise im 17. und 18. Jahrhundert herauszustellen. Erstens: Im Gefolge der deutschen Klassik und Romantik wurde sie von einer merkantil bedingten Ortsveränderung zu einer Begegnungsstätte an sich. Der Grundnutzen, der eigentliche Gebrauchskontext ist durch die Betonung eines selbstbezüglichen Zwecks ausgeblendet worden. Die Kutschenreise ist nicht Symbol für etwas, sondern verweist auf sich selbst; der durchquerte Raum verlor an Relevanz. Das Reisen mit der Kutsche wurde selbst zu einem Erfahrungsraum. Zweitens: Sowohl dieser sich fortbewegende Raum als auch der Zielraum der Reise wurde – ideengeschichtlich motiviert – zu einem Bildungs- und Individuationsraum aufgewertet. Durch diese ›Zweckfreisetzung‹ erhält der fremde Raum eine Verwertungsbedeutung. Die Verwertung bzw. Instrumentalisierung erfolgt im Rückgriff auf wert- und kulturorientierte Deutungen, zum Beispiel Bildung.

Die Postkutschenreise erweiterte für breitere Bevölkerungsschichten das räumliche Bezugsfeld. Doch erst die Eisenbahn ließ den fremden Raum zu einer gesamtgesellschaftlichen Bezugsgröße werden. In dem Maße, wie die Unberechenbarkeit des natürlichen Passageraumes schwand, rückte für immer mehr Menschen der Zielraum als verläßlich erreichbar temporärer Aufenthaltsort ins Blickfeld. Was die Eisenbahn mit ihrem selbstbezüglichen Verkehrs-Raum ermöglichte, ließ sich nun auch für den Aufenthalts-Raum bewerkstelligen: Stetigkeit, Dynamisierung und Reproduzierbarkeit sowie Reduktion der Vielfalt der Erscheinungen auf eine Sequenz von Impressionen für einen Massenbesuch.[20]

Die Reduktion der Vielfalt der Erscheinungen des fern-fremden Raumes auf Impressionen ist jedoch nicht erst ein Charakteristikum der Moderne, sondern nahm ihren Ausgang in der frühen Neuzeit, die Europäer in die Neue Welt trug. In Ermangelung sprachlicher Verständigung kommunizierten sie mit den dortigen Bewohnern mittels (visueller) Zeichen. Dabei setzten die Weißen eine überlebensnotwendige imaginative Energie frei:[21] Sie meinten, daß die Fremden ihre Zeichen verstehen und manipulierten deren Zeichen, indem sie in das mitgebrachte Deutungssystem integriert wurden. Verstanden beziehungsweise verstehbar war somit nur, was den Eindruck erweckte, das von den Europäern Gedachte zu repräsentieren. Die wahrgenommenen Räume und Kulturen sind (Ex-post-)Konstrukte. Was beispielsweise das Nepalesische eigentlich ausmacht, rückt im Gefolge der Touristisierung aus dem Blickfeld; wichtiger wird, was wie vorgestellt wird und welches ›touristische Potential‹ in der Vorstellung steckt: Der Shangri-La-Mythos wird durch Zeichen materialisiert, die westliche Himalaja-Touristen auf der Suche nach Weisheit, sozialem Zusammenhalt, Lebenssinn und Wohltätigkeit dann auch tatsächlich vorfinden.[22]

Diese ›semiotische Kolonialisierung‹ entleert den fremden Raum. Mit den Eindrücken, deren Inhalte stets rückverbunden sind an das heimische Kultursystem, wird er wieder aufgefüllt; dadurch wird der Reisende in der Fremde handlungsfähig. Wie bei Miss Marple, die Kriminalfälle in einer für sie fremden Welt durch Vergleiche und Analogien mit ihrer lokalen Heimwelt löst, werden die Rätsel des fremden Raumes mit und/oder in den Kategorien des eigenen kulturellen Systems gelöst. Über fremde Räume zu berichten, war und ist daher eine Lektion über das Denken im eigenen Raum.[23] Reiseberichte können so von den Daheimgebliebenen verstanden werden; das Unvertraute wird vertraut und prägt sich als relativ fixes inneres Bild ein.[24] ›Lebendig‹ sind diese Bilder, da sie mit bestimmten Räumen assoziiert werden. Bei Reisezielentscheidungen tauchen sie aus der Erinnerung auf und beeinflussen die Präferenzen für Länder, Unterkunftsvarianten und so fort.[25] Innere Bilder stellen daher Schlüsselinformationen dar und sind äußerst handlungswirksam. Aus den vorangegangenen Eindrücken, also den Interpretationen des realen fernen Raumes im Rahmen eines temporären Aufenthalts, sind nun für Reisende Selektionskriterien geworden, die den präsentierten fremden Raum re-konstruieren. Ohne ihn erfahren zu haben, belegen beispielsweise US-Amerikaner den Raum ›Europa‹ mit bestimmten Merkmalen (kulturell und architektonisch pittoresk, gastfreundlich usw.).[26] Diese Empfindungen definieren das Europa-Image, das seinerseits bestimmte positive und negative Einstellungen erzeugt. Die Seh- und Erlebniswünsche orientieren sich schließlich an diesem Image, das nicht auf einer für sich existierenden Raum-Realität beruht, sondern auf überlieferten Sehweisen und Erlebnissen. Das Fremde muß unter diesen Bedingungen fremd bleiben.

Wie bei der Eisenbahnfahrt, bei der von der vorbeieilenden Landschaft nur ein ›panoramatischer‹ Eindruck bleibt, verortet sich ein Reiseraum nur noch über seine Anbindung an das ihm zugeschriebene Image: Nicht länger hat zum Beispiel jedes europäische Land seinen eigenen Raum, sondern bekommt ihn zugewiesen; es wird in einem Koordinationssystem funktionalisiert (siehe Schaubild 4). Die Räume haben darin keine substantielle Eigenart. Ihre Lage verweist vielmehr auf Imagefaktoren und die sie bedingende Infrastruktur. Was die Räume unterscheidet, ist zum einen die Prägnanz ihrer Images (›Passung‹ der Faktoren) und zum anderen der gruppenspezifische Charakter ihrer Images (unterschiedliche Gruppen-/Zielgruppenbeziehungen). Gefangen im von der Nachfrage definierten und daher nur so verwertbaren Imageraum, ist ein jeweils konkreter Raum niemals der gegebene, sondern der konstruierte Raum.[27]

Schaubild 4: Wahrnehmungsbild sechs europäischer Städte von ›klassischen Städtetouristen‹[28]

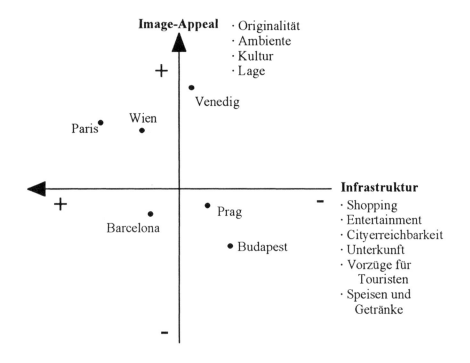

So ist es das erklärte Ziel jedes touristisierten Raumes, sich entsprechend der Imagefaktoren zu positionieren, das heißt, sich in Richtung auf die Koordinaten, die Imagefaktoren hin zu (re-)konstruieren. Die Deutsche Zentrale für Tourismus steckt den strategischen Rahmen für das Reiseland Deutschland damit ab, daß folgende »bestimmende Imagekomponenten« eine positive Marketingwirkung im Zeitraum 1998–2001 entfalten sollen[29]:

- Städte (einschließlich Shopping/Sightseeing)
- Kultur/Tradition/Folklore
- Natur/Landschaft/Umwelt
- Gesundheit/Wellness
- Sport/Freizeit/Unterhaltung
- Qualität der Angebotselemente
- Modernes Deutschland

Soll das touristische Deutschlandbild allseits kongruent sein, dann müssen sich Tourismusregionen und -orte entsprechend umrüsten. Dies läuft auf eine Distanzierung vom eigenen substantiellen ›Raum-Sein‹ hinaus und leistet der Nivellierung – quasi dem Klonen – von Räumen Vorschub.[30] Auf der anderen Seite weisen Touristen den Räumen Bedeutungen zu, die ihnen als solche Image-Re-Konstruktionen präsentiert (z. B. von Reiseveranstaltern) und/oder die ihnen von neutralen Dritten (z. B. Filme, Berichte, ›word-of-mouth‹, Schulbildung) vermittelt wurden.[31] Hier wie dort ist das Raum-Image eine Konstruktion von Konstruktionen des Raumes. Die Sehweisen der Touristen, ihre ›perceptual maps‹, sind mentale Korrelate zu diesen Konstruktionen.[32]

Der konkrete Raum verschwindet. Touristisierte Räume sind entleerte Räume, die durch einen Systemraum der reproduzierbaren Symbole wieder gefüllt werden. Allenfalls dort, wo er selbst wiederum zum Merkmalsträger wird, gerät der konkrete Raum noch in das Blickfeld touristischer Gestaltungs- und Verwertungsinteressen.[33] Ist der Raum als tourismusgeeignet bewertet worden, wird über ihn ein Netz von Infrastrukturen geworfen, das die symbolische Manifestation des Tourismus schlechthin ausmacht: vom Gastgewerbe, den Zufahrten, Parkplätzen, Wanderwegen und Freizeiteinrichtungen über Kurmittelhäuser und der Sightseeing-Kultur bis hin zu den postmodernen Kathedralen des Entertainments und Shoppings. Selbst die Natur wird bedeutungsvoll, zum Beispiel als ›echt‹, in Szene gesetzt, und das Alltagsleben der Raumbewohner wird folklorisiert oder exotisiert.[34] Nur als Teil einer herstell- und beherrschbaren Struktur dieser touristischen Erscheinungen, als genau fixierbarer Punkt in einem imaginären Koordinatensystem findet der konkrete Raum noch seinen symbolischen Platz: als ›Städtereiseziel‹, ›Wellness-Oase‹ oder schlicht ›Kurort‹, ›Erlebnislandschaft‹ und ›Urlaubsland‹, oder auch als Event ›Auf den Spuren der Ritter und Fürsten‹.[35]

So konstitutiv für den Tourismus die Freizeit als ›leere‹, nicht verhaltensfixierte Zeit ist, so war es auch der leere Raum: Je mehr Räume in das Blickfeld gerieten, desto umfassender entleerten sie sich von konkreten Bedingungen und um so nachhaltiger wurden diese Bedingungen – technisch bedingt – für den Tourismus eingeebnet und funktionalisiert. Als Reiseziel oder Urlaubsland wird der fremde Raum wieder mittels Infrastruktur und Deutungen erschlossen. Indem durch diese Mittel – und die Postmoderne entwickelt immer neuere im Zuge der Disneyfizierung und McDonaldisierung[36] – der konkrete, unberechenbar fremde Raum zugunsten sicherer und wiedererkennbarer Ordnungen aufgelöst wird, werden alle touristisierten Räume homogenisiert. So hat gerade das Reisen (seit der frühen Neuzeit) zu einer Aufhebung räumlicher Differenzen und zur Bildung eines Konzeptes eines Raumes der einen Zeit nach einer Vorstellung geführt.[37] Diese Raumkonzepte stellen Wahrnehmungsraster dar, in denen der Raum als etwas bestimmtes erscheint. Bali als Paradies, Italien als Land der Amore oder Griechenland als Land der Antike sind solche, schon klassischen Raumkonzepte, in denen einzelne Orte und Regionen ihre touristisch verwertbare Identität sehen und/oder die sie auferlegt bekommen[38]; aber auch schon ›Luftkurort‹ oder ›X: Wo-die-Nacht-zum-Tage-wird‹ stellen Raumkonzepte dar. Im Marketingdeutsch heißt dies, daß man sich ein ›Image zulegen‹ müsse, an dem sich Anbieter und Nachfrager orientieren können. Raumkonzepte fungieren daher nicht nur als Wahrnehmungsraster, sondern auch als Orientierungsmuster. Einem Raum-Image liegt immer eine bestimmte Raumkonzeption, eine Rauminterpretation zugrunde.

Raumkonzepte gleichen den oben erwähnten Produktkonzepten. Durch den Prozeß der Entleerung des Raumes können nun beliebige Punkte ideell und materiell um- und aufgerüstet werden. Historisierung, Folklorisierung, Romantisierung, Naturalisierung, Anthropologisierung oder Eventisierung bewirken, daß sich ein Tourist auf den Spuren der Ritter, Bergmänner, Dichter, Nepalesen oder schlicht in der Natur wähnt, aber eine Inszenierung eines Raumkonzeptes erlebt.[39] Der Raum ist als solcher nicht marktfähig, sondern muß eine Bedeutung erhalten, die er als selbstbezogene Wirklichkeit nicht besitzt. Erst wenn er als ›Mountainbike-Eldorado‹, ›Surfparadies‹, ›Badevergnügen‹, ›Bleibt man nicht alleine‹, ›nepalesisch‹ oder ›geschichtsträchtig‹ dechiffriert wird, gerät er in das Blickfeld des potentiellen Touristen. Nur diese Zeichen machen den Raum attraktiv. Sie reflektieren, wie bei anderen Gütern (siehe Schaubild 1), kulturelle Deutungen und stiften eine innere Nähe: Der mit wünschenswerten Objekten und Verhaltensoptionen besetzte Raum bietet dabei die Gelegenheit, einmal etwas auszuprobieren, zu erleben oder zu sehen, ohne daß damit Entscheidungen verbunden wären.[40] Reisen dient daher der Selbstfindung. Diese innere Nähe bei gleichzeitiger offenkundiger Distanz ruft einen Informationsbedarf hervor, der mit dem Raum-Image befriedigt wird. Es signalisiert, daß das jeweils Erwartete im fremden Raum verläßlich anzutreffen ist.

Die Entleerung des Raumes schafft überdies die Voraussetzung für den Massentourismus, abstrakter: für die Bereitstellung von in Wert gesetzten Räumen zum massenhaften Konsum. Touristische Angebote lassen sich gleichförmig, stetig und berechenbar vorhalten. Erworben werden nicht Räume, sondern zeitweilige Raumnutzungsrechte. Da Nutzungsrechte immateriell sind, das heißt erst im Vollzug des Raumkonsums geprüft werden können, ist es aus Glaubwürdigkeits- und Sicherheitserwägungen heraus notwendig, die Raumnutzung zu ›materialisieren‹. Dies geschieht durch eine Visualisierung der dem Raum auferlegten Zeichen. Ob nun ›Strandleben‹, ›Natur erleben‹, ›Feste feiern mit Insulanern‹ oder schlicht ›Einwohner‹ – all dies wird ebenso bildlich dargestellt wie die Unterkünfte in den Ortsprospekten. Der konkrete Raum erscheint dabei nicht mehr selbstbezogen, sondern stets in Relation zu bildlichen Zeichen, die durch Text oder Sprache ergänzt werden. Wien etwa repräsentiert sich durch die im Schaubild 3 dargestellten Imagefaktoren – ›Wien und Kultur‹ oder ›Shopping in Wien‹ wird ikonisch dargestellt: Ein oder mehrere Bilder stehen für Wien als Ganzes. Vom bildlichen Zeichen wird auf den realen Raum geschlossen. Nur die ikonisch verengten Bilder lassen sich verkaufen; dem ›Verkauf von bildlichen Images‹ folgt dann ein visueller Raumkonsum, durch den das erworbene visuelle Nutzungsrecht in Anspruch genommen wird.[41] Durch dieses lassen sich mimetische Raumwünsche massenhaft realisieren. Ohne daß der Konsument ins Gehege mit anderen kommt, die Kreta, Mallorca oder Kuba zur gleichen Zeit besuchen wollen, können Reisen wie andere Massengüter hergestellt und auf Abruf bereitgehalten werden.

Wie in der alltäglichen Warenwelt versetzt das visuelle Nutzungsrecht den Touristen in einen Supermarkt. ›À la carte‹ kann er seinen ›eigenen‹ Raum zusammenstellen, oder er pickt sich aus einem ›All-inclusive‹-Angebot heraus, was ihm gefällt. Wenn ihm der in Katalogen und Broschüren dargebotene und zur visuellen Inanspruchnahme freigegebene Raum nicht als Paradies vorkommt,[42] so doch aber als Markt, zu dem er einen (nahezu) freien Zugang hat. Da sich der Tourist über seinen Raumkonsum seine ›eigene‹ Institution erschafft – ›Ballermann‹, ›Shopping‹, ›Wellness‹, ›Schlemmern‹ und so fort – kann er mit diesem Raumkonsum reflexiv und temporär anzeigen, wo er sich sozial verortet.[43] Reisen als ›Raumpraxis‹ stiftet demzufolge einen Nutzen, der nicht dem Raum als solchem anhaftet. Selbst bereits konstruierte Räume, wie Stonehenge, werden im Zuge der Identitätsbildung von ›New Age Travellers‹ uminterpretiert:[44] Aus der vermarkteten Neukonstruktion wird schließlich für die Touristen Realität, wenn sie im Raum tatsächlich Zeichen vorfinden, die auf dieses Stonehenge verweisen.

Schaubild 5: Prozeß der Transformation von vorhandenen Raumwelten in neue Realitäten[13]

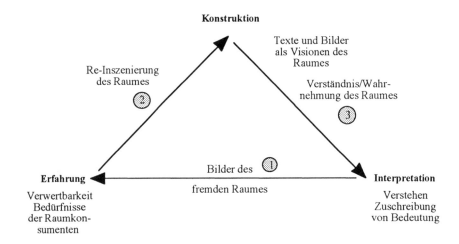

Die bisherigen Ausführungen lassen sich mit obigem Schaubild zusammenfassen: Mit dem Reisen kommen nicht nur Abbildungen einer für sich existierenden Raumrealität ins Blickfeld des Touristen. In der ersten Stufe werden Leitwerte und Deutungen der (postmodernen) Gesellschaft im Rahmen eines Raumaufenthaltes moduliert, stilisiert und idealisiert zur Kenntnis gebracht. Diese Idealisierungen einer bereits interpretierten und konstruierten Raumwirklichkeit stellen schon eine Form von Massenmedium dar: Sie führen den potentiellen Raumkonsumenten, den Touristen, Bilder des fremden Raumes vor, die ihre Wahrnehmung und Deutung anleiten. In der zweiten Stufe werden diese Inszenierungen unter der Definitions- und Deutungsmacht von ›Raumregisseuren‹ – ›Touristenindustrie‹ und angestammte ›Raumbewohner‹ –, die sich aus ökonomischen Gründen an den postmodernen Bedürfnissen der Konsumenten zu orientieren haben, abermals umgearbeitet und neu moduliert. Die Erscheinung des Raumes bildet auf dieser Stufe das Material für massenmediale Re-Inszenierungen. Diese wirken auf die Räume zurück und führen dazu, daß sie sich entsprechend umgestalten. Auf der dritten Stufe schließlich steht die Nutzung des Raumes, das heißt die Welterzeugung aus den medial gefertigten Realitäten durch die Touristen. Sie verwenden diesen konstruierten Raum für ihre Lebensstilisierungen. Im nächsten Schritt reagieren die Medien darauf und so fort ...

4. Schlußbemerkung: Raumnutzung als Ware

Die postmodernen Raumnutzungspraktiken im Rahmen der gegenwärtigen Hochkonjunktur der Erlebnisinszenierung, Vergnügisierung und Eventisierung stellen Körper-, Erlebnis- und Zusammengehörigkeitsmythen dar, da der Raum in ihnen zum Träger von Aussagen wird, die der Idee des Besuches eines für sich gegebenen Raumes fremd sind oder ihr widersprechen. Der Text ›Raum‹ wird durch zufällige, aber ökonomisch erfolgreiche Nutzungskontexte, wie ›Planet Harz‹ (im Ostharz), ›Play Castle‹ (Schloßanimation in Tirol) oder ›Reisen nach dem Roman ›Das Parfum‹‹ (Südfrankreich) ersetzt. Mit dem Zeichensystem ›Aufenthalt im fremden Raum‹ sollen Individualität, Geselligkeit, Vitalität, Gesundheit, Bildung, Fitneß oder Jugend symbolisiert werden, um bestimmten Lebensstilen eine raum-zeitliche ›Durchgängigkeit‹ zu verleihen. Touristische Raumnutzungsformen gründen nicht mehr auf den genuinen Raumelementen, sondern sie benutzen nur noch ihre Namen. Eine derartige Umwandlung von Sinn in Form kennzeichnet nach Roland Barthes einen Mythos, der sich als sekundäres und tertiäres System auf ein bestehendes Zeichensystem – den fremden Raum – legt. Diese Mythen zirkulieren als Raumbilder, aus denen neue Bildsequenzen konstruiert werden. Das touristische Raummanagement trachtet, diese (kontrollier- und manipulierbaren) Raumbilder im Gedächtnis der Konsumenten zu verankern.

Nach Lash und Urry folgt der postmoderne Tourismus einer Grammatik der visuellen Gestaltung fremder Räume[46]. Vor allem die massenmedial erzeugten Raumbilder prägen die Wahrnehmung und das Verständnis nachhaltig und wirken einschneidend auf die touristische Praxis zurück: Touristen wollen das sehen, erleben und erfahren, was sie bereits vorher als »reale« Erscheinung gesehen haben (z. B. im Fernsehen oder Internet). Durch die massenmediale Bildvermittlung wird das an sich intangible Gut ›Raumaufenthalt‹ materialisiert und glaubhaft. Aufgrund dieser Erwartung schreitet die Simulation ursprünglicher Raumnutzung voran: Um ein reines, referenzloses Funktionieren des Raumes zu gewährleisten, also das Räumliche mit seinen Unberechenbarkeiten zu eliminieren, muß der fremde Raum geradezu durch Zeichen substituiert werden, die den Touristen zu beherrsch- und kontrollierbaren Infrastrukturen führen. Ein temporärer Raumaufenthalt wird so zu einem Konsumgut, das als mythische Form ökonomisch ausgenutzt wird. Touristische Design- und Instant-Raumangebote treten an die Stelle ehemals authentisch erlebter Räume. Weil sich Konsumenten am Image, dem Raumdesign, ausrichten, bestimmt auch hier das Design das Sein.[47]

Anmerkungen

[1] Vgl. Scott Lash/John Urry: Economies of Signs and Space, London usw. 1994, S. 13ff.

[2] D. h. Identität zu erlangen; vgl. Peter Corrigan: The Sociology of Consumption, London usw. 1997, S. 35ff.; Mike Featherstone: Consumer Culture and Postmodernism, London 1991.

[3] Vgl. Scott Lash: Reflexivität und ihre Doppelungen: Struktur, Ästhetik und Gemeinschaft. In Ulrich Beck et al. (Hg.): Reflexive Moderne. Eine Kontroverse, Frankfurt a. M. 1996, S. 195–286.

[4] Vgl. Steven Miles: Consumerism – As a Way of Life, London usw. 1998.

[5] Vgl. hierzu allgemein aus Sicht der Ethnologie: René Girard: Das Heilige und die Gewalt, Frankfurt a. M. 1992, S. 214ff.; konsumsoziologisch: Pasi Falk: The Consuming Body, London usw. 1994, S. 118ff.

[6] Vgl. zu diesem Zusammenhang nach wie vor Thorstein Veblen: Theorie der feinen Leute, München 1971.

[7] Vgl. Falk 1994 (Anm. 5).

[8] Vgl. Jack Solomon: Our Decentered Culture: The Postmodern Worldview. In Arthur Asa Berger (Hg.): The Postmodern Presence, Walnut Creek usw. 1998, S. 35–50, hier S. 47.

[9] Zur ›ikonischen Symbolisierung‹ siehe Lash/Urry 1994 (Anm. 1), S. 277.

[10] Vgl. Günther Dux: Für eine Anthropologie in historisch-genetischer Absicht. Kritische Überlegungen zur philosophischen Anthropologie Helmuth Plessners. In ders./Ulrich Wenzel (Hg.): Der Prozeß der Geistesgeschichte, Frankfurt a. M. 1994, S. 92–118.

[11] Vgl. Wilhelm Vershofen: Die Marktentnahme als Kernstück der Wirtschaftsforschung, Berlin 1959, S. 89ff.

[12] Vgl. zu diesen Zusammenhängen Rolf Weiber/Jost Adler: Positionierung von Kaufprozessen im informationsökonomischen Dreieck. In Zeitschrift für betriebswirtschaftliche Forschung 47 (1995), S. 99–123.

[13] Hierzu siehe auch Ernst Cassirer: Wesen und Wirkung des Symbolbegriffs, 7. Aufl., Darmstadt 1983, S. 175ff.

[14] Vgl. Charles S. Peirce: Collected Papers, Bd. 8, Cambridge 1966.

[15] Vgl. vor allem Roland Barthes: Die Sprache der Mode, 4. Aufl., Frankfurt a. M. 1997, S. 376ff.

[16] Hierzu u.a. Eric J. Leed: Die Erfahrung der Ferne. Reisen von Gilgamesch bis zum Tourismus unserer Tage, Frankfurt a. M./New York 1993.

[17] Vgl. immer noch hierzu Ernst E. Boesch: Kultur und Handlung, Bern usw. 1980, S. 51ff. u. S. 190ff.

[18] Zur tourismusbedingten Semiotik des Raumes siehe Karlheinz Wöhler: Marktorientiertes Tourismusmanagement 1, Berlin usw. 1997, S. 10–18; vgl. auch Hans-Georg Deggau: Zur Semantik der Reise. In Voyage Bd. 1(1997), S. 54–60.

[19] Vgl. Attilio Brilli: Als Reisen eine Kunst war. Vom Beginn des modernen Tourismus: Die ›Grand Tour‹, Berlin 1997, S. 21ff.

[20] Siehe immer noch Wolfgang Schivelbusch: Geschichte der Eisenbahnreise. Zur Industrialisierung von Raum und Zeit im 19. Jahrhundert, München/Wien 1977.

[21] Vgl. Stephen Greenblatt: Wunderbare Besitztümer. Die Erfindung des Fremden: Reisende und Entdecker, Berlin 1994, S. 135ff.

[22] Vgl. den Beitrag von Michael Hutt in diesem Band.

[23] Vgl. etwa Harry Graf Kessler: Notizen über Mexiko, Frankfurt a. M./Leipzig 1998.

[24] Zu inneren Bildern vgl. Werner Kroeber-Riel: Konsumentenverhalten, 4. Aufl., München 1990, S. 353ff.

[25] Vgl. Graham M.S. Dann: Tourists› Images of a Destination: An Alternative Analysis. In Journal of Travel and Tourism Marketing 5 (1996), S. 41–55.

[26] David C. Bojanic: The Use of Advertising in Managing Destination Image. In Tourism Management 12 (1991), S. 352–355.

[27] Vgl. Ernest Sternberg: The Inconography of the Tourist Experience. In Annals of Tourism Research 24 (1997), S. 951–969.

[28] Entwurf nach Klaus Grabler: Perceptual Mapping and Positioning of Tourist Cities. In Josef A. Mazanec (Hg.): International City Tourism, London/Washington 1997, S. 101–113, hier S. 110.

[29] Deutsche Zentrale für Tourismus: Marketingplan 1998/2001. Zusammenfassung, Frankfurt a. M. 1997.

[30] Vgl. Heidi Dahles: Redefining Amsterdam as a Tourist Destination. In Annals of Tourism Research 25 (1998), S. 55–69, hier S. 63ff.

[31] Durch Präsentation bildet sich ein ›induziertes Image‹ aus, durch Vermittlung ein ›organisches‹: William C. Gartner: Image Formation Process. In Journal of Travel and Tourism Marketing 2(1993), S. 191–215, hier S. 197ff.

[32] Dies wird zumeist ausgeblendet; vgl. Grabler 1997 (Anm. 28).

[33] Zur Bewertung der Landschaft in bezug auf ihre Erholungseignung, einem ›Vielfältigkeitswert‹, siehe beispielhaft Hans Kiemstedt: Zur Bewertung der Landschaft für die Erholung. In Beiträge zur Landespflege, Sonderheft 1, Stuttgart 1967; vgl. auch Gerhard Braun/Konrad Schliephake: Fremdenverkehr und Raumangebot. In Geographische Zeitschrift 75 (1987), S. 41–59.

[34] Vgl. Geoffrey Wall: Is Ecotourism Sustainable. In Environmental Management 21 (1997), S. 483–491; Matthias Stremlow: Die Alpen aus der Untersicht. Von der Verheißung der nahen Fremde zur Sportarena, Bern usw. 1998; Meaghan Morris: Life as a Tourist Object in Australia. In Marie-Françoise Lanfant et al. (Hg.): International Tourism. Identity and Change, London 1995, S. 177–191.

[35] Bei touristisierten Räumen handelt es sich somit um Raumabstraktionen. Vgl. Gerhard Hard: Über Räume reden. Zum Gebrauch des Wortes ›Raum‹ in sozialwissenschaftlichem Zusammenhang. In Jörg Mayer (Hg.): Die aufgeräumte Welt – Raumbilder und Raumkonzepte im Zeitalter globaler Marktwirtschaft, Rehburg-Loccum 1992, S. 53–77.

[36] Georg Ritzer: The McDonaldization Thesis, London usw. 1998.

[37] Dies belegen die Entdeckerreisen und damit die Kolonialisierung einerseits und andererseits die Globalisierung, die nicht zuletzt eine Fremdmobilisation darstellt; vgl. Mike Featherstone: Undoing Culture. Globalization, Postmodernism and Identity, London usw. 1995, S. 102ff.

[38] Für Griechenland vgl. Wendy Williams/Elly M. Papamichael: Tourism and Tradition: Local Control Versus Outside Interests in Greece. In Lanfant 1995 (Anm.34), S. 127–142.

[39] Vgl. John Urry: Consuming Places, London/New York 1995, S. 187ff. Siehe auch Jean Baudrillard: America, London 1988.

⁴⁰ Vgl. Walter Kiefl: Wo du nicht bist, dort ist das Glück. Überlegungen zur Vielschichtigkeit touristischer Motive. In Tourismus Journal 1 (1997), S. 207–224; Armin Günther: Reisen als Rollenspiel. In ebd., S. 449–466.

⁴¹ Lash/Urry 1994 (Anm. 1), S. 271; siehe auch bereits klassisch John Urry: The Tourist Gaze, London 1990.

⁴² Vgl. Graham M. S. Dann: The People of Tourists Brochures. In Tom Selwyn (Hg.): The Tourist Image, Chichester usw. 1996, S 61–81.

⁴³ Vgl. Urry 1995 (Anm. 39), S. 220ff.

⁴⁴ Vgl. Kevin Hetherington: Identity Formation, Space and Social Centrality. In Theory, Culture and Society 13 (1996) 4, S. 33–52.

⁴⁵ Das Schaubild ist angelehnt an Uwe Flick: Qualitative Sozialforschung, Reinbek 1995, S. 50. Tourismus wird hier als Mimesis von Gesellschaft verstanden, als eine Transformation einer vorhandenen Raumwelt in symbolische Welten und somit der Herstellung neuer Realitäten; vgl. hierzu Gunter Gebauer/Christoph Wulf: Mimesis. Kultur – Kunst – Gesellschaft, Reinbek 1992.

⁴⁶ Vgl. Lash/Urry 1994 (Anm.1). Im Gegensatz zu deutschen Sozialwissenschaftlern räumen sie mit anderen englischsprachigen Autoren dem Tourismus eine zentrale Rolle bei der Konstitution der Postmoderne ein.

⁴⁷ Andererseits scheinen Entleerung, Neuschaffung und Verschönerung des Raumes durch den Touristen ›anthropologische Konstanten‹ des postmodernen Urlaubers zu sein. Wie der Tourist so zum ›Raumdesigner‹ wird, zeigt die neuerliche Analyse des Reisens von Jean-Didier Urbain: Secrets de voyage, Paris 1998, S. 234ff. u. 318ff.

›Heimatliebe‹ und ›Verkehrs-Interessen‹

Zur Entstehung organisierter Tourismuswerbung und -förderung im Kaiserreich

Von Alexander Wilde

Im 19. Jahrhundert erfuhr das bislang nur einer dünnen Oberschicht vorbehaltene touristische Reisen eine beträchtliche Ausweitung.[1] Dampfschiff und Eisenbahn boten einer wachsenden Zahl von Reisenden immer schnellere und billigere Transportmöglichkeiten. Strecken, für die man zuvor Tage oder Wochen in rüttelnden Postkutschen zugebracht hatte, waren nun relativ bequem und sicher in einem Bruchteil der zuvor benötigten Zeit zu bewältigen, und dies zu Preisen, die weit unter den alten Tarifen lagen. Die Bequemlichkeit der neuen Transportmittel, der geringere Zeitaufwand und das sinkende Preisniveau regten zum einen das bisherige Publikum zu häufigeren und weiteren Reisen an und ermöglichten zum anderen neuen sozialen Schichten die Teilnahme am Reiseverkehr. Wohl blieb die Mehrheit der Bevölkerung noch weitgehend vom Tourismus ausgeschlossen, doch neben den Adel und das sich erweiternde Großbürgertum trat als neues Reisepublikum ein im Zuge der Industrialisierung herangewachsener Mittelstand. Je nach finanziellen und zeitlichen Möglichkeiten suchte er zum einen, sich dem Reiseverhalten der Oberschicht anzunähern, schuf zum anderen aber auch seine eigenen Reiseformen. Beamte und Angestellte etwa, für die sich bis zur Jahrhundertwende ein unbezahlter Jahresurlaub von sieben bis vierzehn Tagen einbürgerte, selbständige Handwerksmeister und Kaufleute fuhren mit ihren Familien in ländliche, abseits der großen und teuren Zentren des Fremdenverkehrs gelegene Gebiete, wo sie in bescheidenen und preiswerten Pensionen und Gasthöfen oder auch Privatzimmern mit Familienanschluß Unterkunft fanden.

   Die durch zahlreiche Quellen belegbare Zunahme des touristisch motivierten Reiseverkehrs läßt sich für Deutschland angesichts spärlicher statistischer Erhebungen zwar quantitativ nicht exakt bestimmen, doch vermitteln einige vorhandene

Daten immerhin einen ungefähren Eindruck. In der zum führenden Fremdenverkehrsland aufgestiegenen Schweiz, wo die Zahl der Fremdenübernachtungen von 4,2 Millionen im Jahre 1882 auf über 22 Millionen im Jahre 1910 stieg,[2] standen die Deutschen im Jahre 1906 mit einem Anteil von 31 % an erster Stelle.[3] Unter den im Jahre 1911 Österreich besuchenden 1,3 Millionen Ausländern zählte man 0,9 Millionen Deutsche.[4] Über den Fremdenverkehr von Deutschland nach dem übrigen Ausland liegen für die Zeit vor dem Ersten Weltkrieg anscheinend keine Daten vor, und auch über den Fremdenverkehr vom Ausland nach und durch Deutschland sowie den innerdeutschen Fremdenverkehr können keine diesbezüglichen Angaben gemacht werden. Wohl aber lassen sich für die Hotelbranche und einzelne Orte Zahlen nennen. Insgesamt dürfte sich die Zahl der Fremdenübernachtungen von der Reichsgründung 1871 bis 1913 verfünffacht haben; in jenem Jahr zählte man allein in den deutschen Seebädern rund 700 000 Besucher.[5] Entsprechend wuchs die wirtschaftliche Bedeutung des Fremdenverkehrs.[6]

Dynamisch: Touristendarstellung in den 30er Jahren

Im folgenden werden die Anfänge gezielter Förderung und Werbung in diesem Wirtschaftsbereich dargestellt. Hierbei soll es weniger um die Werbebotschaften und Images gehen, sondern primär – quasi als Faktengerüst – um die organisatorisch-technischen Seiten dieses wichtigen Aspekts der Herausbildung des modernen Massentourismus.

1. Die Gründung von Fremdenverkehrsvereinen und -verbänden

Der sich im Laufe des 19. Jahrhunderts beschleunigende Aufschwung touristischen Reisens ging mit einem entsprechenden Ausbau des Beherbergungs- und Versorgungsgewerbes einher. Ein Wirtschaftsfaktor war entstanden, den zu erhalten oder auszubauen im Interesse der von dieser Entwicklung direkt oder indirekt profitierenden Menschen lag. Das galt nicht nur für die älteren Zentren des Fremdenverkehrs wie die See- und Heilbäder, sondern auch für manche ländliche Gegend, die nun zu einem touristischen Zielgebiet wurde. So gab es etwa in Oberbayern um die Jahrhundertwende »kaum noch ein günstig gelegenes Örtchen ..., in dem nicht wenigstens einige Familien ihren Ferienaufenthalt« nahmen.[7] Am Erhalt und Ausbau oder auch erst dem Aufbau des Fremdenverkehrs Interessierte – in erster Linie Zimmervermieter, Gastwirte, Hoteliers und andere Geschäftsleute – schlossen sich daher mancherorts in Vereinen zusammen, die auf eine Förderung des Fremdenbesuchs in ihrer Gemeinde hinwirken sollten. Bis zum Jahre 1900 entstanden in Deutschland rund zweihundert solcher Fremdenverkehrsvereine;[8] die meisten von ihnen nach 1870, als der Tourismus mit der Hochindustrialisierung einen kräftigen Aufschwung nahm.

Manche dieser Fremdenverkehrsvereine gingen aber auch aus bereits bestehenden älteren Bürgervereinen hervor, welche die Tourismusförderung zwar in der Regel nicht als Haupt-, vielfach aber doch schon als Nebenzweck verfolgten. So waren im Zusammenhang mit dem Anfang des 19. Jahrhunderts in Deutschland aufgekommenen Gedanken der Landesverschönerung in vielen Städten sogenannte »Verschönerungsvereine« gegründet worden, die auf eine attraktivere Gestaltung der Städte und deren näherer Umgebung hinarbeiteten. Auf ihre Initiative wurden beispielsweise alte Stadtmauern und andere nicht mehr benötigte militärische Festungsanlagen abgerissen und mit Grünanlagen und Spazierwegen versehen, die von den alten Stadttoren ausgehenden Ausfallstraßen in Alleen verwandelt.[9] Ästhetische und landschaftsgestalterische Gesichtspunkte verbanden sich dabei nicht selten mit praktischen, etwa auf die Gewinnung neuer steuerkräftiger Bürger gerichteten Erwägungen. So beklagte der 1825 gegründete »Verein zur Erweiterung und Verschönerung der Stadt Bonn« den »Mangel an freundlichen geräumigen Wohnungen ... wodurch schon viele wohlhabende und reiche Familien, die sich hier anzusiedeln entschlossen waren, sich von uns weggewendet und in ... andern Städten das gewünschte Unterkommen gesucht und gefunden haben.«[10] Er bemühte sich daher, »die Niederlegung der alten Festungswerke, Thürme, Ringmauern und Gräben zu erwirken, und auf dem durch diese Schleifung gewonnenen Raume eine der schönsten, zu jedem Gewerbe geeignete, Straße anzulegen, welche mit mehrern dahin führenden Straßen und der äußeren freundlichen Umgebung in Verbindung stehen wird.« Gut drei Jahrzehnte später, im Jahre 1859, machte es sich ein neugegründeter »Verein zur Verschönerung Bonns und seiner Umgebungen« zur Aufgabe, die landschaftlich schöne nähere Umgebung der inzwischen erheblich gewachsenen Stadt durch Promenadenwege mit Ruhebänken zu erschließen, und zwar mit dem Hinweis darauf, daß es vornehmlich die Naturschönheiten des Umlandes seien, welche die Ansiedler anzögen.[11]

Mit der Zunahme touristisch motivierten Reiseverkehrs trat in vielen solcher Verschönerungsvereine das Bemühen um die Ausweitung des Fremdenbesuchs neben oder anstelle der ursprünglichen – in der Ansiedlung neuer Bürger oder auch neuer Gewerbezweige liegenden – Ziele. In schon früh vom Reiseverkehr profitierenden Orten gab es allerdings auch Verschönerungsvereine, die von Anbeginn primär auf die Ausweitung des Fremdenverkehrs abzielten. So wurde in dem oberbayerischen Pfarrdorf Bergen bereits im Jahre 1819 ein Verschönerungsverein aus der Absicht heraus gegründet, den Sommergästen den Aufenthalt so angenehm wie möglich zu machen.[12]

Am Ende des Jahrhunderts gaben die auf die Tourismusförderung ausgerichteten Vereine bei aller Mannigfaltigkeit ihrer jeweiligen Ursprünge und Entwicklungswege im Hinblick auf ihre grundlegenden Aufgaben und Ziele ein doch recht einheitliches Bild ab:[13] Sie alle betrieben – nach Maßgabe der vorhandenen Mittel – ›Reklame‹ für ihren Ort, arbeiteten auf die Gestaltung seines äußeren Erscheinungsbildes hin, sorgten für eine Zimmer- und Wohnungsauskunft, kümmerten sich um Hinweise und Ratschläge für die ortsfremden Besucher und versuchten bessere Verkehrsanschlüsse zu erreichen. In ländlichen Bereichen gehörte die Instandhaltung vorhandener und die Anlage neuer Spazier- und Wanderwege samt deren Ausstattung mit Wegweisern und Ruhebänken zum Tätigkeitsbereich der Fremdenverkehrsvereine, in den Städten versuchte man bedeutende wissenschaftliche, künstlerische und sportliche Veranstaltungen zu organisieren. Lehrer, Pfarrer und Kantoren verfaßten Wanderführer und Ortsgeschichten, und statt des Abbruchs alter Gebäude setzte man sich nun, einem neuen, auf die romantische Verklärung der Vergangenheit ausgerichteten Zeitgeist entsprechend, für deren Erhalt und Pflege ein, um sie als besichtigungswürdige Attraktionen anzupreisen.

Anfangs empfanden sich viele Verkehrsvereine untereinander als Konkurrenten, und in der ausschließlich auf das Wohl des eigenen Ortes berechneten Werbung fehlte es oftmals nicht an kräftigen Seitenhieben auf als Rivalen betrachtete Nachbargemeinden, an Herabsetzungen und Abfälligkeiten.[14] Mit der Zeit setzte sich aber die Erkenntnis durch, auch manche gemeinsame lokale und überregionale Interessen zu haben, und man begriff, daß sich diese gemeinschaftlich weitaus besser vertreten und durchsetzen ließen. Der kurz vor der Jahrhundertwende in München gegründete ›Verein zur Förderung des Fremdenverkehrs in München und im bayerischen Hochland‹ bezog von vornherein das Umland mit ein.

Zunächst kam es in den 1870er Jahren unter den Bädern zu Zusammenschlüssen auf Landesebene und schließlich im Jahre 1892 anläßlich des Ersten Deutschen Bädertages in Leipzig zur Gründung eines reichsweiten »Allgemeinen Deutschen Bäderverbandes«.[15] Wenige Jahre darauf entstand im »Verband Sächsischer Verkehrs-Vereine« auch der erste landesweite Verkehrsverband.[16] Bis zum Jahre 1912 wurden insgesamt 30 Landes- und Provinzial-Verkehrsverbände ins Leben gerufen, die fast alle Tourismusregionen des Deutschen Reiches vertraten.[17] Noch vor Gründung der meisten dieser Verkehrsverbände kam es im Jahre 1902 auf Initiative des Verkehrs-Vereins zu Frankfurt am Main zur Gründung eines reichsweiten »Bundes Deutscher Verkehrs-Vereine« (BDV). Von zunächst 23 Verkehrsvereinen ins Leben gerufen, zählte er 1906 bereits rund 130, 1911 rund 240 Mitglieder; im Jahre 1914 hatten sich dann im BDV neben zahlreichen anderen am Tourismusgeschäft interessierten Vereinigungen fast alle deutschen Verkehrsvereine und -verbände zusammengeschlossen.[18]

Der seit 1904 in Leipzig ansässige BDV machte es sich zur Aufgabe, auf überregionaler Ebene die allen Mitgliedern gemeinsamen Interessen zu vertreten und auf eine »Förderung der deutschen Verkehrsinteressen«, das heißt des Tourismus in und nach Deutschland, hinzuwirken; generell suchte er als Interessenverband die Behörden für die Anliegen der angeschlossenen Verkehrsvereine zu gewinnen. So setzte er sich für bessere Eisenbahnverbindungen, Feriensonderzüge und verbilligte Sonntagsfahrkarten ein, bemühte sich um eine zeitliche Entzerrung der Sommerferien sowie um die Einführung einer einheitlichen deutschen Fremdenverkehrsstatistik. Der BDV sorgte ferner für den Austausch von Werbeschriften unter den Mitgliedern und betrieb, als eine seiner Hauptaufgaben, erstmals eine systematische Auslandswerbung für das Reiseziel Deutschland; umgekehrt suchte man das deutsche Publikum im Lande zu halten und warb mit der Parole: »Deutsche, reiset in Deutschland!«[19] In der im Jahre 1910 gemeinsam mit dem Internationalen Hotelbesitzer-Verein e. V., Köln, gegründeten Monatszeitschrift »Deutschland. Zeitschrift für Heimatkunde und Heimatliebe. Organ für die deutschen Verkehrs-Interessen« besaß der BDV hierfür auch ein eigenes Fachblatt.[20] Neben illustrierten Beiträgen über deutsche Reiseziele und Sehenswürdigkeiten erschienen regelmäßig fachspezifische Artikel, Hinweise und Nachrichten, die der Information und Weiterbildung dienten.

Eine gewisse strukturelle Schwäche des Verbandes lag in seiner großen Heterogenität, zählten doch neben Verkehrsvereinen und -verbänden unterschiedlicher Größe schließlich auch Gebirgs- und Wandervereine, Sportvereine, Schifffahrtsgesellschaften, Verkehrsbüros, Zeitungen und etliche gewerbliche Verbände zu seinen Mitgliedern. Hier ergaben sich oft Interessengegensätze hinsichtlich der vorrangig anzustrebenden Ziele, welche die Arbeit belasteten und die Einheit des Bundes gefährdeten.[21]

2. Erste kommunale und staatliche Aktivitäten zur Tourismusförderung

Von staatlicher Seite wurde dem Tourismus in Deutschland zunächst kaum Beachtung geschenkt. Die wirtschaftliche Prosperität des Kaiserreichs ließ den Fremdenverkehr als ein ökonomisch eher nebensächliches und daher zu vernachlässigendes Phänomen erscheinen, und erst am Beginn des 20. Jahrhunderts begannen Statistiker und Nationalökonomen allmählich seinen Auswirkungen auf die Volkswirtschaft nachzugehen. Auf kommunaler Ebene, wo die wirtschaftlichen Vorteile des Fremdenverkehrs lokalen Politikern und Beamten vielfach sehr direkt und unmittelbar erkennbar wurden, kam es hingegen gelegentlich schon früher zu fördernden Maßnahmen. Hier entsprach man mitunter den Bitten der Verkehrsvereine um die

Gewährung finanzieller Hilfen, und Vertreter der Gemeinden ließen sich in die Vereinsvorstände wählen. Als der 1899 gegründete ›Verein zur Förderung des Fremdenverkehrs in Hamburg‹ beim Hohen Senat der Freien und Hansestadt Hamburg im Jahr 1900 um einen jährlichen Zuschuß bat, konnte er beispielsweise darauf verweisen, daß »gleiche Vereine in andern Städten ... auch die staatliche oder städtische Unterstützung gefunden« hätten.[22]

Ein Jahrzehnt später gab es bereits »keine weitschauende Gemeindeverwaltung mehr, die nicht diesem Zweige der öffentlichen Wohlfahrt ihre volle Aufmerksamkeit zuwendete«,[23] und die meisten großen Stadtgemeinden investierten ansehnliche Beträge in die Förderung des Fremdenverkehrs, nahmen sich seiner nun auch bisweilen selbst mittels eigener »amtlicher« Verkehrsbüros an, was allerdings oftmals zu Kompetenzstreitigkeiten mit den bereits bestehenden, vereinsrechtlich organisierten Verkehrsvereinen führte. Das erste städtische Verkehrsamt wurde im Jahre 1909 in Kassel eingerichtet, der bis dahin dort als Stadtinspektor tätige Gemeindebeamte Matthias Weber zum ersten städtischen Verkehrsdirektor Deutschlands ernannt.

Auf Länderebene entschloß sich die bayerische Staatsregierung als erste zu einer direkten Förderung des Tourismus. Hier hatte man, unmittelbarer als in anderen deutschen Ländern, die gesamtwirtschaftlich bedeutenden Erträge der Nachbarländer Österreich und Schweiz auf dem Fremdenverkehrssektor vor Augen. So wies bereits im Jahre 1902 der kgl. bayer. Kommerzienrat Adolf Brougier in einem im Münchener kaufmännischen Verein gehaltenen Vortrag über die Bedeutung des Fremdenverkehrs für Bayern[24] darauf hin, daß sich das Nationalvermögen der Schweiz aufgrund der Fremdenverkehrsentwicklung innerhalb von etwa 40 Jahren mehr als verzehnfacht hatte und dort aus »einst armen, in einsamen, früher unwirtlichen Thälern wohnenden Menschen ... wohlhabende Leute geworden« seien. Auch Tirol und das Salzkammergut, so führte er aus, hätten an dem Beispiel der Schweiz gelernt und echten Wohlstand entwickelt. Brougier machte ferner darauf aufmerksam, daß sich bayerische »Orte, an denen der Fremdenverkehr sich entwickeln konnte, sich ganz enorm zugunsten der Steuerkraft verändert« hätten.

Ein auf Initiative des »Vereins zur Förderung des Fremdenverkehrs in München und im bayerischen Hochland« um die Jahreswende 1906/07 ins Leben gerufener Fremdenverkehrsrat, dem sich zahlreiche bayerische Gemeinden, Verkehrs- und Sportvereine sowie etliche weitere am Fremdenverkehr interessierte Vereinigungen anschlossen, verfolgte unter anderem das Ziel, einer breiteren Öffentlichkeit die wirtschaftliche Bedeutung des Fremdenverkehrs zum Bewußtsein zu bringen und insbesondere staatliche Stellen für eine intensivere Förderung desselben zu gewinnen.[25] Es dürfte dann wohl auch den Bemühungen dieses Fremdenverkehrsrates zu verdanken gewesen sein, daß sich seit dem Herbst des Jahres 1907 der bayerische Landtag und die bayerische Regierung mit der Frage einer Förderung des Fremdenverkehrs zu beschäftigen begannen.[26] Über einen längeren Zeitraum sich hinziehende Verhandlungen verschiedener Ressorts führten schließlich zu einer personellen Beteiligung der bayerischen Staatsregierung am sich noch einmal neu konstituierenden Landesfremdenverkehrsrat und zu dessen finanzieller Unterstützung aus Mitteln der bayerischen Verkehrsverwaltung.

Eine indirekte staatliche Fremdenverkehrsförderung leisteten die deutschen Staatseisenbahnen, die mit verschiedenen Werbemaßnahmen den Verkehr auf den deutschen Bahnen und damit den Fahrscheinverkauf zu steigern suchten. So schlossen sich etwa im Jahre 1910 Vertreter der deutschen Staatsbahnverwaltungen mit Vertretern der Verkehrsvereine im »Ausschuß zur Förderung des Reiseverkehrs auf den deutschen Bahnen« zusammen, der fortan dem Bund Deutscher Verkehrsverbände und zum Teil auch den Landesverkehrsverbänden alljährlich finanzielle Mittel namentlich für im Ausland geplante Werbetätigkeiten zur Verfügung stellte.[27] Diese Subventionen fielen allerdings vergleichsweise gering aus. So erhielt der Bund Deutscher Verkehrsverbände jährlich 60000 RM aus den Eisenbahnkassen, was gerade einmal den Unterhaltskosten eines Verkehrsbüros in einer europäischen Metropole wie Paris entsprach.

3. Die Fremdenverkehrswerbung vor dem Ersten Weltkrieg

Bereits vor 1800 machten einzelne größere Gasthöfe und Beherbergungsbetriebe sowie auch Bäderverwaltungen mit Prospekten und Zeitungsannoncen auf sich aufmerksam.[28] Mit dem Aufschwung touristischen Reisens nahm der Umfang solcher Werbetätigkeiten zu. Am Beginn des 20. Jahrhunderts waren die Zeitungen voll mit Hinweisen auf Reise- und Erholungsmöglichkeiten, Bäder, Kurorte, Sommerfrischen, Hotels und Pensionen. Neben den Privatbetrieben waren nun die Fremdenverkehrsvereine und -verbände die hauptsächlichen Träger der Fremdenverkehrswerbung. Es bildete sich eine Arbeitsteilung heraus, die den Verkehrsvereinen den Ort oder die engere Region, den Verkehrsverbänden das Land – bzw. in Preußen die Provinz – und dem Bund Deutscher Verkehrsverbände das Reich als primären Zuständigkeitsbereich zuwies.

Nachdem einzelne Betriebe und Orte zunächst in zum Teil scharfer Konkurrenz zueinander gestanden und sich in ihrer Reklame gegenseitig oftmals herabgewürdigt hatten, fand man mit dem Zusammenschluß zu Landesverkehrsverbänden und dem Aufkommen von Hotel- und Gaststättenverbänden allmählich zu kooperativeren Verhaltensweisen, die auch gemeinsame Werbeaktionen einschlossen.[29] So fanden sich vor dem Ersten Weltkrieg schließlich in fast allen größeren deutschen

Städten von den Verkehrsvereinen oder auch privater Seite unterhaltene Verkehrsbüros, in denen sich Reiselustige schon lange vor der Abreise anhand von Druckschriften über die verschiedenen deutschen Reisegebiete, die Vielzahl der dortigen Kur- und Badeorte sowie die vielfältigen Unterkunftsmöglichkeiten informieren konnten.[30] Bei der Erstellung, Vermittlung und Verteilung solchen Werbematerials war der Bund Deutscher Verkehrs-Vereine organisatorisch behilflich.[31]

Im Ausland wurde zunächst nur hier und da von größeren Bädern, Kurorten und Städten, später dann auch seitens einzelner Verkehrsverbände eine auf deren spezielle Interessen ausgerichtete Fremdenverkehrswerbung betrieben. Allein die großen internationalen Reedereien entfalteten in führenden ausländischen Tageszeitungen sowie ihnen gehörenden oder geschäftlich verbundenen Reisebüros eine auf Deutschland insgesamt bezogene Reklame, indem sie in ihren Bekanntmachungen nicht nur auf Fahrpreise, Fahrtermine und reisetechnische Umstände hinwiesen, sondern auch die Reize des Fahrzieles schilderten.[32]

Erst der 1902 gegründete Bund Deutscher Verkehrs-Vereine versuchte die vereinzelten Auslandsaktionen der ihm angeschlossenen Mitglieder zu koordinieren und, vor allem in Zusammenarbeit mit den deutschen Staatseisenbahnen, eine zentral gelenkte planmäßige Fremdenverkehrswerbung für Deutschland aufzubauen. Im Jahre 1904 gab der BDV einen insbesondere für die Auslandswerbung gedachten »Führer des Bundes Deutscher Verkehrs-Vereine« heraus, der genaue Angaben über alle dem Bund angehörenden deutschen Städte, Badeorte und Sommerfrischen enthielt.[33] Das mit zahlreichen Bildern und Illustrationen ausgestattete Werk vermittelte damit freilich noch kein allgemeines Bild von Deutschland und war, da nur in deutscher Sprache verfügbar, lediglich für das deutschsprachige Ausland und Kreise der Auslandsdeutschen von Nutzen.

Eine weit größere Verbreitung fanden seit dem Jahre 1905 von den deutschen Staatseisenbahnen herausgegebene »Verkehrs-Bücher deutscher Eisenbahnen«, die in deutschen, englischen und französischen Ausgaben die verschiedenen deutschen Landesteile schilderten und neben Hinweisen auf die deutschen Eisenbahnverbindungen auch ein Verzeichnis der Mitglieder des BDV sowie deren lokaler Auskunftsstellen enthielten. Diese gleichfalls mit zahlreichen Illustrationen ausgestatteten Verkehrs-Bücher ersetzten den 1904 herausgegebenen BDV-Führer, wurden aber nach wenigen Jahren aus Kostengründen nicht mehr neu aufgelegt. Erst 1913 und 1914 gab der BDV dann wieder, unterstützt von den deutschen Staatsbahnen, eine für die Auslandswerbung bestimmte Broschüre unter dem Titel »Deutschland« heraus. Es handelte sich um ein illustriertes Werbeheft, das in allgemeiner Weise und in groben Umrissen Deutschland als Reiseland schilderte und in mehreren Sprachen erschien.[34]

Für die Verteilung der verschiedenen genannten Deutschland-Reiseführer standen eine Reihe von Auskunftsstellen zur Verfügung, die der BDV im Laufe der

Zeit in einigen großen Fremdenverkehrszentren des Auslandes einrichtete. Auch aus eigenen geschäftlichen Interessen heraus an der Förderung von Deutschland-Reisen interessierte ausländische Reisebüros sowie in- und ausländische Reedereien übernahmen die Bereitstellung. Seit dem Jahre 1913 standen dann auch zwei von den deutschen Staatseisenbahnen betriebene amtliche deutsche Verkehrsbüros in Paris und London zur Verfügung.[35] Bis zum Jahre 1914 wuchs so ein schließlich 50 Auskunftsstellen verschiedener Art umfassendes Auslandsnetz heran.[36] Über dieses Netz erfolgte auch der Vertrieb weiterer regionaler Werbeschriften, die einzelne deutsche Fremdenverkehrsverbände und -vereine nach wie vor herausgaben. Der BDV kümmerte sich um einen kostengünstigen zentralen Versand und bemühte sich darüber hinaus, durch konstruktive Kritik und Beratung auf eine qualitative Verbesserung des zum Teil recht mangelhaften Werbematerials hinzuwirken. So ließ insbesondere die Qualität der Übersetzungen zu wünschen übrig, und auch das Volumen vieler Werbeschriften überforderte den durchschnittlichen Interessenten, etwa wenn recht umfangreiche deutsche Städteführer ohne jegliche Kürzungen oder Zusammenfassungen einfach in andere Sprachen übertragen wurden und damit ihren überwiegend mehr an allgemeinen Informationen interessierten Lesern etwas zuviel zumuteten.[37]

Eine gewisse Vereinheitlichung der deutschen Auslandswerbung versuchte der BDV auch dadurch zu erreichen, daß er Anzeigen einzelner Verkehrsverbände und anderer deutscher Verkehrsinteressenten in ausländischen Zeitungen und Zeitschriften unter dem gemeinsamen Kopf »Deutschland« vereinigte, was darüber hinaus im allgemeinen auch zu einer Verbilligung der Insertionskosten führte.[38] Im Zusammenhang mit diesen Sammelanzeigen, aber auch über seine ausländischen Auskunftsstellen und den Verein der Auslandspresse in Berlin wirkte der BDV zudem auf Schilderungen deutscher Städte und Landschaften in den redaktionellen Teilen ausländischer Zeitungen hin.[39]

Die im wesentlichen erst seit der Gründung des BDV und dem Engagement der deutschen Staatseisenbahnen langsam in Gang gekommene Fremdenverkehrswerbung im Ausland war im Vergleich zu der mancher europäischer Nachbarländer zwar quantitativ wie qualitativ noch verhältnismäßig bescheiden, stand am Vorabend des Ersten Weltkrieges jedoch vor einer beträchtlichen Ausweitung. So schickte man sich – teils in Zusammenarbeit mit deutschen Konsulaten, verschiedenen deutschen Vereinigungen im Ausland und ausländischen Eisenbahngesellschaften – gerade an, das Netz der Auskunfts- und Werbestellen sowie deren Tätigkeit erheblich zu erweitern und zu verbessern,[40] als der Krieg dieser geplanten Expansion ein vorläufiges Ende setzte.

4. Nachsatz: Erster Weltkrieg

Mit dem Kriegsausbruch im August 1914 kam der Reiseverkehr völlig zum Erliegen, weil alle Transportmittel, allen voran die Eisenbahnen, praktisch von einem Tage zum anderen einer nahezu ausschließlich militärischen Nutzung anheim fielen. Viele potentielle Feriengäste gingen an die Front statt in den geplanten Urlaub.

Während jedoch der mit der Eröffnung der Kriegshandlungen zusammengebrochene Reiseverkehr nach Deutschland nicht mehr in Gang kam, trat nach Ablauf der ersten Kriegsmonate und Abschluß der anfänglichen großen Truppen- und Materialtransporte innerhalb Deutschlands allmählich wieder eine Belebung im Bereich des Fremdenverkehrs ein. Die Eisenbahnen standen nun wieder, wenn auch mit Fahrplaninschränkungen, privaten Reisenden zur Verfügung, und die Verkehrsvereine und -verbände, von denen viele ihre Tätigkeit zunächst ganz eingestellt hatten,[41] bemühten sich in »den ernsten Zeiten entsprechenden Grenzen« um Ferien- und Kurgäste. Sie setzten dabei auf das ältere, nicht wehrpflichtige beziehungsweise -fähige Publikum, auf rekonvaleszente Kriegsverwundete sowie vor allem auf Frauen. Presse und Behörden unterstützten diese Bemühungen um eine Aufrechterhaltung des für viele Regionen wirtschaftlich lebenswichtigen Fremdenverkehrs,[42] zumal die durch den Krieg ebenfalls geschädigten neutralen Staaten von Anfang an erhebliche Anstrengungen unternahmen, Besucher aus dem Ausland zu gewinnen. So warb die Schweiz in der Wintersaison 1914/15 mit zahlreichen Zeitungsannoncen und Werbebroschüren, die sich an Wintersportler sowie kranke, verwundete und erholungsbedürftige Soldaten aller kriegsbeteiligten Länder wandten, für den Besuch ihrer Wintersport- und Kurorte.[43]

Die deutschen Fremdenverkehrsverbände appellierten, solchen Werbungen nicht zu folgen und kein Geld in ausländische Kurorte zu tragen. »Es mag manchem ein verlockender Gedanke sein, die neutrale Schweiz zur Herstellung der Gesundheit aufzusuchen«, argumentierte etwa der sächsische Verkehrsverband, doch »so gern wir es nun auch mit den neutralen Staaten halten, in dieser Kriegszeit darf kein Erholungsbedürftiger das deutsche Vaterland verlassen«.[44] Jeder Pfennig sollte allein der deutschen Volkswirtschaft, allenfalls noch dem verbündeten Österreich zugute kommen. Im Hinblick auf den innerdeutschen Tourismus warb man um Akzeptanz bei der Bevölkerung und bediente sich hierbei des Arguments der Volksgesundheit. »Man darf wohl sagen«, schrieben die Münchener Neuesten Nachrichten am 27. Oktober 1914 in einem bald darauf vom BDV verbreiteten Artikel über »Fremdenverkehr zur Kriegszeit«, daß es »selbst in dieser ernsten Zeit keine Versündigung gegen den nationalen Gedanken ist, wenn Leute, die das Bedürfnis nach Erholung empfinden, sie auch suchen, da im Grunde jede Auffrischung der körperlichen und geistigen Kräfte wieder der Nation als Gesamtheit zugute« kommt.[45]

Im Verlauf der weiteren Kriegsjahre nahm der Umfang des innerdeutschen Tourismus dann allerdings immer mehr ab und kam schließlich, vor allem im Zusammenhang mit den zunehmenden Schwierigkeiten der Lebensmittelversorgung, durch amtliche Einschränkungen ab Ende 1917 so gut wie völlig zum Erliegen. Noch im April 1918 führten diese behördlichen Maßnahmen im Reichstag zu Anfragen und Protesten von Abgeordneten betroffener Regionen,[46] die freilich weitgehend wirkungslos blieben. Die verschiedenen Versuche zur Aufrechterhaltung des Tourismus unter den widrigen Umständen des Krieges zeigen gleichwohl, welch hohen Stellenwert[47] er bereits im späten Kaiserreich erlangt hatte.

Anmerkungen

[1] Vgl. zusammenfassend Hasso Spode: Zur Geschichte des Tourismus. Eine Skizze der Entwicklung der touristischen Reise in der Moderne, Starnberg 1987; ders.: Geschichte des Tourismus. In Heinz Hahn/H. Jürgen Kagelmann (Hg.): Tourismuspsychologie und Tourismussoziologie. Ein Handbuch zur Tourismuswissenschaft, München 1993, S. 3–9.

[2] Winfried Löschburg: Von Reiselust und Reiseleid. Eine Kulturgeschichte, Frankfurt a. M. 1977, S. 173.

[3] Maximilian Krauß: Deutsche Verkehrswerbung, (wahrscheinl. unveröffentlichtes) Ms., Berlin 1927, S. 1. Diese und die folgenden Quellen entstammen dem (unsignierten) Bestand des Historischen Archivs des Instituts für Tourismus der FU Berlin [IfT], hier: Nachlaß Schwarzenstein.

[4] Deutschland. Zeitschrift für Heimatkunde und Heimatliebe. Organ für die deutschen Verkehrs-Interessen. Amtliche Zeitschrift des Bundes Deutscher Verkehrs-Verein, 4 (1913) 2, S. 111 [im folgenden zit. aus »Deutschland«].

[5] Spode 1987 (Anm. 1), S. 20 u. 25. In Partenkirchen z. B. stieg die Zahl der Fremdengäste von 2098 im Jahr 1882 auf 13 432 in 1899, und im Oberammergauer Festspieljahr 1900 zählte man hier insgesamt 19 433 Gäste: Adolf Brougier: Die Bedeutung des Fremdenverkehrs für Bayern, Sonderdruck aus »Das Bayerland«, München 1902, S. 23.

[6] In manchen Destinationen wird er zur ›Haupterwerbsquelle‹: Spode 1993 (Anm. 1), S. 5.

[7] Brougier ebd., S. 25. Zu Bayern siehe auch Walter Stelzle: Natur – Kultur – Tradition. 100 Jahre Landesfremdenverkehrsverband in Bayern. In Hasso Spode (Hg.): Zur Sonne, zur Freiheit! Beiträge zur Tourismusgeschichte, Berlin 1991, S. 143–148, sowie Wolff & Partner GmbH: 100 Jahre bayerischer Fremdenverkehrsverband, vervielf. Ms., o. O. (1990).

[8] Vgl. den Beitrag von Franz F. Schwarzenstein in Ernst Bernhauer et al.: 1902–1972. Deutscher Fremdenverkehrsverband (DFV), hrsg. v. DFV, Bonn 1972, S. 69–92, hier S. 69.

[9] Vgl. Meyers Großes Konservations-Lexikon, 6. Aufl., Bd. 12, Leipzig/Wien 1909, S. 103f; sowie allg. Karl Buchheim: Deutsche Kultur zwischen 1830 und 1870, Frankfurt a. M. 1966.

[10] Anonym: Einladung zur Theilnahme an der Erweiterung und Verschönerung der Stadt Bonn. In Bonner Wochenblatt, Nro. 54 vom 7. July 1825.

[11] Vgl. Bonner Zeitung, Nr. 254 vom 4. November 1859.

[12] Vgl. Josef Ober: 175 Jahre Heimat- und Verkehrsverein Bergen Oberbayern e.V., Bergen 1994.

[13] Dies zeigen vor allem Fest- und Jubiläumsschriften: IfT o. Sig.

[14] Vgl. Lebrecht: Werbearbeit für den deutschen Verkehr. In Deutschland 4 (1913) 6, S. 306; Erwin Jaeger: Förderung der Fremden-Verkehrs-Vereine, eine nationale Aufgabe. In ebd. 3 (1912/13) 8, S. 494 f.

[15] Vgl. Gerhard Hüfner: Die deutschen Bäderverbände 1892–1992. Chronik der Verbandsarbeit, Gütersloh 1992, S. 30 ff.

[16] Schwarzenstein wie Anm. 8.

[17] Vgl. Seyfert: Aus der Geschichte des Bundes Deutscher Verkehrs-Vereine. In Deutschland 3 (1912/13) 4, S. 250–252, hier S. 252.

[18] Vgl. ebd.; Robert Lingnau (Hg.): Fünfzig Jahre Bund Deutscher Verkehrsverbände. Eine kurze Darstellung der Entwicklung und der Aufgaben des Bundes Deutscher Verkehrsverbände e. V., Frankfurt a. M. 1952, S.10–20; Schwarzenstein wie Anm. 8, S. 69–80.

[19] Schwarzenstein ebd, S. 72; zur Auslandswerbung siehe unten, sowie K. Thieß: Internationale Verkehrspropaganda für Deutschland. In Deutschland 5 (1914) 9, S. 403–406.

[20] Siehe Anm. 4. 1902 bis 1905 bediente man sich der Zeitschrift Wandern und Reisen, 1905 bis 1909 der Zeitschriften Illustrierte Fremdenblatt Union und Der Verkehr, wobei erstere für das allgemeine Publikum betimmt war.

[21] Vgl Lingnau 1952 (Anm. 18), S. 12.

[22] Ergebenstes Gesuch des Vereins zur Förderung des Fremdenverkehrs in Hamburg, 28. Mai 1900.

[23] Lebrecht wie Anm. 14.

[24] Brougier 1902 (Anm. 5), S. 22.

[25] Hierzu Mitteilungen des Vereins zur Förderung des Fremdenverkehrs in München und im bayerischen Hochland 2 (1907) 1, S. 1 ff.

[26] Vgl. auch Verein zur Förderung des Fremdenverkehrs in München und im bayerischen Hochland: Geschäfts-Bericht für das Jahr 1907/08, S. 39 ff.; dass. 1909/10, S. 25; siehe auch Deutschland 4 (1913), S. 321.

[27] Vgl. hierzu und zum folgenden Kurt Conradt: Aufgaben und Formen der Deutschen Verkehrswerbung, Diss. Gießen 1924, S. 111 f.; sowie Lebrecht wie Anm. 14.

[28] Beispiele bei Moritz Hoffmann: Geschichte des deutschen Hotels. Vom Mittelalter bis zur Gegenwart, Heidelberg 1961, S. 197 f.

[29] Wie Anm. 14.

[30] Vgl. Seyfert: Fremden-Verkehr. In Deutschland 3 (1912/13) 8, S. 495 f.

[31] Vgl. z.B. Deutschland 3 (1912/13), S. 660; 4 (1913), S. 368.

[32] Vgl. Conradt 1924 (Anm. 27), S. 7 u. S. 112.

[33] Vgl. dazu und weiter folgend: Seyfert 1912/13 (Anm. 17), S. 251; ders.: Verkehrs-Propaganda im Auslande. In Deutschland 3 (1912/13) 12, S. 713.

[34] Vgl. dazu auch Deutschland 4 (1913), S. 43 u. S. 579; 5 (1914), S. 487 f.

[35] Vgl. ebd. und 4 (1913), S. 418.

[36] Vgl. Lingnau 1952 (Anm.18), S. 13.

[37] Vgl. Deutschland 5 (1914), S. 487 ff.

[38] Vgl. ebd.; sowie 3 (1912/13), S. 607 u. S. 713.

[39] Vgl. ebd.

[40] So wurde gerade die Errichtung verschiedener Auskunftsstellen in Nord- und Südamerika vorbereitet (ebd.).

[41] Vgl. Kuckuck: Die Verkehrsvereine in Kriegszeiten. In ebd. 5 (1914), S. 653 f. Siehe auch Wolff 1990 (Anm. 7).

[42] Vgl. Maximilian Kraus: Die zukünftigen Aufgaben der deutschen Verkehrswerbung im In- und Auslande, Berlin 1921, S. 5 f.

[43] Vgl. Deutschland 5 (1914), S. 694 f.

[44] Ebd.

[45] Zit. n. ebd., S. 654 f.

[46] Vgl. Verhandlungen des Reichstags, XIII. Legislaturperiode, II. Session, Bd. 312, S. 4831f.

[47] Noch deutlicher wird dies dann nach dem Zweiten Weltkrieg. Vgl. Alexander Wilde: Zwischen Zusammenbruch und Währungsreform. Fremdenverkehr in den westlichen Besatzungszonen. In Hasso Spode (Hg.): Goldstrand und Teutonengrill. Kultur- und Sozialgeschichte des Tourismus in Deutschland 1945 bis 1989, Berlin 1996, S.87–104.

»Ich liebe Länder mit Überbevölkerung«

Interview mit Andreas Pröve, Indienreisender

Voyage: Herr Pröve, Sie unterscheiden sich in einem Punkt von den meisten Reisenden: Sie sind im Rollstuhl unterwegs. Ist das nicht eine wahnsinnige Strapaze, allein im Rollstuhl nach Indien aufzubrechen?

Pröve: Naja, es erscheint so. Es ist auch eine Strapaze. Das ganze Leben ist eine Strapaze im Rollstuhl, und das wird nicht leichter, wenn man nach Indien fährt. Aber es ist auch eine Herausforderung. Es ist ja nicht so, daß das unmöglich ist, im Rollstuhl durch Indien zu reisen.

Voyage: **Sie haben es bewiesen.**

Pröve: Ja. Zunächst mir selbst, weil es vorher keine Informationen gab. Kein Rollstuhlfahrer konnte mir sagen, ob eine solche Reise überhaupt möglich ist, und Ärzte schon gar nicht. Die sitzen ja nicht im Rollstuhl. Daher mußte ich es selber probieren.

Voyage: **Wann war das?**

Pröve: Der Unfall war vor 17 Jahren, 1981. Die erste Reise hab' ich drei Jahre danach gemacht. Ich mußte zunächst eine Rehabilitation durchlaufen. Als ich mich dann einigermaßen fit fühlte für die Welt, habe ich versucht, sie zu erobern.

Voyage: **Indien ist Ihr Traumland. Worin liegt die besondere Faszination?**

Pröve: Es fängt mit den Menschen an. Viele Leute, die in Indien waren, empfinden die Inder vielleicht als schwierig, aber ich sehe das anders. Ich habe die Leute dort immer als sehr sympathisch kennengelernt. Sie haben rausgekriegt, wie sie mit ihrer teilweise wirklich schweren Situation klarkommen können.

Voyage: **Gibt es im Leben der Inder Aspekte, die Sie als vorbildlich betrachten?**

Pröve: Von den Leuten kann man lernen, mit dem zufrieden zu sein, was man hat. Die Armut in Indien ist schlimm, und man muß sie bekämpfen, wo es nur geht. Es ist grausig, das zu sehen. Aber trotzdem ist es nicht so, daß die Leute dort den ganzen Tag trübselig dasitzen. Sie sind auch glücklich und feiern ihre Feste, so, wie es eben möglich ist.

Ich komme gerade aus Indien zurück, wo ich bei dem Holifest war. Man bewirft sich dort mit Farbe, die man teuer kaufen muß. Indem man sich mit Farbe bewirft, werden die Kastenunterschiede verwischt. Wenn jemand ganz und gar rot und grün und gelb aussieht wie sein Nachbar auch, kann man eben nicht mehr erkennen, aus welcher Schicht er stammt. Es ist beeindruckend, wie ausgelassen die Menschen feiern können, obwohl sie vielleicht nicht wissen, ob sie am nächsten Tag genug Essen für die Familie zusammenbekommen.

Voyage: Reisen Sie nach Indien, weil Sie denken, daß man diese Lebenseinstellung oder Elemente davon auch hierher transponieren kann?

Pröve: Nein. Das kann man nicht. Dazu sind die Lebensumstände zu verschieden. Das einzige, was man kann, ist seine eigene Einstellung ein wenig zu ändern: genügsamer zu sein oder zu fragen, ob es denn der Konsum allein ist, der einen glücklich macht.

Voyage: Welche besonderen Probleme hat man als Rollstuhlfahrer in Indien?

Pröve: Das geht los mit den öffentlichen Verkehrsmitteln. Auch wenn ich im Rollstuhl sitze, möchte ich nicht mit dem Taxi durch die Gegend fahren, sondern das Leben kennenlernen. Das kann man am besten in einem vollen Bus. Heil in einen Bus oder eine Bahn zu kommen, wenn die mit Menschentrauben an den Türen auf dem Bahnhof einfahren, ist ein Abenteuer. Da braucht man Tricks. Anfangs, als ich überhaupt nicht wußte, was ich tun sollte, habe ich mich quer vor die Zugtür gestellt, so daß keiner mehr rein oder rauskonnte. Den Leuten, die sich aufregten, sagte ich dann: Wenn Ihr mich reintragt, ist die Blockade aufgehoben. Dadurch konnte ich sie erst einmal auf mich aufmerksam machen. In so einer Situation denkt ja jeder erst einmal an den eignen Platz, den er erwischen muß, wenn man nicht in den kommenden 30 Stunden auf dem Boden sitzen will.

Voyage: Ist es nicht auch so, daß Ihnen keineswegs jeder hilft?

Pröve: In Indien gibt es ja diese scharfen Kastenunterschiede: Die Brahmanen, die keine unwürdige Arbeit verrichten, oder die Menschen aus den untersten Kasten, die nicht einmal den Dorfbrunnen benutzen dürfen, sondern ihr Wasser vor dem Dorf holen müssen. Wenn ich auf einem Bahnhof jemanden aus einer der untersten Kasten anspreche, ist der verwirrt, weil er jemanden aus einer höher stehenden Kaste gar nicht berühren darf. Er geht davon aus, daß ich als Weißer einer höheren Kaste angehöre und wundert sich, warum ich ihn bitte, mir zu helfen. Und wenn ich einen Brahmanen anspreche, der durch seine normale Kleidung nicht als solcher zu erkennen ist, lehnt er natürlich ab, weil dies seinem Stand nicht entspricht. Schließlich ist er nur für die hohen religiösen Zeremonien zuständig und nicht dafür, jemandem in den Zug zu helfen. Inzwischen weiß ich, wen ich ansprechen kann. Dann ist die Hilfsbereitschaft ganz groß.

Voyage: Sind Sie durch Ihre Behinderung in unangenehme oder sogar gefährliche Situationen geraten?

Pröve: Oh ja. In dem Wüstenstaat Rajasthan gibt es einen Ort namens Bikaner und einen Tempel, den ich mir anschauen wollte. In diesem Tempel leben 20 000 heilige Ratten. Die Göttin Karni Mata ist die Schutzbefohlene dieser Ratten. Die leben in dem Tempel und vermischen sich auch nicht mit den Kloakenratten. Sie werden gefüttert mit allem, was sich eine Ratte im Leben nur so wünscht, mit warmer Milch zum Beispiel. Ich wollte in den Tempel hinein, aber man muß die Schuhe ausziehen und die Füße waschen. Da kriegte ich nun wieder Probleme mit dem Rollstuhl. Ich konnte zwar meine Schuhe ausziehen, aber die Räder würden einer Entweihung gleichkommen. So habe ich mich dann von Passanten hineintragen lassen. Aber es gab keinen Stuhl im Tempel. In der Not, auch weil sie mich nicht so lange halten konnten, setzten sie mich auf die Erde. Schon war ich von den Ratten umringt. Die sind sehr mutig und haben überhaupt keine Berührungsängste, so daß sie sich schnell in meinen Hosenbeinen wiederfanden. Nun habe ich durch meine Querschnittlähmung kein Schmerzempfinden in den Beinen und wußte nicht, fangen die jetzt an, mich anzuknabbern oder finden die es nur schön warm und dunkel dadrin. Ich bekam ziemliche Angst. Die beiden Träger waren schon weg. Der Rollstuhl stand unerreichbar vor dem Tempel. Ich mußte mich mit den Ratten irgendwie arrangieren.

Voyage: Die haben Sie aber nicht angeknabbert?

Pröve: Natürlich nicht, weil sie regelmäßig gefüttert werden. Das ist mir dann irgendwann klar geworden. Aber es war sehr unangenehm, zumal ich sie ja nicht wie normale Ratten behandeln durfte. Schließlich waren sie heilig, und der Priester saß dabei, beobachtete das und fand es sehr lustig. Ich konnte sie ja nicht am Schwanz aus dem Hosenbein ziehen. Ich mußte warten, bis der Priester mit irgend etwas anderem beschäftigt war.

Voyage: Der Priester hätte Sie auch nicht rausgetragen?

Pröve: Natürlich nicht. Nein, nein, das ist völlig abwegig, daß der mich da rausträgt. Aber wenn ich ihn gebeten hätte, mir zu helfen, hätte er es als seine Pflicht angesehen, jemanden herbeizuwinken – so von oben herab: ›He, komm mal her, du, mach das mal‹.

Voyage: Woran erkennen Sie mögliche Helfer?

Pröve: Erstmal an der Kleidung. Leute mit Anzug und Aktentasche sollte man besser nicht ansprechen, da sie manchmal sehr hochstehend sind, finanziell teilweise über den Brahmanen. Dazu kommt natürlich auch Lebenserfahrung. Ich sitze ja seit 17 Jahren im Rollstuhl, und auch in Deutschland spreche ich nicht jeden an. Hier wie dort gibt es Leute, denen ich mich nicht anvertrauen würde.

Frage & Antwort

Andreas Pröve in Indien

Voyage: Werden Sie als Rollstuhlfahrer in Indien anders behandelt als in Deutschland?

Pröve: Rollstuhlfahrer stehen auf einer sehr niedrigen Stufe im indischen Kastensystem. Als Europäer im Rollstuhl wird man zunächst mal als Tourist angesehen, nicht als Rollstuhlfahrer. Ganz oft wird der Rollstuhl gar nicht als solcher wahrgenommen, gerade in ländlichen Gegenden. Dann finden die Leute das ›Fahrrad‹ lustig, auf dem ich sitze. Mir wurde schon öfter gesagt, daß das doch eine ganz gemütliche Art sei, im Sitzen zu reisen. Ich hab da nicht widersprochen.

Voyage: Für jemanden, der nur ein Tuch besitzt, das er auf den Boden legt, sind Sie ja auch ganz komfortabel ausgestattet.

Pröve: Das kann man so sagen.

Voyage: Wie steht es um die Berührungsängste im Umgang mit einem Behinderten?

Pröve: Die sind weitaus geringer als hier. Ich werde oft angefaßt, und es kommt schon mal vor, daß ich befingert werde, um festzustellen, ob Holz unter den Hosenbeinen steckt. Furcht, mich zu kränken, haben die Inder nicht, Kinder schon gar nicht. Durch die Behinderung bekomme ich unheimlich viel Kontakt.

Voyage: Mußten Sie sich daran gewöhnen, so häufig berührt zu werden und war dies möglicherweise sogar Bestandteil Ihrer Rehabilitation?

Pröve: Anfangs war es schon schwer für mich, nicht nur angefaßt zu werden, sondern auch ganz intime Fragen gestellt zu bekommen. Zum Beispiel wurde ich gefragt, wie ich den Geschlechtsverkehr praktiziere. Darauf war ich nicht vorbereitet und konnte gar nicht antworten. Inzwischen reagiere ich: Ich frage Dich ja auch nicht, wie Du das machst.

Ich habe tatsächlich diese erste Reise als ein Stück Rehabilitation genutzt. Es war eine gewaltige Horizonterweiterung. Ich hatte ein großes Stück Sicherheit gewonnen. Ich bin der Überzeugung, daß man viele Probleme hier viel leichter meistert, weil man sich immer erinnern kann: Das war doch da in Indien viel schlimmer und du hast das auch geschafft. Vieles wird einfacher, wenn man einmal Extremsituationen durchstanden hat.

Voyage: **Warum Indien?**

Pröve: Ich mag den Süden, die Palmen, das angenehme Klima. Aber wenn Sie mich fragen, was ich am meisten mag: Es sind Orte, an denen Menschen, viele Menschen sind. Ich liebe Länder mit Überbevölkerung. In Australien sind mir zu wenig Leute. Wenn ich dort in der Wüste bin, hilft mir niemand weiter, dann verdurste ich.

Voyage: **Reisen Sie möglicherweise, um das Bad in der Menge zu genießen, als Ihr großes Eintauchen in das ganz andere?**

Pröve: Ja, das hat einen großen Reiz. Ich war auf der Kumbh Mela in diesem Jahr. Das ist das heilige Bad im Ganges und findet alle zwölf Jahre statt. In diesem Jahr kamen zehn Millionen Pilger in die Stadt Haridwar. Manche Europäer können das nicht ertragen, in so einer Menge zu sein. Ich finde das anregend.

Voyage: **Ich hätte da Angst. Hatten Sie auch Angstgefühle oder fühlten Sie sich dort eher zugehörig, vielleicht sogar enteuropäisiert, eingetaucht in eine andere Identität?**

Pröve: Ohne Angst würde ich hier nicht sitzen, weil ich in die nächstbeste Gefahr hineingerannt wäre oder gerollt. Auch wenn ich in so einer Menschenmenge bin, sagt mir meine Angst: Jetzt mußt du raus, wenn die Euphorie der Massen umschlägt in eine Panik, die entstehen kann. Dann habe ich keine Chance mehr. Ich muß immer realistisch bleiben und sehen, wann für mich der Punkt gekommen ist, zu flüchten. Wenn ich in Indien bin, ist es schon ein Spiel, ein bißchen aus meinem Kulturkreis und meiner Identität herauszutreten. Aber ich komme ganz schnell wieder zurück.

Voyage: **Indien ist ja nun nicht gerade behindertengerecht – besteht darin für Sie ein besonderer Abenteuerreiz?**

Pröve: [Lacht.] Kann sein. Doch in erster Linie ist es nicht das Abenteuer, in ein völlig nicht-behindertengerechtes Land zu reisen, sondern das Land an sich. Andererseits birgt es auch eine Herausforderung für mich, zum Beispiel in den Himalaja zu reisen. Dort weiß ich vorher genau, daß es nicht nur keine behindertengerechten Unterkünfte gibt, sondern schwieriges Gelände, in dem ich nicht mehr aus eigener Kraft weiter kann. Und doch will ich herausfinden: wo geht es nicht mehr weiter. Dieser Endpunkt liegt für mich irgendwo vor dem Gipfel des Mount Everest, aber wo genau, das ist die Frage.

Voyage: **Wie haben Sie sich im Land bewegt?**
Pröve: Ich habe in diesem Jahr den Ganges von der Mündung zur Quelle bereist. Ich bin in Kalkutta gestartet und wußte die ganze Zeit nicht, ob ich es bis zur Quelle schaffe. Die liegt in 4000 Metern Höhe. Ich bin so weit es möglich war, mit öffentlichen Verkehrsmitteln gereist oder mit meinem Rollstuhl selbst. Irgendwann haben Gletscher die Straße versperrt. Da habe ich eine Trekkingexpedition zusammengestellt: Ich habe meinen Rollstuhl zu einem Tragstuhl umbauen lassen, habe sechs Sherpas engagiert, und dann haben sie mich zur Quelle des Ganges hochgetragen. Sich als Europäer tragen zu lassen, ist ein ganz dummes Gefühl. Andererseits war der Reiz so groß, dorthin zu gelangen, wo es mit dem Rollstuhl nicht mehr geht. So habe ich dann das unangenehme Gefühl, sich als Europäer von nepalesischen Sherpas tragen zu lassen, ertragen. Für die Sherpas war es kein Problem. Sie erzählten, daß sie ihre Kranken auf dem Rücken aus den Bergdörfern herunterschaffen.

Voyage: **Haben Sie sich daran gewöhnt, getragen zu werden?**
Pröve: Ja. Immerhin dauerte es sechs Tage lang. Ich mußte mich schon daran gewöhnen, so lange getragen zu werden und auch, den Sherpas ausgeliefert zu sein. Manchmal war rechts oder links ein Abgrund, und ich mußte mich darauf verlassen, daß die Träger die Situation im Griff haben. Aber sie waren erfahrene Bergführer – sonst würde ich hier nicht sitzen.

Voyage: **Wie sah die Tragekonstruktion aus?**
Pröve: Der Rollstuhl war auf Stangen montiert und ich saß oben drauf. Meist waren es vier Leute, die mich trugen. Je links und rechts zwei, die die Stange auf der Schulter hielten – und ich dazwischen, etwa in 1,80 Metern Höhe. Später haben wir den Rollstuhl tiefer angehängt, weil es sehr wackelig war.

Voyage: **Zu Ihrer Ausrüstung gehörten auch Eispickel. Konnten Sie denn damit etwas anfangen?**
Pröve: Ich nicht, aber die anderen, die den Weg freischaufeln mußten. Der Pilgerweg zur Quelle ist ein schmaler Trampelpfad. Ich war aber zu früh im Jahr dran. Im Winter kommen die Gletscher von den Bergen und reißen alles

mit sich, ganze Wälder sind da den Berg runtergestürzt. Es ist schon schwierig, auf dem Rücken eines anderen über einen abgerutschten Hang zu wandern. Um über die Gletscherzungen zu kommen, mußte man erst mal einen Pfad ins Eis hacken. Das dauerte ein paar Stunden. So lange habe ich halt da gesessen und gewartet. Dann hat sich der Stärkste ein Stirnband umgebunden, und in dem Stirnband saß ich auf seinem Rücken hinten drin. So haben sie mich hinüber getragen.

Nun war es so, daß wir schon weit im Sommer waren. Nachts war es zwar kalt, bis minus 10° Celsius, tagsüber aber wurde es so warm, daß der Schnee schmolz. Da konnte es passieren, daß die Träger mit jedem Schritt bis zur Hüfte eingebrochen sind. Es war eine unglaubliche Anstrengung für die Sherpas, überhaupt selber zu gehen und mich dann noch heil rüberzukriegen. Manchmal haben sie mich fünf Minuten getragen, dann mußte zehn Minuten oder eine Viertelstunde Pause gemacht werden. An einem Tag haben wir ganze zwei Kilometer geschafft.

Voyage: Nachts haben Sie gezeltet?

Pröve: Wir haben im Freien übernachtet. Ich hatte versäumt, Zelte mitzunehmen. Die Sherpas sind das gewohnt, die übernachten stets im Freien. Aber ich habe teuflisch gefroren, nur im Schlafsack. Die Sherpas kannten immerhin geschützte Plätze, an denen es nachts ein paar Grad weniger kalt war ...

Voyage: Und am Ziel?

Pröve: Als ich dann an der Quelle des Ganges stand – das war ein unglaublicher Augenblick! Da habe ich ein bißchen begriffen, was Reinhold Messner auf die Berge treibt.

Das Gespräch führte Tobias Goblis. Andreas Pröve, Wathlingen, berichtet von seinen Reisen in Diavorträgen und Multivisions-Shows.

Zahlen und Trends im Tourismus – neueste Daten

Zusammengestellt von Ulrike Heß-Meining

1. Weltweiter Tourismus[1]

Die World Tourism Organization (WTO) gab für 1997 ein weltweites Reiseaufkommen von 613 Mio. Ankünften (Auslandsreisende) an, bei 448 Mrd. US-$ Einnahmen.[2] Dies wäre gegenüber dem Vorjahr ein Wachstum von 2,9 % bei den Ankünften und 2,7 % bei den Einnahmen.[3]

Tabelle 1: Umfang des weltweiten Tourismus (Auslandsreisende)

Jahr	Ankünfte in Mio.	Einnahmen in Mrd. US-$
1976	229	44
1986	339	142
1995	564	399
1996	596	436
1997	613	448

Vorläufige Zahlen für 1997

Quelle: Annuaires des statistiques du tourisme 1997, hrsg. v. WTO, 49 (1997) 1, S. 2; für die Jahre 1996 und 1997 jeweils die WTO-Internetseite bzw. Tourism Highlights 1997, hrsg. v. WTO, Madrid 1998

Alle Weltregionen weisen ein Wachstum auf, das sich jedoch sehr unterschiedlich verteilte, wie die folgende Tabelle 2 zeigt. Besonders deutlich fiel die Zunahme in Europa aus – dem Kontinent mit den ohnehin schon höchsten Tourismuszahlen: An den weltweiten Einnahmen ist Europa mit rund der Hälfte beteiligt. Diese haben sich der WTO zufolge mit fast 450 Milliarden Dollar in den letzten fünfundzwanzig Jahren mehr als verzehnfacht, wobei zu berücksichtigen ist, daß diese Schätzung nur den grenzüberschreitenden Verkehr erfaßt.

Tabelle 2: Umfang des Tourismus nach Weltregionen (Auslandsreisende)

Weltregion	Ankünfte in Mio. 1996	Ankünfte in Mio. 1997	Einnahmen in Mrd. US-$ 1996	Einnahmen in Mrd. US-$ 1997
Afrika	21,553	23,155	8,289	8,652
Süd- und Nordamerika	116,542	118,865	112,975	119,843
Ostasien/Pazifik	89,186	90,201	81,574	83,211
Europa	350,383	361,644	221,351	223,323
Mittlerer Osten	14,080	14,660	7,735	8,559
Südasien	4,332	4,553	3,865	4,122
Summe	596,076	613,078	435,789	447,710

Vorläufige Zahlen für 1997[4]

Quelle: WTO-Internetseite bzw. Tourism Highlights 1997, hrsg. v. WTO, Madrid 1998

Die folgende Tabelle 3 zeigt nur geringe Verschiebungen in der Reihenfolge der zehn wichtigsten Reiseländer der Welt im Vergleich zum Vorjahr. Diese relative Stabilität gilt ebenfalls für die Einnahmen der Haupttourismusgebiete. Die Veränderungen, die sich dennoch ergeben haben, sind schwierig einzuschätzen. In einer Veröffentlichung dieser WTO-Rangzahlen durch GLOBUS-Infographik im Februar 1998 stellte sich die Reihenfolge der zehn bedeutendsten Tourismusnationen noch deutlich anders dar. Die Angaben der WTO können in solchen Details erst sinnvoll interpretiert werden, wenn die endgültigen Ergebnisse bekannt sind, was erst in etwa zwei Jahren der Fall sein dürfte.

Aus diesen Daten wird außerdem eine andere Problematik der WTO-Statistiken deutlich: Daß diese Zählungen sich nicht auf touristische Ankünfte beschränken, zeigt die Gruppe dieser besonders stark bereisten Staaten. China, Polen oder Tschechien werden sicher zu einem erheblich geringeren Anteil von Touristen bereist – und in einem recht hohen von Geschäfts- und Transitreisenden –, als die klassischen Urlaubsländer Frankreich, Spanien oder Italien. Dies ist ein Beleg dafür, daß sich in den Zahlen der WTO recht deutlich wirtschaftliche Zusammenhänge ausdrücken, die nichts mit dem eigentlichen Tourismus zu tun haben.

Tabelle 3: Hauptreiseländer (›Top Ten Destinations‹)

Rang 1997	Land	Internationale Ankünfte 1997 in Mio.	Rang 1996	Internationale Ankünfte 1996 in Mio.
1	Frankreich	66,800	1	62,406
2	USA	48,977	2	46,325
3	Spanien	43,403	3	40,541
4	Italien	34,087	4	32,853
5	Großbritannien	26,052	5	25,293
6	VR China	23,770	6	22,765
7	Polen	19,560	9	19,410
8	Mexiko	18,667	7	21,405
9	Kanada	17,556	10	17,285
10	Tschechien	17,400	12	17,000

Vorläufige Zahlen für 1997

Quelle: WTO wie Tabelle 2

Tabelle 4: Einnahmen der Hauptreiseländer

Rang 1997	Land	Einnahmen in Mrd. US-$ 1997	Rang 1996	Einnahmen in Mrd US-$ 1996
1	USA	75,056	1	69,908
2	Italien	30,000	2	30,018
3	Frankreich	27,947	3	28,357
4	Spanien	26,720	4	27,648
5	Großbritannien	19,875	5	19,296
6	Deutschland	18,989	6	17,567
7	Österreich	12,393	7	13,990
8	China	12,074	9	10,200
9	Australien	9,324	12	8,891
10	China/Hongkong	9,242	8	10,836

Vorläufige Zahlen für 1997

Quelle: WTO wie Tabelle 2

Die WTO-Zahlen für den weltweiten Tourismus können aktuell ergänzt werden mit Informationen zum Tourismus in den EU-Ländern, für die mit einer Teilerhebung zum Eurobarometer[5] neue Daten von 1997 vorliegen. Die Untersuchung des Eurobarometers berücksichtigt alle EU-Mitgliedstaaten, geht also über die Hauptherkunftsländer von Touristen, wie sie etwa die Untersuchung von Aderhold[6] beinhaltete, hinaus. Für die Europäische Union bestätigt sich hier deutlich eine Zweiteilung des Reiseverhaltens: Die Bewohner der nördlichen, schon lange industrialisierten, eher sonnenarmen Gegenden unternehmen zum überwiegenden Teil Auslandsreisen in wärmere Regionen, die Bewohner der Mittelmeerländer bevorzugen das eigene Land für ihren Urlaub; generell gehen diese seltener in Urlaub.

Durchschnittlich fuhren 1997 – so die Befragung zum Eurobarometer – 53 % der EU-Einwohner in die Ferien. Dabei reichte die Spannweite von ca. 30 % (Portugal) bis ca. 70 % (Dänemark und die Niederlande). Zwischen 60 % und 70 % rangierten Schweden, Finnland und Luxemburg. Großbritannien lag bei 58 %, Frankreich, Deutschland und Italien bei ca. 50 %; in Spanien, Belgien, Griechenland und Österreich fuhren jeweils zwischen 40 % und 50 % der Einwohner in Urlaub und in Irland 39 %.[7] Wenig plausibel scheint die mit 50 % relativ niedrige Reiseintensität der Deutschen, die sich in Untersuchungen wie der ›Reiseanalyse‹ (siehe unten) immer wieder als ›Reiseweltmeister‹ erwiesen haben.

Abschließend ein Wort zur Einschätzung der weltweiten Tourismusentwicklung in der Zukunft: Trotz einer Verlangsamung des Wachstums im Tourismusbereich bleibt die WTO optimistisch. Ausnahme war 1997 die ostasiatisch-pazifische Region, die wegen der ›Asienkrise‹ ein nur schwaches Wachstum aufwies. Für 1998 prognostiziert die WTO für Europa eine Zunahme der Auslandsreisen um weitere zwölf Millionen.[8]

2. Tourismus in Deutschland

Rahmenbedingungen
Die Deutschen haben im internationalen Vergleich besonders viele Urlaubstage. Laut Angaben des Bundesarbeitsministeriums verfügen 79 % der Deutschen in den Alten Bundesländern über sechs und mehr Wochen Urlaub, 20 % über fünf bis sechs Wochen und nur 1 % über weniger als fünf Wochen. Die Ostdeutschen haben zu 54 % sechs und mehr Wochen Urlaub, zu 45 % fünf bis sechs Wochen und ebenfalls nur zu 1 % weniger als fünf Wochen (Angaben für 1997). Eine Statistik der Schweizerischen Bankgesellschaft von 1997 stellt die Deutschen hinsichtlich der Zahl der bezahlten Urlaubstage sogar an die Spitze aller Länder weltweit: Aus einem gewichteten Durchschnitt von elf Berufen errechnet, liegen Arbeitnehmer in Berlin und

Frankfurt mit 30 Tagen vor denen in Helsinki mit 26,9 Tagen oder in Amsterdam mit 26,6 Tagen. In London etwa haben Arbeitnehmer durchschnittlich nur 20,8 Tage Urlaub, in New York 11,4 Tage und in Mexiko gar nur 8,7 Tage.[9]

Reiseausgaben
Ein interessantes Maß für die Bedeutung des Urlaubs in Deutschland sind außerdem die – noch immer wachsenden – Reiseausgaben. Nach Berechnungen der Deutschen Bundesbank gaben die Deutschen 1997 für Reisen ins Ausland 77,8 Milliarden DM aus (1996 waren es 76,5 Milliarden und 1995 74,8 Milliarden).[10]

Den trotz Wirtschaftskrise besonders hohen Stellenwert des Urlaubs illustriert das Budget für Freizeitausgaben: Arbeitnehmerhaushalte (zwei Erwachsene und zwei Kinder) mit mittlerem Einkommen gaben 1996 in den Alten Bundesländern monatlich 200,50 DM für Reisen aus, entsprechende Arbeitnehmerhaushalte in den Neuen Ländern immerhin 166,50 DM.[11] Die Reiseausgaben, die in den Erhebungen der Forschungsgemeinschaft Urlaub und Reisen e.V. (F.U.R.) erfragt wurden,[12] betrugen 1995 pro Person und Urlaubsreise im Durchschnitt 1410 DM. 1996 sank diese Zahl auf 1326 DM und erholte sich 1997 wieder auf 1425 DM.

Reiseintensität und -anzahl
Die Tourismusentwicklung in Deutschland zeigt sich in den letzten Jahren dennoch insgesamt gebremst, was angesichts der hohen Arbeitslosenzahlen nicht erstaunt. Folgt man der neuesten Untersuchung der F.U.R, erholte sich die Reiseintensität 1997 mit 74,3 % zwar wieder leicht, nämlich um zweieinhalb Prozent gegenüber dem Einbruch im Vorjahr. Es wird aber deutlich, daß das ungehemmte Wachstum des Tourismus in Deutschland zunächst der Vergangenheit angehört. Dies drückt sich auch in der durchschnittlichen Reisedauer aus, die laut F.U.R. 1995 14,1 Tage, 1996 13,8 Tage und 1997 13,9 Tage betrug.

Tabelle 5: Tourismusentwicklung in Deutschland

Jahr	Bevölkerung ab 14 Jh. in Mio.	Anteil der Reisenden in %	Anzahl der Reisenden in Mio.
1994	62,7	78,1	49,0
1995	63,0	77,8	49,0
1996	63,1	71,8	45,3
1997	63,3	74,3	47,0

Anteil der Reisenden (Reiseintensität): Eine oder mehrere Urlaubsreisen gemacht, bezogen auf die Bevölkerung von 14 Jahren und älter.

Quelle: F. U. R.

Die Zahl der Urlaubsreisen von mindestens fünf Tagen, die die Deutschen 1997 gemacht hatten, betrug laut F.U.R.-Umfrage 62,2 Millionen (1996: 61,2 Millionen); damit hätte jeder Reisende im Jahresdurchschnitt 1,3 Reisen von fünf und mehr Tagen Dauer unternommen. Der ›Travel Monitor‹ der IPK International, der seit 1988 durchgeführt wird, kommt jedoch zu etwas anderen Zahlen: Nach diesen Ergebnissen haben die Deutschen insgesamt 105 Millionen Urlaubsreisen unternommen, davon 74 % ›längere Urlaubsreisen‹ (wofür keine genauere Zeitangabe gemacht wird) und 26 % Kurzurlaube.[13]

Urlaubsziele
Die Auslandsreisen der Deutschen verteilten sich nach der Reiseanalyse der F. U. R. im Jahr 1997 auf folgende Länder bzw. Regionen (in Klammern die Zahl der Urlaubsreisen in Mio.): Spanien (8,3), Italien (5,7), Österreich (4,2), osteuropäische Länder (3,4), Türkei (2,6), Frankreich (2,4), Griechenland (2,2), Nordamerika (2,0), Dänemark, Niederlande und Nordafrika (jeweils 1,4), Lateinamerika/Karibik (1,1) und die Schweiz (0,9). Insgesamt wurden 42,7 Millionen Auslandsreisen unternommen, das sind 69,6 % aller Urlaubsreisen. Von allen Reisen entfielen somit 13,4 % auf Spanien, 9,1 % auf Italien und 6,7 % auf Österreich. Während Österreich gegenüber 1996 Einbußen von 0,5 Millionen deutschen Urlaubern hinnehmen mußte, stieg die Zahl der Türkeiurlauber um 0,6 Millionen.[14] Nur 31,4 % aller Urlaubsreisen entfielen auf deutsche Destinationen. Die drei Bundesländer, die 1997 von Inlandstouristen bevorzugt wurden, waren Bayern mit 5,0 Millionen Reisen (das sind 8 % aller Reisen), Schleswig-Holstein mit 3,1 und Mecklenburg-Vorpommern mit 2,4 Millionen; insgesamt betrug die Zahl der Urlaubsreisen im Inland 19,5 Millionen.

Der ›Travel Monitor‹ bezieht bei den Angaben zu Reisezielen auch die Geschäfts- und sonstigen Privatreisen sowie Kurzreisen ein und kommt daher zu deutlich anderen Relationen. Nach diesen Ergebnissen führten 55 % der Reisen von Deutschen ins Inland und lediglich 45 % ins Ausland. Aber auch hier steht Spanien (mit 9,4 Millionen Besuchern aus Deutschland) an erster Stelle der Auslandsreiseziele, gefolgt von Österreich mit 9,3 Millionen und Italien mit 9,1 Millionen. Bei Inlandsreisen führt in den Ergebnissen des Travel Monitors Bayern mit 16 Millionen Reisen die Rangliste an, gefolgt von Nordrhein-Westfalen und Niedersachsen – die beiden letzteren wohl nicht aufgrund ihrer Bedeutung als Urlaubsziel.[15]

Anmerkungen

[1] Im vorigen Band von Voyage wurde an dieser Stelle ein kritischer Überblick zu den quantitativen Daten und deren Erfassung im deutschen und internationalen Tourismus geboten. Im Folgenden geht es um eine Fortschreibung dieser Zahlen.

[2] Stand der Berechnungen März/April 1998: Internetseite der WTO (www.world-tourism.org); vgl. auch Tourism Highlights 1997, hrsg. v. WTO, Madrid 1998. Für die in den WTO-Zahlen verwendeten Definitionen von Tourist, Arrivals, Receipts und Expenditure siehe Voyage 1(1997), S.161.

[3] Allerdings beinhaltet diese Statistik für 1997 offensichtlich Ungenauigkeiten durch die notwendig vorläufigen Schätzungen: Im Februar noch lag die Angabe der Ankünfte durch die WTO bei 620 Mio weltweit.

[4] Die vorläufigen Zahlen für 1996 – abgedruckt in Voyage 1(1997), S.155 – sind inzwischen von der WTO (zumeist nach oben) korrigiert worden.

[5] Die Befragung »The Europeans on Holidays 1997–1998« wurde in der Welle 48 des Eurobarometers im Oktober/November 1997 durchgeführt. Die Gesamtzahl der Interviews betrug 16186.

[6] Vgl. P. Aderhold (Danmarks Turistrad): European Holiday Markets. An Analysis by The Danish Tourist Board, Kopenhagen 1995.

[7] Facts and Figures on the Europeans on Holidays 1997–1998, hrsg. v. European Commission, Executive Summary, February 1998.

[8] Vgl. Internetseite der WTO.

[9] Nach Globus-Infografik.

[10] Ebd. Nach der amtlichen Statistik (Stat. Jahrbuch BRD 1997) lagen die Ausgaben der Deutschen im Ausland 1996 nur bei 70,6 (1995: 68,8) Mrd. DM; die Einnahmen Deutschlands aus dem Tourismus von ausländischen Besuchern dagegen erreichten nur 21 (1995: 18,3) Mrd. DM. Die Zahl der Übernachtungen von Auslandsgästen (in Beherbergungsstätten mit mehr als acht Gästebetten) betrug 32,3 Mio.

[11] Angaben des Stat. Bundesamts nach Globus-Infografik.

[12] In der Reiseanalyse 1998 der F.U.R. wurden 7880 Personen befragt, die 14 Jahre oder älter waren. Alle folgenden Angaben wurden der Internetseite der F.U.R. (http://fur.de) bzw. dem Informationsblatt der F.U.R. »Die Reiseanalyse RA 98. Urlaub und Reisen. Erste Ergebnisse vorgestellt auf der ITB 98 in Berlin« entnommen.

[13] Für alle Angaben aus dem Travel Monitor vgl. Informationsblatt der IPK International »So reisten die Deutschen 1997. Neueste Ergebnisse des Deutschen Reisemonitors«, München, März 1998.

[14] Die Türkei entwickelt sich auch abgesehen von den Zuwächsen an deutschen Urlaubern zu einem begehrten Urlaubsziel; die WTO stellte für 1997 ein Wachstum von 13 % bei den Ankünften fest.

[15] Travel Monitor wie Anm. 13.

»Sr.« – Nachruf auf Hans Scherer

Von Tobias Gohlis

In den letzten Jahren trug er bei schlechtem Wetter einen Hut, an dem kess eine winzige Feder blinkte. Er liebte solche kleinen Accessoires, dienten sie ihm doch dazu, von seiner Person abzulenken.

Nicht, daß er Aufmerksamkeit vermeiden wollte. Hans Scherer strotzte geradezu vor Eitelkeit. Gerne zitierte er Joseph Roth, wenn er den Stellenwert seiner Reisefeuilletons herausstreichen wollte: »Ich bin keine Zugabe, keine Mehlspeise, ich bin das Hauptgericht.« Als sich einige nadelgestreifte Kollegen bei der Frankfurter Allgemeinen über seinen egozentrischen Schreibstil echauffierten, holte er sich beim Herausgeber persönlich die Erlaubnis, weiter so zu verfahren, wie er es gewohnt war: »Scherer, Sie können in der ersten Person schreiben.« Anekdoten dieser Art präsentierte er wie die kleine Feder am Hut.

Nach ersten jugendlichen Versuchen, sich einen Namen als Poet und Herausgeber einer Literaturzeitschrift zu machen, entdeckte er bei einem Jugendaustausch an der Côte d'Azur seine Liebe zu Sprachen und Reisen. Nach Stationen bei Tageszeitungen in Düsseldorf, Trier, Duisburg und Nürnberg arbeitete er seit 1973 als Redakteur der FAZ. Zu den Eigenarten dieser Zeitung gehört es, die Redakteure des Reiseblatts im Feuilleton anzusiedeln. Doch auch ohne diese Verknüpfung wäre Hans Scherer der herausragende deutsche Reisefeuilletonist der zweiten Jahrhunderthälfte geworden, als der er in Erinnerung bleiben wird. Sein knapp zwanzig Jahre älterer Schriftstellerkollege Horst Krüger kultivierte nach dem Krieg den literarischen Reisebericht, der in seismographischen Aufklärungsfahrten die Untiefen der Zeitgeschichte erschloß. Scherer schrieb leichter. Ihn interessierten die Schlachtfelder des Ersten Weltkrieges nicht so sehr wie die Andamanen. (Die bengalische Inselgruppe reizte ihn allein des wohlklingenden Namens wegen.) Scherers Stil bezaubert durch Genauigkeit der Beobachtung. Seine besten Stücke sind Skizzen, komponiert aus Nebensächlichkeiten: einem Kleidungsstück, einer Bemerkung, einem architektonischen Detail. Sein Kürzel Sr. wurde zum Markenzeichen. Er konnte eine Nacht in Paris beschreiben, die aus nichts bestand als einem Hauch von Frivolität und einem Chanson. Bei aller Schwäche für die Kolportage war er nie vulgär, Beiläufiges machte er nur durch Beschreibung zu einer Hauptsache.

Ein schönes Beispiel ist in seinem letzten Buch zu finden. Darin schildert er den Besuch bei Frau Matheika: die Esoterikmesse, auf der er sie kennenlernte, die Versetzung von sieben Zuschauern in den Alpha-Zustand, die Aufbewahrung ihres spiritistischen Zubehörs in einer Plastikwanne. In diesem Kabinettstückchen verweist nichts auf Berlin – doch wer es gelesen hat, wird sich die Hauptstadt eher ohne Kanzler als ohne Frau Matheika vorstellen wollen, die Kontakt zu den lieben Verstorbenen hält.

Flaneur, Zeitgenosse, Augenzeuge, Feuilletonist – merkwürdig altertümlich klingen die Epitheta, die einem zu Hans Scherer einfallen. Das hat damit zu tun, daß er – ähnlich wie Horst Krüger – literarische Tugenden verkörperte, die unzeitgemäß werden. Wenn er betonte: »Die Welt ist interessant, wo und wie auch immer man sie sieht«, polemisierte er gegen das Präjudiz der Schlagzeile, nicht für die Gleichgültigkeit einer Anything-goes-Mentalität. Hans Scherer reiste, um zu schreiben und schrieb, um wieder reisen zu können. Wenn er zu Hause war, betreute er die Spalte »Bücher für die Reise«. Darin verfocht er mit dem leichten Größenwahn, der ihm eignete, die These, alle Bücher seien Reisebücher, die Odyssee und die Bibel, Prousts »Suche nach der verlorenen Zeit« und Manns »Zauberberg«.

Er selbst kam nur selten dazu, seine Reisen in Büchern zu fassen. Erst als Hans Magnus Enzensberger ihn bat, eine Sammlung seiner Artikel für die Andere Bibliothek zusammenzustellen, wurde Scherer auch als Buchautor bekannt. Für »Stopover« erhielt er 1996 den Internationalen Preis für Reisejournalismus. 1998 sind gleich zwei Bücher von ihm erschienen. Das eine – »Côte d'Azur« im Schöffling-Verlag – führt an die Anfänge seiner Reisen zurück, das andere – »Jetzt Berlin« im Eichborn-Verlag – versammelt Reportagen von seinem letzten Arbeitsort. In der im Frühjahr versandten Verlagsankündigung heißt es noch: »Hans Scherer ist zu Lesungen bereit.« Am 10. Juni 1998 ist Hans Scherer, der schon seit vielen Jahren eine schwere Krankheit zum Reisegefährten hatte, gestorben.

Durch sein Namenskürzel Sr. fühlte Hans Scherer sich assoziiert mit dem Element Strontium, das sich, wie er einmal schrieb, als Isotop Sr 90 in den Knochen ablagert und dort »tödlich die blutbildenden Zellen schädigt«. Im Spanischen steht Sr für *Señor* – als Grandseigneur, mit Reise-Feder am Hut, werden wir ihn in Erinnerung behalten.

Tourismusgeschichte Ost- und Westdeutschlands

Ein Forschungsbericht

Von Alon Confino

Noch vor wenigen Jahren mußte ein Buch zur Tourismusgeschichte seinen Gegenstand sowohl vor der Fremdenverkehrswissenschaft als auch vor der Historikerzunft rechtfertigen.[1] Letzteres zumal in Deutschland, wo ›Tourismus‹ als ›weiches‹ Thema galt, im Gegensatz zu den ›harten‹ Themen, worunter die grundlegenden politischen und moralischen Probleme der jüngeren Geschichte verstanden wurden. Diese Sicht ist heutzutage nicht mehr aufrechtzuerhalten. Tourismus wird zunehmend als ein soziales und kulturelles Schlüsselphänomen für das Verständnis der Moderne erkannt. Aus unterschiedlichen Gründen rückte das Massenreisen ins Zentrum wichtiger Studien. Zum einen: Das Konzept der ›Kultur‹ wurde zu einem Kompaß historischer Interpretation und Erklärung und machte den Tourismus als kulturelle Praxis damit zu einem Forschungsgegenstand. Zum zweiten traten Fragen nach der ›Identität‹ in den Vordergrund – wobei die ›Erfindung‹ von Identitäten als Leitbegriff zum Verständnis der Identitätsbildung fungierte. Hierbei wurde Tourismus unter dem Aspekt betrachtet, wie Menschen durch Reisen ihre Wahrnehmungen konstruieren, die Wahrnehmungen ihrer selbst, des Fremden, der Gesellschaft, der Nation und der Vergangenheit.

Sicher, abschätzige Wertungen wie die, daß dem Tourismus etwas Künstliches anhafte, sind immer noch weit verbreitet. So meinte Paul Fussell, ein feinsinniger Literaturkritiker, der Tourist suche bloß die Sicherheit und das reine Klischee; Hans Magnus Enzensberger hatte Tourismus bekanntlich als »Massenbetrug« bezeichnet.[2] Doch in der Forschung befindet sich die Kulturkritik auf dem Rückzug; am Ende erweisen sich solche Urteile als oberflächlich, denn sie können nicht erklären, warum die Menschen reisen und was das Reisen bedeutet.[3]

1. Formen und Strukturen

Der Historiker Hasso Spode hat nun einen wertvollen Sammelband zur Geschichte des Tourismus in Deutschland nach 1945 vorgelegt: »Goldstrand und Teutonengrill«.[4] Der Band bietet den Anlaß, eine erste Zwischenbilanz zu ziehen und weitere Wege anzudeuten. Vorab skizziert der Herausgeber Funktion und Agenda der historischen Tourismusforschung: Sie eröffne einen faszinierenden Blick in die »Alltags-, Kultur- und Sozialgeschichte«; hierbei sei vor allem zu fragen, wie der Tourismus zu einem so wichtigen Faktor der »Legitimität des politischen Systems und (der) Kohäsion des sozialen« werden konnte.

Der Titel signalisiert: In diesem Band werden erstmals beide deutsche Staaten – vom Kriegsende bis zur Wiedervereinigung – behandelt. Wenn hierbei die Schlußfolgerungen und Hypothesen bisweilen nur vorläufigen Charakter haben, dann vor allem deshalb, weil eine tourismushistorische Forschung zur DDR bislang praktisch inexistent war, und vergleichende Studien noch nicht publiziert sind.[5] Diesen Forschungsstand spiegelt auch die räumlich-politische Verteilung der Beiträge in dem Band wider: Acht Aufsätze behandeln die (alte) Bundesrepublik, aber nur je zwei die DDR und Gesamtdeutschland. Von den letzteren untersucht der eine Konvergenz und Kontrast der Berlin-Werbung an der Nahtstelle von Ost und West (Ulrika Poock-Feller), während nur Spodes exzellenter Einleitungsbeitrag einen komparatistischen Ansatz verfolgt, der das Feld des Systemvergleichs auch theoretisch absteckt. Erhellend werden dort kulturelle und politische Aspekte des Tourismus in Ostdeutschland dargestellt und analysiert, wobei der Vergleich nicht nur zur Bundesrepublik gezogen wird, sondern auch ›vertikal‹ zwischen den beiden deutschen Diktaturen, zwischen nationalsozialistischem und kommunistischem (Sozial-)Tourismus, zwischen ›Kraft durch Freude‹ und FDGB-Ferienwerk.

Vor allem ein Punkt wird bei der Lektüre des Bandes – wenn auch nicht immer explizit ausgesprochen – deutlich: In beiden deutschen Staaten fungierte der Tourismus als eine soziale und kulturelle Praxis von enormer symbolischer Bedeutung für die Legitimität des politischen Systems. Die Menschen sahen Reisen und Freizeit als einen Anspruch, dessen Umsetzung die Fähigkeit des Systems repräsentierte, das Versprechen eines besseren Lebens einzulösen. Reisen wurde so zu einem Maßstab politischer Legitimität. Hierbei waren (positive und negative) Vorstellungen über die Realität oft wichtiger als die tatsächlichen Bedingungen. Bereits 1953 meinten 83 % der Westdeutschen, daß Reisen kein Luxus mehr sei. Doch noch sieben Jahre später fuhr nur etwa ein Drittel der Bevölkerung in den Urlaub. Obschon um 1960 die meisten Westdeutschen nicht (jährlich) verreisten, waren sie doch überzeugt, daß die soziale Marktwirtschaft die Ferienreise bereits zu einem ›normalen‹ Bestandteil der modernen Gesellschaft gemacht habe (vgl. v. a. den Beitrag von Axel Schildt). In Ostdeutschland verlief die Entwicklung geradezu entgegengesetzt: Die Menschen reisten mehr – und je mehr sie reisten, desto unzufriedener wurden sie. In den 80er Jahren lag die Reiseintensität in der DDR höher als in der Bundesrepublik. Doch die Urlaubsreisen der DDR-Bürger im Inland, nach Osteuropa und selbst nach Kuba verstärkten nur das Gefühl der Eingeschlossenheit. Die Sehnsucht, in die Ferne zu reisen, unterminierte als ein Symbol der Freiheit und des Abenteuers in modernen Gesellschaften den ostdeutschen Staat, der seine Bürger daran hinderte, sich frei in der Welt zu bewegen (vgl. v. a. den Beitrag von Spode). Das Ende ist bekannt: Die DDR brach 1989 zusammen, als Tausende durch die Straßen zogen und skandierten: »Visafrei bis Hawaii!«

Thront über Quebec: das Château Frontenac

Die einzelnen Beiträge in »Goldstrand und Teutonengrill« sind zumeist hoch informativ und bieten durchweg nützliches Quellenmaterial zum Tourismus in Deutschland. Sie behandeln die Inlands- und Auslandsreisen der DDR-Bürger (Fuhrmann, Irmscher), das Wiedererwachen des Tourismus nach 1945 und den allmählichen Aufschwung in der BRD (Wilde, Schildt), Fremdenverkehrswerbung (Poock-Feller), Jugendreisen (Schönhammer, Lorenz), das Bild von Italien und Irland als Reisezielen (Mandel, Holfter), die Kalamitäten von Sowjetunion-Reisen (Heeke) sowie den westdeutschen Veranstaltermarkt (Ganser). Die Beiträge gingen aus Symposien der Arbeitsgruppe ›Tourismusgeschichte‹ an der Freien Universität Berlin hervor, einige sind Überarbeitungen aus größeren Werken; die Qualität in wissenschaftlicher und stilistischer Hinsicht ist – bei Sammelbänden wohl unvermeidlich – nicht immer auf gleicher Höhe. Im ganzen bietet der Band jedoch ein hervorragendes Fundament für jeden, der sich für die nachkriegsdeutsche Gesellschaft und Kultur interessiert. Methodisch zeigen die Beiträge ihre Stärken vor allem in der Beschreibung materieller und sozialer Bedingungen, die den Tourismus nach 1945 zunächst hemmten, um ihn alsdann zu fördern. Der Band gibt einen ersten, gelungenen Überblick über soziale Aspekte der Ausbreitung des Reisens, bevorzugte touristische Ziele und Praktiken (z.B. Camping, Trampen). Kurz: eine exzellente Informationsquelle über die Bedingungen und Formen des Tourismus in den beiden Teilen Deutschlands und die sozioökonomischen Strukturen, die ihm zugrunde lagen.

2. Erweiterte Perspektiven

Aber es sei auch grundsätzliche Kritik angemeldet: Obschon dieser Ansatz zweifellos fruchtbar ist, kann er doch nicht ganz befriedigen. Spodes Plädoyer, Tourismus zum Gegenstand einer komplexen »Alltags-, Kultur- und Sozialgeschichte« zu machen, bleibt in den folgenden Studien zumeist uneingelöst; ebenso sein Vorschlag, die »›Demokratisierung‹ dieses Konsumguts« zu untersuchen, das »in beiden deutschen Staaten eine ›Errungenschaft‹ von enormer Symbolkraft« war. Das Bild, welches die Beiträge mehrheitlich vermitteln, ist vielmehr das von Strukturen und nicht von Prozessen, von Verhalten und nicht von Motiven, von Praktiken und nicht von Bedeutungen. So wird oft deutlich, wer wann wohin verreiste, aber nicht warum. Zu kurz kommen also die Interpretation der Bedeutungen und die Rekonstruktion der Erfahrungen des Reisens – also Zugänge zur Vergangenheit, die in der historischen Forschung der letzten Jahre mehr und mehr an Gewicht gewannen.

Diese interpretative Lücke sei am Beispiel eines aufschlußreichen Ergebnisses der Studien erläutert: dem Befund, daß Bevölkerung und Befehlshaber schon bald nach dem Zusammenbruch 1945 den Tourismus sehr ernst nahmen. Man sollte meinen, angesichts von Ruinen, Kälte, Hunger, Ängsten über verschollene Familienmitglieder und der verlorenen Souveränität seien Urlaubsreisen das letzte, an was die Deutschen dachten. Und dennoch: In der sowjetischen Zone entsandte der Freie Deutsche Gewerkschaftsbund (FDGB) bereits 1946 rund 7000 Urlauber in Ferienheime und gründete im Folgejahr seinen ›Feriendienst‹. Während in Ostdeutschland die sowjetischen und deutschen Behörden eine führende Rolle bei der Revitalisierung des Tourismus spielten, waren staatliche Stellen im Westen hierbei zögerlicher. Ein bundesweites Urlaubsgesetz für Arbeitnehmer trat erst 1963 in Kraft (in der DDR bereits 1951). Anstelle des Staates waren es in den Westzonen lokale, regionale und nationale Vereine und Verbände, die den Tourismus förderten. Der Badische Fremdenverkehrsverband z. B. nahm schon im Dezember 1945 seine Arbeit auf. Die Forschungsergebnisse zum raschen Wiedereinsetzen des Tourismus nach 1945 (wie sie v. a. Alexander Wilde ausbreitet) sind faszinierend, aber sie warten noch auf Interpretation: Warum haben die Deutschen, inmitten des Elends, den Tourismus angekurbelt? Eine Antwort ist, daß die deutschen und alliierten Regierungsstellen Tourismus als Vehikel zur Gewinnung von Legitimation nutzten. Doch diese Antwort erklärt so viel wie sie verunklart. Denn man müßte wissen, wie z. B. die FDGB-Urlauber ihre Ferien wahrnahmen. Was bedeutete Tourismus für die Aktivisten im Badischen Fremdenverkehrsverein? Kurz: Warum galt Tourismus unter diesen schwierigen Bedingungen als wichtig? Welche Rolle spielte er im Leben der Menschen? Indem sich die meisten Beiträge des Sammelbands auf sozioökonomische Kräfte, die das Reisen förderten, konzentrieren, vernachlässigen sie die Erfahrungen der Touristen. Die Bevorzugung sozialer und materieller Strukturen auf Kosten der Interpretation der Motive erzeugt bisweilen eine trügerische Gewißheit über das Phänomen Tourismus. Allzuoft entsteht der Eindruck, der Aufschwung des Massentourismus sei ein unvermeidlicher Prozeß, bedingt durch objektive, vor allem ökonomische Faktoren. Als ob eine zunehmende Pkw-Dichte, höhere Einkommens- und Konsumniveaus, neue Straßen und Hotels erklären würden, was Reisen bedeutet. Wahrscheinlich würde wohl keine(r) der AutorInnen diesen Satz unterschreiben, und doch – bedingt durch den Untersuchungsansatz – erscheint unversehens ein solches Bild.

Daher gerät die Geschichte des Tourismus, wie sie in »Goldstrand und Teutonengrill« präsentiert wird, in vieler Hinsicht zu ›internalistisch‹: Es gelingt meist nicht, die Verbindungen zwischen der speziellen Geschichte des Reisens in den beiden Teilen Deutschlands und größeren kulturellen und politischen Fragen und Problemkreisen herzustellen.[6] Sicher ist die Geschichte des Tourismus auch ein Gegenstand, der für sich selbst Interesse verdient, aber sie wird erst dann wirklich lohnend, wenn sie aus einer neuen, unerwarteten Perspektive heraus andere, altbekannte Probleme beleuchtet. In diesem Sinne zeigt der Band, ohne dies explizit zu entwickeln, einige vielversprechende Forschungsperspektiven auf, wie Tourismusgeschichte unser Wissen über die deutschen Nachkriegsgesellschaften bereichern kann. Hierzu seien abschließend zwei Themenkreise skizziert: die Beziehungen zwischen Tourismus und Krieg und die Generationsidentität bzw. -mentalität.

3. 1945: Kontinuitäten und Brüche

Der Massentourismus im eigentlichen Sinne setzte sich in Deutschland in den 60er Jahren durch. Aber bereits zwei Jahrzehnte zuvor reisten (männliche) Deutsche erstmals massenweise umher – im Zweiten Weltkrieg. Dies geschah natürlich unter ganz anderen Bedingungen, ideologischen Vorzeichen und Risiken. Dennoch läßt sich die Wehrmacht auch als der größte Reiseveranstalter in der deutschen Geschichte betrachten. Die meisten Deutschen sahen Prag, Paris oder Rom, die norwegischen Fjorde und die mediterranen Gestade erstmals während ihres Dienstes mit der Waffe. Für viele Männer in Ost- und Westdeutschland bedeutete das Reisen in der Nachkriegszeit nicht die Entdeckung eines gänzlich unbekannten Territoriums. Im Gegenteil, es war die Wiederbegegnung mit vertrauten Orten, Orten voll (guter?) Erinnerungen und Gefühle. Wenn die Beziehungen zwischen dem ›Reisen‹ im Weltkrieg und dem Massentourismus der Nachkriegszeit in den Blick genommen werden, wird das Konzept der ›Stunde Null‹ fragwürdig. Wir können nicht davon ausgehen, daß die Deutschen erst danach zu ›Reiseweltmeistern‹ wurden, bloß weil das Reisen in den frühen 40er Jahren unter einem völlig anderen Stern stand. Vielmehr überspannte ein Kontinuum den Einschnitt von 1945: Die Deutschen reisten und formten so die Vorstellungen von sich selbst und den anderen.

Darüber hinaus kann dieser Blick unser Verständnis darüber bereichern, wie das Dritte Reich im Gedächtnis gewöhnlicher Deutscher fortlebte, ohne sogleich in die stereotype Anklage einzustimmen, die Deutschen hätten ihre Nazi-Vergangenheit bis in die 60er Jahre verdrängt. Diese Klage nimmt nur auf die öffentliche Sphäre Bezug, kritisiert, daß weder Adenauer noch Ulbricht Auschwitz zum Ausgangspunkt ihrer Politik machten. Doch wenn wir die Alltagskultur und die Privatsphäre betrachten, die sozialen und kulturellen Praktiken, die durch Erinnerungen mitbestimmt wurden, sehen die Dinge anders aus. Eine Form dieser nicht-offiziellen Sicht auf die Vergangenheit in der frühen Bonner Republik war es, sich als eine »Nation von Opfern« zu betrachten.[7] Eine andere aber bestand darin, in Erinnerungen an die ›gute alte Zeit‹ zu schwelgen. Reisen dürfte eine kulturelle Praxis gewesen sein, die es erlaubte, sich an schöne Zeiten zu erinnern, ohne daß dies politisch anstößig wirkte. Viele Deutsche assoziierten ihre Jahre bei der Wehrmacht (und anderen NS-Organisationen) wohl jedenfalls weniger mit Stalingrad und erst recht nicht mit Auschwitz, sondern eher mit jugendlichem Überschwang und Idealismus.[8] Eine genauere Analyse der Ähnlichkeiten und Unterschiede der Reiseerfahrungen der 40er und der 60er Jahre würde unser Verständnis der Mentalität der Kriegsgeneration sehr bereichern. Sie müßte sowohl die öffentliche als auch die private Sphäre betrachten – und ihre Gegensätzlichkeit herausarbeiten. Unter dieser Perspektive sollte Tourismusgeschichte auch unsere Kenntnis der Beziehungen der Generationen erweitern. Für die Älteren könnte das Reisen eine Möglichkeit gewesen sein, Erinnerungen an die Jugendzeit aufzufrischen, für die Jüngeren dagegen ein Mittel, sich vom Dritten Reich, von der kompromittierten Elterngeneration zu distanzieren und eine Brücke ins neue Europa zu bauen. Dies gilt jedenfalls für die westdeutsche Jugend. Der Jugendtourismus folgte dem Ideal, Kenntnisse und Erfahrungen über andere Völker, also auch über die einstigen Kriegsgegner, zu vermitteln. Zugleich bot er diesen die Möglichkeit, die Deutschen kennenzulernen (und ihnen womöglich zu ›vergeben‹). In seinem Beitrag für Spodes Sammelband zeichnet Rainer Schönhammer die in den 1950er Jahren entstehende Kultur eines polyglotten Jugendtourismus einfühlsam nach; aus Bernward Vespers Roman »Die Reise« wird zitiert:

> *»Ich traf an den Straßen, in den Jugendherbergen, in den Autos auf Dänen, Norweger, Schweden, Engländer, Amerikaner, Franzosen, und während ich mit der Angst vor Demütigungen, die ich als Deutscher (dessen Land von den Feinden besetzt, gedemütigt, gehaßt) fortgegangen war, fand ich mich in einer internationalen Bruderschaft ... Und gerade vor dem Denkmal für die von Deutschen ermordeten dänischen Widerstandskämpfer und später in Coventry und Oradour zeigte es sich, daß wir alle den vergangenen Krieg als die Sache der Alten ansahen.«*[9]

Wohl dürfte Vespers Erfahrungsbericht das Fortleben anti-deutscher Gefühle unterschätzen, entscheidend ist hier aber, daß sich in Westdeutschland zwei sehr unterschiedliche, den Generationsgrenzen folgende Typen von Reiseerfahrungen, -praxen und -motiven herausgebildet hatten. Inwieweit dies auch für Ostdeutschland zutraf, ist noch eine weithin offene Frage.[10]

Seit den 1960er Jahren zog es die Deutschen mehr und mehr in massentouristisch erschlossene Gebiete, die DDR-Bürger nach Usedom oder zum ›Goldstrand‹ am Schwarzen Meer, die Westdeutschen nach Sylt oder zum ›Teutonengrill‹ an der Adria. Mit Spodes Sammelband liegt nun ein fundierter Einstieg in die Tourismusgeschichte zur Zeit der deutschen Teilung vor. Über die konkreten Ergebnisse hinaus aber stellt er eine Einladung dar, historische Tourismusforschung als einen Beitrag zur »Alltags-, Kultur- und Sozialgeschichte« zu betreiben, die – so der Herausgeber – »viel zu unserem Selbstverständnis beitragen kann«.

Anmerkungen

[1] Vgl. Hasso Spode (Hg.): Zur Sonne, zur Freiheit! Beiträge zur Tourismusgeschichte, Berlin 1991, S. 10f.

[2] Paul Fussell: Abroad: British Literary Travelling Between the Wars, Oxford 1980, S. 9; Hans M. Enzensberger: Einzelheiten I, Frankfurt a. M. 1962, S. 196.

[3] Vgl. z. B. hierzu unlängst Voyage Bd. 1 (1997).

[4] Hasso Spode (Hg.): Goldstrand und Teutonengrill. Kultur- und Sozialgeschichte des Tourismus in Deutschland 1945 bis 1989, Berlin 1996. Formal zu loben ist, daß der Band Abbildungen und ein Register enthält, zu tadeln die Abbildungsqualität und der wenig haltbare Einband.

[5] Einzig aus verkehrswissenschaftlicher Sicht Hans-Luidger Dienel: Ins Grüne und ins Blaue: Freizeitverkehr im West-Ost-Vergleich. BRD und DDR 1949–1990. In ders./Barbara Schmucki (Hg.): Mobilität für alle, Stuttgart 1997. Auf populärwissenschaftlicher Ebene siehe dagegen den prächtig bebilderten Ausstellungskatalog: Endlich Urlaub! Die Deutschen reisen, hrsg. v. Haus der Geschichte der BRD, Köln 1996, dessen Verkaufserfolg ein breites Interesse an diesem Thema signalisiert.

[6] Eine bemerkenswerte Ausnahme bildet hierbei Spodes eigener Beitrag: Tourismus in der Gesellschaft der DDR. Eine vergleichende Einführung (wie Anm. 4); Ansätze alltags- und mentalitätsgeschichtlicher Fragestellungen auch bei Gerlinde Irmscher: Alltägliche Fremde. Auslandsreisen in der DDR (ebd.) und Birgit Mandel: Amore ist heißer als Liebe. Das Italien-Urlaubsimage der Westdeutschen in den 50er und 60er Jahren (ebd.).

[7] Vgl. Robert Moeller: Introduction. In ders. (Hg.): West-Germany under Construction: Politics, Society, and Culture in the Adenauer Era, Ann Arbor 1997, S. 15.

[8] Die Komplexität des ›Kriegstourismus‹ kann hier nicht behandelt werden. Nur soviel: Es machte natürlich einen grundlegenden Unterschied, wann und wo man eingesetzt war (so waren die Erfahrungen an der ›Ostfront‹ in den späteren Kriegsjahren durchweg traumatisch). Zu Tourismus und Krieg siehe auch Henning Eichberg: »Join the army and see the world.« Krieg als Touristik – Tourismus als Krieg. In Dieter Kramer/Roland Lutz (Hg.): Reisen und Alltag, Frankfurt a. M. 1992.

[9] Bernward Vesper: Die Reise, Jossa 1978; diese autobiographischen Zeilen beziehen sich auf die Jahre 1955/57. Zit. n. Rainer Schönhammer: Unabhängiger Jugendtourismus in der Nachkriegszeit (wie Anm. 4), S. 119f.

[10] Während Gundel Fuhrmann: Der Urlaub der DDR-Bürger in den späten 60er Jahren (wie Anm. 4) und Irmscher (wie Anm. 6) hier eher ähnliche Entwicklungen nahelegen, bleibt Spode (wie Anm. 6) zurückhaltender – auch indem er auf das ganz unterschiedliche Image ost- und westdeutscher Touristen im osteuropäischen Ausland verweist.

Tourismus im Visier der ›Gender‹-Debatte

Ein Forschungsbericht

Von Mechtild Maurer

Im Tourismus bestimmte all die Jahre der männliche Blick, was wie zu diskutieren und zu analysieren sei. Unterschiedliche Rollen und Aufgaben von Mann und Frau im Tourismus wurden negiert. Thematisiert wurden geschlechtsspezifische Unterschiede höchstens im Zusammenhang mit dem Sextourismus, wobei auch hier der männliche Reisende im Mittelpunkt des Interesses stand. In dem Maße, wie Reisen männlich gedacht wurde, wurden Frauen als vernachlässigbare Größe im Tourismus gehandelt.

Die Tourismusforschung begnügte sich mit dem Wissen, daß der Tourismus eine arbeitsintensive Branche darstellt, in der auch sehr viele Frauen Beschäftigung finden. Obwohl die neuen Formen der Arbeit und Arbeitsteilung das Verhältnis der Geschlechter berühren, gab es kein Erkenntnisinteresse daran, ob die Geschlechterverhältnisse und die geschlechtsspezifische Arbeitsteilung durch Tourismus verstärkt oder verändert werden, unter welchen Voraussetzungen der Tourismus zur Stärkung der gesellschaftlichen Position, der sozialen Eigenständigkeit und der ökonomischen Unabhängigkeit von Frauen beitragen kann, und ob der Tourismus die Verfügung über Macht neu ordnet oder bestehende Ungleichheiten festschreibt.

Das Sichtbarmachen der ansonsten häufig unbeachtet gebliebenen Frauen und deren Tätigkeiten ist Teil der ›Gender‹-Debatte. Der aus der US-amerikanischen feministischen Wissenschaft stammende Begriff ›Gender‹, hat zunehmend Eingang in den deutschen Sprachgebrauch gefunden, da er die Unterscheidung zwischen biologischem Geschlecht – *sex* – und sozialem Geschlecht – *gender* – verdeutlicht.

Die britischen Geographinnen Vivian Kinnaird und Derek Hall eröffneten 1994 mit ihrem Sammelband »Tourism. A Gender Analysis« die ›Gender‹-Debatte in der Tourismusforschung. Seither sind allerdings nur wenige größere Veröffentlichungen hinzugekommen: 1995 eine Schwerpunktnummer »Gender in Tourism«

der Annals of Tourism Research, herausgegeben von Margaret Byrne Swain, und 1997 ein von M. Thea Sinclair edierter Sammelband »Gender, Work and Tourism«; die Debatte in der deutschsprachigen Literatur wurde 1996 durch den in der Schweiz erschienenen Band »Herrliche Aussichten! Frauen im Tourismus« von Christine Plüss und Karin Grütter eröffnet.[1]

1. Zur Rolle der Frau im Tourismus

Frauen kommen im Tourismus als Reisende und als Arbeitende vor. Sie liefern darüber hinaus traditionell das exotische Image, das der Tourismus braucht; es sind vor allem frauenspezifische Symbole und Bilder, mit denen Reiseziele vermarktet werden und die das sinnliche Erleben prägen – und sei es nur in der Imagination.[2]

Als Reisende sind Frauen erst spät wahrgenommen worden. Lange Zeit galt das allein Unterwegssein von Frauen als gefährlich und ungehörig. Entsprechend wurden alleinreisende Frauen von der Tourismusbranche behandelt. Nachdem die Branche die Frauen, besonders die aus beruflichen Gründen reisenden, als kaufkräftige und vielreisende Zielgruppe ausgemacht hatte, begann sie, diese mit gesonderten Programmen und Aktivitäten systematisch zu umwerben.

Als Arbeitende werden Frauen im Tourismus oft saisonal beschäftigt und zu Handlangertätigkeiten herangezogen. Doch als die größte Gruppe der Arbeitnehmenden in der Branche erlangen sie bis heute nur marginale Aufmerksamkeit. Die widersprüchlichen und teilweise sehr verwirrenden Aussagen über Nutzen und Schaden des Tourismus für die in diesem Sektor beschäftigten Frauen spiegeln die augenblickliche Erkenntnislage der Tourismusforschung wider: Zwar wird allenthalben die Frauenfreundlichkeit des internationalen Tourismus postuliert, doch fundierte Beweise dafür gibt es kaum. Die *Welttourismusorganisation* in Madrid (WTO) und die EU verweisen auf den überdurchschnittlich hohen Anteil von Frauen, die im Tourismus eine Arbeit finden. Die EU gibt den Anteil der im Tourismus beschäftigten Frauen in den Dritte-Welt-Ländern mit über 60 % an. Entsprechende statistische Aufschlüsselungen können allerdings nicht vorgelegt werden.

Als frauenfreundlich wird der Tourismus unter anderem deshalb betrachtet, weil sich verhältnismäßig viele Frauen in diesem Bereich selbständig machen. In Deutschland verweist die Bundesregierung auf den 30%igen Anteil der Frauen an Existenzgründungsförderprogrammen, der in anderen Branchen nur bei rund 19 % liegt.[3] Als weiterer Vorteil des Tourismus wird angeführt, daß er für die Frauen die Chance biete, sich von überkommenen Normen und Strukturen zu lösen, was aufgrund der persönlichen Begegnungen mit den Reisenden, denen eine größere Weltoffenheit als den Bereisten unterstellt wird, möglich sein soll. Auch sei der Tourismus Antrieb für mehr Einfluß der Frauen bei politischen und gesellschaftlichen Entscheidungsprozessen. Insgesamt lautet die fragwürdige Schlußfolgerung: Weil Frauen für den Tourismus gut sind, muß der Tourismus für die Frauen gut sein.

2. ›Gender‹-Studien im Tourismus

Da auch für die Tourismusverantwortlichen auf der lokalen bis hin zur europäischen Ebene ›Gender‹ kein Thema ist, sind geschlechtsspezifische Aspekte bisher nirgends in touristischen Leitbildern und Machbarkeitsstudien aufgetaucht oder entsprechende Maßnahmen entwickelt worden. Ein großer Nachholbedarf der Tourismusforschung wird deutlich. Vordringlich zu beantwortende Fragen wären hierbei: Wie trägt der Tourismus zur Stärkung der gesellschaftlichen Position von Frauen bei? Welche Rahmenbedingungen werden dazu benötigt? Stellen Arbeitsplätze im Tourismus für Frauen grundsätzlich eine Chance dar? Unter welchen Voraussetzungen ermöglicht der Tourismus Frauen ›Empowerment‹, d.h. eine größere ökonomische Unabhängigkeit und soziale Eigenständigkeit? Wie wirken sich die beim Reisen ablaufenden interkulturellen Kommunikationsprozesse auf die Geschlechterbeziehungen aus? Wie werden Geschlechterverhältnisse in einer Gesellschaft durch den Tourismus verändert oder festgeschrieben? Welche Wirkungen können männlichen und welche weiblichen Touristen zugeschrieben werden? Welchen Raum nehmen dabei kognitive und emotionale Komponenten ein?

Die – bislang spärliche – Literatur zur ›Gender‹-Forschung konzentriert sich auf Einzelfallstudien aus den Bereichen ›Interkulturelle Geschlechterbeziehungen auf Reisen‹, ›Gender‹-Strukturen in der touristischen Arbeitswelt‹ sowie ›Geschlechtsspezifische Imagebildung durch Reisen und touristische Werbung‹. Die ›Gender‹-Forschung hat sich zur Aufgabe gemacht, Einblicke in die Geschlechterverhältnisse anhand des Phänomens Tourismus zu gewähren. Kinnaird und Hall vernachlässigen in ihrem Sammelband hierbei allerdings den theoretischen Bezugsrahmen, obwohl der Titel »Gender Analysis« Gegenteiliges verspricht. Swain dagegen definiert den ›Gender‹-Begriff als ein System von kulturell konstruierten Identitäten, die sich in Vorstellungen und Ideologien von Männlichkeit und Weiblichkeit ausdrücken. In den gesellschaftlich strukturierten Beziehungen interagiert dieses System mit den Machtverhältnissen zwischen Mann und Frau, der internationalen Teilung von Arbeit und Freizeit sowie der Sexualität. Auch von Sinclair und Grütter/Plüss wird diese Definition übernommen, denn sie verdeutlicht die ungleiche Verteilung von Arbeit, Macht und Kontrolle zwischen den beiden Geschlechtern. Die Forscherinnen erhoffen sich dadurch einen neuen Zugang zum Verständnis des Tourismus, dessen Komplexität mit den bisherigen Erklärungsansätzen nur fragmentarisch erfaßt werden konnte. Laut Plüss begnügt sich der ›Gender‹-Ansatz nicht damit, die Debatte um die Frauenproblematik zu ergänzen, sondern stellt die Theorien grundsätzlich in Frage.[4] Sinclair präsentiert eine Gesamtschau bisheriger ›Gender‹-Studien. Darüber hinaus gebührt ihr das Verdienst, nicht nur ihre Konzeption zu begründen, sondern sie auch anhand der Fallbeispiele aus einem vergleichenden Blickwinkel zu überprüfen. Damit bildet Sinclairs Werk den derzeit wichtigsten Markstein der ›Gender‹-Forschung im Tourismus. Im Mittelpunkt ihres Sammelbandes stehen Studien, die versuchen, anhand von Theorien zum Patriarchat und zum Kapitalismus zu erklären, warum und wie Arbeit im Tourismus geschlechtsspezifische Verhältnisse verstärkt oder verändert, und wie Ungleichheiten bei Einkommen, Status und Macht durch die Geschlechterzuordnung von bezahlter und unbezahlter Arbeit erklärt werden können.

3. Beispiele aus der ›Gender‹-Forschung

Die bislang vorliegenden Arbeiten dokumentieren komplexe und ambivalente Wirkungen des Tourismus auf Frauen. Die Veränderung traditioneller Werte und Strukturen, die sich durch den Kontakt mit den Fremden vollzieht, wird völlig gegensätzlich beurteilt. So sieht die WTO darin einen emanzipatorischen Prozeß (wobei die Geschlechterverhältnisse in westlichen Gesellschaften unhinterfragt als Vorbild genommen werden), während viele Vertreterinnen der Tourismuskritik negative Auswirkungen betonen. Geschlechtsspezifische Arbeitsverhältnisse haben Julie Scott in Nord-Zypern, Veronica H. Lang und Sara L. Kindon auf Bali und Sylvia Chant in Mexiko und auf den Philippinen untersucht. Sie kommen ebenfalls zu unterschiedlichen Schlüssen bezüglich der Chance für ein ›Empowerment‹ für Frauen.[5]

In balinesischen Dörfern haben Lang und Kindon beobachtet, daß durch den Tourismus für Frauen neue Arbeitsmöglichkeiten entstanden, doch sind diese meist mit ihrer häuslichen Rolle verbunden und vielfach im informellen Sektor oder in kleinen Gästehäusern und Pensionen anzutreffen. Die traditionellen ›Gender‹-Definitionen seien resistent gegenüber Veränderungen; trotz neuer Arbeitsmöglichkeiten sei kein nennenswerter Zuwachs an Autorität, Macht oder Kontrolle festzustellen. Mit den neuen Arbeitsmöglichkeiten seien vielfach für die Frauen auch höhere Arbeitsbelastungen verbunden.[6]

Sylvia Chant kann mit ihrem Vergleich zwischen Mexiko und den Philippinen aufzeigen, daß zwar die Arbeit der Frauen für die Tourismusbranche in beiden Ländern von großer Wichtigkeit ist, sich aber die Strukturen unterscheiden. Auf der philippinischen Insel Cebu finden Frauen in weitaus mehr Berufen eine Anstellung als in Puerto Vallarta in Mexiko. Vor allem auch Tätigkeiten, die nicht mit den häuslichen

Arbeiten korrespondieren, stehen für Frauen offen. Als Grund führt Chant an, daß auf Cebu Männer und Frauen in ähnlicher Weise in die Hausarbeit eingebunden seien.[7]

Diane E. Levy und Patricia B. Lerch kommen in ihrer Untersuchung über die Auswirkungen des Tourismus auf Erwerbsarbeit und Alltagsleben auf der Karibikinsel Barbados zu dem Schluß, daß zwar der Tourismus beiden Geschlechtern neue Verdienstmöglichkeiten erschließt, daß Männer aber in allen Bereichen die höher qualifizierten, besser bezahlten und gesicherteren Positionen innehaben.[8]

Zu ähnlichen Ergebnissen kommt Chant in einer früheren Studie über Puerto Vallarta: Der Tourismus bietet insbesondere für alleinstehende und alleinerziehende Frauen neue Beschäftigungsmöglichkeiten; sie arbeiten jedoch im Gegensatz zu ihren männlichen Kollegen in schlecht bezahlten und wenig qualifizierten Hilfsberufen oder in ungesicherten informellen Beschäftigungen im touristischen Umfeld.[9]

Auch in Indien werden – so die indische Feministin Nina Rao – innerhalb des Tourismus die Arbeitsplätze geschlechtsspezifisch verteilt. Die asiatische Frau sei rassistisch untergeordnet, da sie als Trägerin exotischer und sexistischer Phantasien diene, die von der Tourismusbranche zu Werbezwecken genutzt werde. Entsprechend der traditionellen Sichtweise werden somit auch im Tourismus Männer mit Besitz, Aktivität und Macht, Frauen dagegegen mit Passivität, Verfügbarkeit und Besessenwerden assoziiert. Zusätzlich behalten sich die Männer im Tourismus die Funktionen der Vermarktung vor, während Frauen in der Produktionssphäre verbleiben.[10]

In Dalyan, Türkei, hat mit dem Einzug des Tourismus die Berufstätigkeit der Frauen enorm zugenommen, wie eine Studie von Gabi Sester zeigt. Die vorwiegend jüngeren Frauen, die als Zimmerfrauen und Küchenhilfen in kleineren Pensionen arbeiten oder aber Fremdenzimmer im eigenen Haus anbieten, erwirtschaften ein beachtliches Einkommen. Diese zusätzlichen Einkommen fließen jedoch in die gemeinsame Familienkasse, über die die männlichen Hausvorstände verfügen. Die Männer – Ehemänner, Väter oder Brüder – stehen der Erwerbstätigkeit ihrer weiblichen Familienmitglieder positiv gegenüber, beäugen aber jede außerhäusliche Aktivität mit großem Mißtrauen.[11]

Es finden sich jedoch auch Beispiele, wie Frauen aufgrund ihrer Arbeit im Tourismus eine ökonomische Unabhängigkeit und gleichzeitig eine gesellschaftlich gestärkte Position erlangen konnten. Die Agro-Tourismuskooperativen in Griechenland, Ende der 80er Jahre initiiert durch Landfrauen, gelten als erfolgreiches Modell für ›Empowerment‹ im Tourismusbereich. Mit Hilfe günstiger staatlicher Kredite für die Ausbildung in der Unternehmensführung und für die Renovierung der Häuser wurden die Frauen zu wirtschaftlich unabhängigen Besitzerinnen von kleineren Pensionen, Restaurants und Souvenirläden. Sie haben sogar die bis dahin Männern vorbehaltenen Kaffeehäuser erobert, was als untrügliches Zeichen für eine Stärkung ihrer sozialen Stellung interpretiert wird.[12]

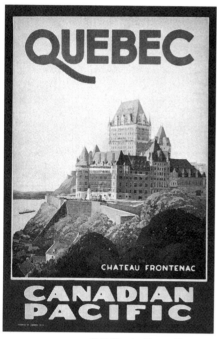

›Schloßhotel‹: Château Frontenac

Zwei von der *Internationalen Arbeitsorganisation* (ILO) unterstützte Förderprojekte für Frauen in Costa Rica und Nepal zeigen, daß die Gestaltungsmöglichkeiten und Entscheidungskompetenzen der beteiligten Frauen entscheidend für den Erfolg der Projekte sind. In Costa Rica vermittelt und koordiniert TURCASA – ein Zusammenschluß von 250 Zimmervermieterinnen – die Übernachtungsangebote im Land. TURCASA ermöglicht den Mitgliedern Zugang zu günstigen Kleinkrediten und führt Ausbildungsseminare durch. Vor einiger Zeit riefen die Zimmervermieterinnen den Berufsverband *Canamet*, dem über tausend Frauen angehören, ins Leben; der Verband ist von den nationalen Behörden anerkannt. Außerdem gründeten die Frauen eine eigene Reiseagentur.[13] Vor allem Frauen aus der Mittelschicht sind Nutznießerinnen solcher Tourismusprojekte – in Costa Rica ebenso wie in Nepal, wo beim Frauenförderprojekt *Developing Women's Entrepreneurship in Tourism* (DWET) Kleinst- und Kleinunternehmen unterstützt werden.[14] Frauen aus wenig bemittelten Haushalten verfügen über die geringsten Kompetenzen für diese Erwerbstätigkeiten. Gleichzeitig haben sie aber auch am wenigsten Zeit, sich diese im Tourismussektor notwendigen Fertigkeiten anzueignen.

Eine Studie von Anita Pleumaron über den Golftourismus in Asien legt nahe, daß die jeweilige Form des Tourismus dafür entscheidend ist, ob Frauen davon profitieren können. Demnach sind Großprojekte internationaler Investoren wenig geeignet, um zum ›Empowerment‹ von Frauen beizutragen, denn solche Vorhaben orientieren sich eher an internationalen Standards als an den konkreten Bedürfnissen der Frauen vor Ort.[15]

Karin Grütter beurteilt in ihrer Studie über die neuen Bundesländer den Erfolg von Arbeitsbeschaffungsprogrammen für Frauen im Tourismus skeptisch. Dort wurden im Rahmen des EU-Programmes *New Opportunities for Women* (NOW) eine Reihe von Fördermaßnahmen im Tourismus durchgeführt, um in den strukturschwachen Gebieten die Arbeitslosenzahlen zu senken. Mit neuen Berufsbildern im Tourismus (›Landfrauen machen sich selbständig im Tourismus‹ oder ›Fremdenverkehrsberaterinnen im Ländlichen Raum‹) waren gezielt arbeitslose Frauen angesprochen worden. Grütter untersuchte die Perspektiven der umgeschulten Frauen nach Ablauf der Förderung durch das NOW-Programm und die Arbeitsämter. Sie kommt zu dem ernüchternden Ergebnis, daß die durchgeführten Programme in erster Linie der Tourismusbranche genützt haben und nicht, wie versprochen, den Frauen. So sei es beispielsweise nicht gelungen, dauerhafte Arbeitsplätze zu schaffen. Die meisten Absolventinnen hätten keine Chance gehabt, nach der Ausbildungs- und Förderphase eine feste Anstellung zu bekommen oder sich selbständig zu machen. Zum gegenwärtigen Zeitpunkt eigne sich der ländliche Tourismus in den strukturschwachen Gebieten nur für Nebenerwerbstätigkeiten und stelle für die Frauen höchstens eine Notlösung mangels anderer Alternativen dar. Fördermaßnahmen, wie das NOW-Programm, hätten bei den Frauen nicht erfüllbare Erwartungen geweckt. Eine realistische Bedarfsermittlung für den ländlichen Tourismus sei zu keinem Zeitpunkt erfolgt.[16]

Sinclairs Sammelband enthält auch eine Untersuchung über die Imagebildung durch Werbung. Margaret Marshment kommt darin zu dem Schluß, daß die Frauen der touristischen Zielländer kaum mehr in einem sexualisierten Kontext vermarktet werden, sondern zunehmend ästhetisiert und mit einer Ausstrahlung von freundlicher Sicherheit versehen werden. Der Frau als Reisender aus dem Norden wird eine den Männern gleichberechtigte Rolle zugestanden.[17]

4. Ausblick

Die bisherigen Veröffentlichungen können zwar nur erste Einblicke in die mögliche Bandbreite der ›Gender‹-Forschung im Tourismus gewähren, doch veranschaulichen sie die Vielfalt und Komplexität der aufgeworfenen Problematik. Vor allem mit der Veröffentlichung von Sinclair kann die Debatte zum Thema ›Gender und Arbeit‹ bereits auf fundierte Ansätze zurückgreifen. Darüber hinaus erfordern die in diesem Sammelband vorgestellten Ergebnisse zum Thema ›Gender und Imagebildung durch touristische Werbung‹ ein Umdenken in der Praxis. Erstaunlich wenig erforscht wurden bislang dagegen die konkreten Interaktionsformen zwischen Touristen und Lokalbevölkerung (wobei letztere – unterschieden nach Geschlecht – nicht nur als passive Rezipienten erscheinen). Geschlechterbeziehungen in touristischen Begegnungen sind – abgesehen vom männlichen Prostitutionstourismus – weitgehend eine ›Black Box‹; dabei zeigen sich gerade im Tourismus interkulturelle Interaktions- und Kommunikationsprozesse. Insgesamt dürfte die ›Gender‹-Debatte im Tourismus zukünftig weniger durch generalisierende Aussagen bestimmt sein. Vielmehr werden wohl die konkreten, oft gegensätzlichen Auswirkungen des Tourismus für die Geschlechter in unterschiedlichen Gesellschaften zunehmend im Mittelpunkt stehen.

Anmerkungen

[1] Vivian Kinnaird/Derek Hall (Hg.): Tourism. A Gender Analysis, Chichester 1994; Annals of Tourism Research 22 (1995) (= Special Issue: Gender in Tourism, hrsg. v. Margaret B. Swain); Karin Grütter/Christine Plüss (Hg.): Herrliche Aussichten! Frauen im Tourismus. Basel 1996; M. Thea Sinclair (Hg.): Gender, Work and Tourism, London/New York 1997.

[2] Der Tourismus hat einen wesentlich größeren Einfluß auf unsere Wahrnehmung und unser Wissen als in den kurzen Reiseperioden entstehen kann.

[3] Deutscher Bundestag: Drucksache 13/8312 vom 25. 7. 1997.

[4] Christine Plüss: Herrliche Aussichten! In Grütter/Plüss 1996, S. 12.

[5] Julie Scott: Chances and Choices: Women and Tourism in Northern Cyprus. In Sinclair 1997; Veronica H. Lang/Sara L. Kindon: Gender and Tourism Development in Balinese Villages. In ebd.; Sylvia Chant: Gender and Tourism Employment in Mexico and the Philippines. In ebd.

[6] Lang/Kindon 1997, S. 98ff.

[7] Chant 1997, S. 124ff.

[8] Diane E. Levy/Patricia B. Lerch: Tourism as a Factor in Development. Implications for Gender and Work in Barbados. In Gender & Society 5 (1991) 1, S. 67ff.

[9] Sylvia Chant: Tourism in Latin America: Perspectives from Mexico and Costa Rica. In Tony Harrison (Hg.): Tourism in the Less Developed Countries. London 1992, S. 85ff.

[10] Nina Rao: Women and Tourism in Kerala. In Anletter Equations Quarterly on Third World Tourism 5 (1997) 3, S. 31ff.

[11] Gabi Sester: Wenn Baumwollbauern baden gehen. In Nicole Häusler et al. (Hg.): Unterwegs in Sachen reisen, Saarbrücken/Fort Lauderdale 1993, S. 71ff.; Gabi Fierz: Gender: kein Thema. In Grütter/Plüss 1996, S. 41ff.

[12] Lila Leontidou: Gender Dimensions of Tourism in Greece. In Kinnaird/Hall 1994, S. 74ff.

[13] Fierz 1996.

[14] Review of WID Policies and Programmes in Nepal, hrsg. v. Centre for Women and Development, Katmandu 1994.

[15] Anita Pleumaron: Wie aus Bäuerinnen »Caddies« werden. In Grütter/Plüss 1996, S. 106ff.

[16] Karin Grütter: Am Anfang war die Euphorie. Frauen und Tourismus in den neuen Bundesländern. In Grütter/ Plüss 1996, S. 81ff.

[17] Margaret Marshment: Gender Takes a Holiday: Representation in Holiday Brochures. In Sinclair 1997, S. 29ff.

Rezensionen

Jochen K. Schütze: Gefährliche Geographie, Wien 1995: Passagen Verlag; 196 S.; 38 DM (I). Ders.: Goethe-Reisen, Wien 1998: Passagen Verlag; 106 S.; 28 DM (II)

Philosophy: Dangerous Geography (I); Goethe Journeys (II)

Bevor die Deutsche Bahn AG für eine halbe Milliarde Mark den ehrwürdigen Leipziger Hauptbahnhof mit einer Shopping Mall kreuzte, fand in dem von Taubenschiß und Braunkohlenasche verunreinigten größten Kopfbahnhof Europas ein Kongreß statt, der ganz und gar dem Reisen gewidmet war. Nicht alles drang nach draußen: Die Fama wußte später von geistigen Exzessen, von choreographischen und medialen Grenzüberschreitungen zu berichten. Spiritus rector dieser den KOPFbahnhof wörtlich nehmenden, halb philosophischen, halb tänzerischen Unternehmung war ein bis dato weitgehend verborgen gebliebener Jochen K. Schütze. Im Passagen Verlag sind nun aus seiner Feder zwei Essays erschienen, die dem Nachdenken über das Reisen einen schönen Schubs geben.

Vermutlich muß man auf der Ostseite des Eisernen Vorhangs gelebt haben, um die besondere Würze schmecken zu können, die dem Thema ›Utopie und Reiseverbot‹ innewohnt. Erstaunlicherweise verboten die Meisterdenker den Bewohnern der von ihnen ausgeklügelten besten Gemeinwesen, es zu verlassen. Honecker als Platos Vollstrecker: Dies ist der gedankliche Ausgangspunkt von Schützes Versuch, dem Reisen philosophisch auf die Spur zu kommen. In einer philosophiegeschichtlichen Tour d'horizon durchforstet er die guten Gründe, die die Utopisten von Plato bis Bacon anführten, um den Insassen ihrer Ideal-Staaten, die meist auf Inseln lagen, die Ausreise zu verweigern. Plato etwa beschränkte die Reiseerlaubnis auf Forscher und Greise. Das herrliche Atlantis zerbrach, als »das atlantische Geschlecht das Glück seiner Ummauerung nicht länger ertrug«. Nicht nur dem abendländischen, auch dem Denken eines Konfuzius entspringt das Gesetz, das Gleichmaß, Ordnung und Harmonie vorschreibt, einer Topographie der Enge: Bei Konfuzius und Aristoteles sind es die Bergtäler, bei anderen Denkern ist es die Insel oder die Stadt.

Mit kühlem Amüsement spießt Schütze jene herrschaftlichen Gedankenkonstruktionen auf, die das Reisen als irreguläre, nicht normierbare Energieverschwendung verurteilen und, wenn sie es schon nicht verbieten können, wenigstens an einen höheren Zweck binden wollen. Herder etwa, der das Reisen als eine Frucht der Langeweile ansah, wollte nur Künstler und Wissenschaftler aus seinem Idealstaat lassen, denn das gelehrte Reisen kräftige die Philosophie (deren allerfassende Systeme das Reisen schließlich überflüssig machen). Schütze gelingen glänzende Aphorismen: »Das System, könnte man sagen, ist die Rache der Daheimgebliebenen am wurzellosen Geist.« Und: »Das Reisen ist die Gestalt des Zweifels an der philosophischen Totalität.«

Wer nun glaubt, Schütze als Apologeten des Reisens ausmachen zu können, wird mit einer eleganten Volte getäuscht. Denn nur solange das Reisen dorthin führen kann, wo noch niemand war, kann es die Idee der Freiheit verkörpern. Goethes ›Auch ich in Arkadien‹-Motto der Italienreise – ist halb Jubelruf, halb Seufzer. Das Seufzen überwiegt à la longue: Nun war er halt auch da. Dem guten Goethe – dem in Palermo der Einfall mit der Urpflanze kam – wurde dann die Idee Trost genug, seine Reise baue halt wie alle anderen an der großen Urreise in ein verschollenes arkadisches Abendland des Geistes mit. Dem Reisephilosophen Schütze reicht die klassische Bescheidung aufs Übermenschliche nicht. Ihm geht es um die gespaltene Struktur des Reisens: »Das Reisen ist ja nur, wenn es sein Ziel verfehlt, ohne daß es gleichwohl keine lineare, sondern bloß eine zirkuläre Bewegung wäre. Mit jeder Ankunft ist die Reise umsonst, das Aufgebrochene wieder zugeschüttet. Daher betonen erfahrene Reisende immer, daß sie nicht reisen, um anzukommen, und daß der Weg das Ziel sei. Aber das ist eine Unaufrichtigkeit, mit der man sich das Vergebliche und Enttäuschende des Reisens solange es geht verhehlt.« (I, S. 64f.)

Wer sich wie Schütze dem Reisen mit dieser Unbedingtheit stellt, erkennt im modernen Tourismus leicht das ›Ende des Reisens‹. Das Reisen endet mit der Epoche der Seßhaftigkeit; die gegenwärtige Mobilität ist nicht mehr das Gegenteil von Seßhaftigkeit, sondern von ihr ununterscheidbar. Die Konsequenz: endlose Langeweile in der Bewegung, »kosmische Gemütlichkeit«. »Was Reiseverbote nicht vermochten, schafft der Tourismus vollkommen zwanglos. Er hält die kinetische Energie in Schach, ohne die Bewegungsfreiheit im mindesten anzutasten. Das Reiseverbot zog alle nur denkbare Kritik auf sich; an der Reisefreiheit macht sie sich lächerlich. Man kritisiert die weltgrößte Industriebranche nicht, ohne den Verstand zu verlieren. Schließlich verkauft sie den Menschen im Sonderangebot, was viele zu lange entbehrten: die Freiheit. Der Tourismus ist weder eine Verfallsform des Reisens, noch sein zivilisatorischer Sündenfall. Er beendet das Reisen völlig undramatisch, als dessen äußerste Konsequenz.« (I, S. 63f.) So schöne Gedanken entstehen nur, wenn man viel vom Reisen erwartet.

Tobias Goblis

Bernhard Waldenfels: Topographie des Fremden. Studien zur Phänomenologie des Fremden 1. Frankfurt a. M. 1997: Suhrkamp; 227 S.; 19,80 DM.
Ders.: Grenzen der Normalisierung. Studien zur Phänomenologie des Fremden 2. Frankfurt a. M. 1998: Suhrkamp; 276 S.; 19,80 DM

Philosophy: Studies on the Phenomenology of the Foreign. Vol. 1: Topography of the Foreign. Vol. 2: The Limits of Normalization

Manche Tourismuswissenschaftler meinen, daß das Fremde, das früher im Zentrum des Reisens gestanden habe, heute untergegangen sei. Damit meinen sie das Fremd-Exotische, das längst bekannt und zur Folklore geworden ist. Demgegenüber weist der Philosoph darauf hin, daß es das Fremde sehr wohl noch gibt, wenn auch in anderen Formen, ja daß es sogar inmitten des Eigenen zu finden ist, gleichsam als Kehrseite der Medaille. In seinen Studien zur Phänomenologie des Fremden, die auf vier Bände angelegt sind, thematisiert der Philosoph Waldenfels das Fremde in verschiedenen Hinsichten. Band 1 untersucht die Orte des Fremden, die Topoi, an denen es sich zur Erscheinung bringt. Der zweite Band kreist um die Normalisierung als einer »besonderen Weise, mit dem Fremden fertig zu werden«. In den noch ausstehenden Bänden soll es um die Kunst und die Sprache gehen.

Im ersten Band kennzeichnet Waldenfels das Fremde mit Husserl als ein Paradox, nämlich als die »Zugänglichkeit des original Unzugänglichen«. Er trifft es in der Fremdsprache genauso an wie in der fremden Kultur oder dem fremden Nachbarn. Der meist geübte Umgang mit dem Fremden ist seine Vereinnahmung durch das Eigene. Dabei unterscheidet Waldenfels zwischen Ego-, Ethno- und Logozentrismus. Solche Zentrismen hätten noch nie zu etwas Gutem geführt, wie die Kreuzzüge oder die Kolonialisierung zeigten. Ebensowenig produktiv aber sei das Gegenteil, nämlich die Ausschließung des Fremden im Sinne einer Konfrontation mit dem Eigenen. Diese Form finde sich z. B. bei Carl Schmitt, der den falschen Gegensatz alternativlos und übersteigert als politische Grundfigur von Freund und Feind bestimme. Auf diesem schmalen Grat geht der Autor der Grundfrage nach, wie mit dem Fremden umzugehen sei, ohne es weder ins Eigene einzugemeinden (und ihm so seine Fremdheit zu nehmen) noch als Feind zu bekämpfen. Zentral ist die in ständigem Rückbezug auf Husserl immer wieder neue Annäherung an den Unterschied zwischen Eigenem und Fremdem sowie an die Lebenswelt als Heim- und Fremdwelt. Eine Wissenschaft vom Fremden muß danach paradox bleiben, weil sie ihren Gegenstand unzugänglich halten und sich ihm zugleich nähern muß. Waldenfels wagt auch – nicht ganz gelungene – Ausflüge ins Politische.

Im zweiten Band, in dem zehn meist schon veröffentlichte und überarbeitete Aufsätze zusammengestellt sind, konkretisiert der Autor seine Überlegungen, etwa in psychologischer und medizinischer Hinsicht, bezieht sich auf die »Fremdheit des Eros« und auch »des anderen Geschlechts«. Daneben finden sich Texte zur Phänomenologie, zur Handlungstheorie und zu Wirklichkeitsexperimenten. Dieser Band ist heterogener und zugleich stärker spezialisiert. Das Fremde als Grundbegriff, als »Ingrediens der Phänomene«, wird, so zeigt sich paradoxerweise, dadurch zugleich vager und verliert an Spezifik, wenn man es überall auszumachen glaubt.

Für Nicht-Philosophen wirkt der philosophische Gestus manchmal störend (wenn Waldenfels z. B. vor jeder Frage glaubt, das Fragen noch einmal fraglich werden lassen zu müssen); im gelehrten Gerede verliert sich manch guter Gedanke und produktiver Ansatz. Der Tourismusinteressierte wird mit Gewinn zumindest die ersten vier Aufsätze des ersten Bandes lesen. Hier kann er neue Einsichten finden oder Bekanntes vertiefen. Der zweite Band dürfte für ihn durch seine speziellere Ausrichtung weniger aufschlußreich sein.

Hans-Georg Deggau

Tom Selwyn (Hg.): The Tourist Image. Myths and Myth Making in Tourism, Chichester/New York 1996: John Wiley & Sons; 270 S.; 50 £

Tourismusforschung: Das touristische Image. Mythen und Mythenproduktion im Fremdenverkehr

Bilder und Mythen stellen den Stoff dar, aus dem die (Alp-)Träume der Touristen und Touristiker sind. Wie Images und Imaginationen in konkreten touristischen Räumen und symbolischen Sinnzusammenhängen erzeugt und transformiert werden, zeigen die zwölf Beiträge des Sammelbandes. Der wissenschaftliche Hintergrund ihrer zum größten Teil britischen Autorinnen und Autoren ist die Sozial- bzw. Kulturanthropologie. Die methodische Ausrichtung zielt auf die »dichte Beschreibung« anschaulicher touristischer Erfahrungswelten. In einigen Beiträgen, vor allem in Tom Selwyns Einführung, werden Verbindungen zu aktuellen Theoriekontexten wie Postmoderne, Poststrukturalismus und Semiotik hergestellt. Boorstin, Baudrillard und Eco finden sich ebenso rezipiert wie MacCannell, Cohen und Urry. Die in den Aufsätzen behandelten touristischen Zielgebiete liegen in Israel, Malta, England, Japan und der Himalaja-Region. Neben den Orten und Räumen und ihrem Wandel sind Reiseprospekte, Postkarten und Museen weitere Untersuchungsgegenstände. Direkt oder indirekt ist ein gemeinsamer Fokus der eher lose aufeinander bezogenen Arbeiten die Frage, wie authentisch die vom Tourismus transportierten Images sind.

Daß das von der Tourismuskritik gerne bemühte Image des Touristen als eines entfremdeten und beschränkten Konsumenten wie auch der Vorwurf, der Tourismus zerstöre die einheimischen Kulturen, zu simpel gestrickt sind, wird in den hier differenzierter argumentierenden Aufsätzen deutlich. Der Tourismus, in dem sich Momente der Modernität mit solchen der Prä- und Postmoderne vermischen, beruht auf gewitzten Inszenierungen von Authentizität und beinhaltet Neuerfindungen von Traditionen. Wie etwa Jeremy Boissevain am Beispiel Malta zeigt, muß die Vermarktung von Kultur nicht unbedingt zu ihrer Zerstörung führen. Rituale und Feste der Einheimischen werden oft als Reaktion auf den Tourismus wiederbelebt. Auch das Verhalten der vom Tourismus lebenden einheimischen Bevölkerung stellt sich vielerorts komplexer und interessanter dar, als es die Passivität unterstellende Rede von den ›Bereisten‹ nahelegt. Die Feldforschung von Glenn Bowman – der vielleicht spannendste Beitrag des Bandes – zeigt, daß auf dem Bazar nicht nur Souvenirs verkauft werden, sondern auch Sex. Wie zwischen männlichen Palästinensern und ausländischen Touristinnen auch sexuelle Leistungen gehandelt werden und dabei Identitätsgrenzen, Status- und Machtunterschiede ausgehandelt werden, verdeutlicht Bowmans Aufsatz ebenso wie die Attraktivität eines Methodenmixes von Befragung und Beobachtung.

Gerade die sich vor Ort ins Geschehen stürzende Feldforschung und die dichte Fallbeschreibung beinhalten aber stets auch die Gefahr, einen bunten Strauß zu binden, der allzu schnell verblüht. Ob es eine Meta-Erzählung des Tourismus gerade angesichts seiner Postmodernität geben kann, darf bezweifelt werden; doch angesichts der unterschiedlichen und mannigfaltigen Geschichten, die von den Beiträgen erzählt werden, mag man sich ähnlich fühlen wie angesichts eines Berges von Reiseprospekten. Vieles wird erzählt und illustriert, doch wenig erklärt und systematisiert. Auch die anspruchsvolle, um Themenbündelung bemühte und Diskussionszusammenhänge herstellende Einführung von Selwyn vermag die teils reizvolle, teils riskante Promiskuität der Kulturanthropologie nur bedingt zu zügeln. Ein Stimulans für weitere Arbeiten, die sich nicht mit der Sterilität quantitativer Reiseanalysen zufriedengeben wollen, bietet die vorliegende Kollektion aber allemal. Die Literaturhinweise in den einzelnen Aufsätzen sowie eine weitere Bibliographie eröffnen den Zugang zur internationalen Tourismusforschung, die interessanter ist als das meiste, was zum Tourismus in Deutschland publiziert wird.

Heinz-Günter Vester

Jeremy Boissevain (Hg.): Coping with Tourists. European Reactions to Mass Tourism, Providence/Oxford 1996: Berghahn Books; 264 S.; m. Abb.; 14,50 £ (Paperback), 35 £ (Hardcover)

Tourismusforschung: Tourismus bewältigen. Reaktionen auf den Massentourismus in Europa

In kaum einem anderen Bereich stehen sich die Vorstellungen des Common sense und die Ergebnisse der Wissenschaft so diametral gegenüber wie bei der Frage nach den sozio-kulturellen Folgen des modernen Reisens. Hartnäckig hält sich die Idee, Tourismus wirke ›zerstörerisch‹ auf Traditionen und ›gewachsene Kulturen‹. Empirische Untersuchungen zum Thema zeigen dagegen, daß die Bewohner fast aller Reisegebiete eigenständige Formen der Auseinandersetzung mit Tourismus und Touristen entwickeln. In diesem Prozeß entstehen soziale Formen, die traditionelle Elemente mit neuen Einflüssen verbinden. Die Einheimischen sind dem Tourismus nicht passiv ausgesetzt, sondern sie verarbeiten ihn auf jeweils besondere Weise; er wirkt so als Faktor kulturellen Wandels.

Diese Zusammenhänge werden in dem von Boissevain herausgegebenen Sammelband deutlich. Erstmalig wurden Berichte aus verschiedenen europäischen Regionen in einem Buch zusammengefaßt. Das geographische Spektrum reicht von andalusischen, sardischen und maltesischen Dörfern über die griechische Insel Skyros und das französische Département Cantal bis zu einem Fischerdorf auf den Lofoten und dem Zentrum von Amsterdam. Bei aller Verschiedenheit finden sich viele gemeinsame Züge im Verhältnis der Einheimischen zum Tourismus. In keinem Fall liefern sich die ›Gastgeber‹ dem Ansturm der Fremden einfach aus; immer entwickeln sie eigene Reaktionsformen. Das Verhältnis zur Tradition gestaltet sich dabei zunehmend reflexiv; die Einheimischen sehen die eigenen Lebensformen gleichsam mit dem Blick der Fremden. Damit geht häufig eine bewußte Wertschätzung von Überlieferungen einher, die bislang eher unreflektiert tradiert wurden. Eine weitere Konsequenz des touristischen Andrangs ist die Verlagerung mancher Aktivitäten in für Außenstehende schwer zugängliche, der Kommerzialisierung entzogene Räume und Zeiten. Wenn traditionelle Feste zum ›Touristenspektakel‹ werden, entwickeln die Einheimischen häufig Formen des Feierns und religiöse Praktiken, die für Fremde unzugänglich bleiben. Mary M. Crain beschreibt solche Prozesse am Beispiel einiger andalusischer Dörfer. Der Titel ihres Beitrags »Contested Territories« umreißt eine Problematik, die sich in vielen anderen Fallbeispielen wiederfindet. Das Aufkommen des Massentourismus entzieht den Einheimischen zumindest zeitweise die Verfügung über bestimmte Räume. Ortszentren und Strände werden von Fremden bevölkert, Kirchen sind einem ständigen Besucherstrom ausgesetzt, der einst freie Zugang zu Naturlandschaften und Sehenswürdigkeiten gerät unter staatliche Kontrolle. Diese Phänomene führen aber nicht zum Untergang überlieferter Sozialformen; vielmehr werden im allgemeinen die Grenzen zwischen Eigenem und Fremdem von den Einheimischen neu bestimmt und neue ›Eigenräume‹ geschaffen.

Bemerkenswert ist schließlich, wie in die empirischen Arbeiten Anregungen der Tourismustheorie eingehen. Als fruchtbar erweisen sich dabei insbesondere MacCannells Begriff der »inszenierten Authentizität« und seine von Goffman übernommene Unterscheidung von »Vorder- und Hinterbühne« sowie das Konzept des Tourismus als »nicht-alltäglicher Erfahrung«. Heidi Dahles analysiert in diesem Kontext brillant die »Konstruktion des ›außerordentlichen Lebens gewöhnlicher Amsterdamer Bürger‹« durch alternative Stadtführungen. Auf Besichtigungstouren – man könnte hinzufügen: auch in Reiseführern und Reportagen – muß die fremde Alltäglichkeit den Reiz des Exotischen gewinnen, wenn sie für Touristen interessant werden soll.

Christoph Hennig

Albrecht Steinecke/Mathias Treinen (Hg.): Inszenierung im Tourismus, Trier 1997: Europäisches Tourismus Institut GmbH (ETI-Studien, Bd. 3); 188 S.; m. Abb.; 49 DM

Tourism research: Staging in tourism

Das 5. Tourismus-Forum Luxemburg beschäftigte sich 1997 mit dem Thema »Inszenierte Freizeit- und Urlaubswelten«. Das Interesse bei Fachbesuchern und Öffentlichkeit war groß: Veränderte Marktbedingungen, gekennzeichnet durch den Rückgang der Reiseintensität der Deutschen, und steigendes Anspruchsniveau der Urlauber scheinen die Bereitschaft zu fördern, sich neuen Strategien zu öffnen. Steinecke unterstrich dies in seinem Referat: »Spektakuläre Freizeitparks, Mega-Events und touristische Inszenierungen erweisen sich zunehmend als Motoren der Tourismusentwicklung«. So macht es Sinn, daß das Europäische Tourismus Institut (ETI) an der Universität Trier den neuen Band der »ETI-Studien« der Inszenierung im Tourismus widmet. Durch die Unterschiedlichkeit der Ansätze von Wissenschaftlern und Praktikern, die sich seit längerem mit der Profilierung durch Inszenierung beschäftigen, gelingt es, dieses Thema in seiner ganzen Breite zu eröffnen. Der Band ist eine im ganzen gelungene Mischung aus eher wissenschaftlich-theoretischen Aufsätzen und detaillierten Einblicken in unterschiedliche Praxisprojekte.

Drei Artikel beschäftigen sich mit kultureller Inszenierung von Urlaubsländern und -regionen: das »Lutherjahr 1996 in Deutschland«, »Erfahrungen aus touristischen Kampagnen in Ostbayern« und die »Nutzung historischer und kultureller Potentiale für den Tourismus im Münsterland«. Inszenierungsprozesse werden anschaulich dokumentiert; Konzepte, Maßnahmen und Organisationsabläufe werden vorgestellt und dabei Probleme, Fehler und Mißerfolge nicht verschwiegen. Weitere Beiträge befassen sich mit der Inszenierung von Freizeit- und Konsumeinrichtungen: Weinfeste, Weihnachtsmärkte und Musik-Festivals werden dargestellt sowie aktuelle und zukünftige Marketingkonzepte für Freizeitparks und virtuelle Attraktionen; weitere Schwerpunkte sind die Inszenierung im Gastgewerbe und in Museen. Die eher theoretischen Beiträge lassen ein verändertes, aufgeschlosseneres Verhalten gegenüber Inszenierungen erkennen. Kritik und Ablehnung künstlicher Urlaubswelten weichen differenzierteren Ansätzen (und sei es nur aufgrund der aktuellen Marktbedingungen). Müllenmeister konstatiert: »Einer Flut von Kulturbeflissenen steht eine völlig unzureichende Zahl von Sehenswürdigkeiten gegenüber ... an die Stelle der Sehenswürdigkeiten könnte die Inszenierung treten«, um dem ungleichen Verhältnis von Angebot und Nachfrage entgegenzuwirken (S. 106, 111). Hennig schreibt: »Das Echtheitsprinzip wird mit einer Energie verteidigt, die in keinem

Verhältnis ... zu seinem Realitätsgehalt (steht) ... Die harte Entgegensetzung von authentischem Reisen und künstlichen Urlaubswelten täuscht. Beide Erlebnisformen haben viele gemeinsame Züge.« (S.101, 103) In diesem Sinne trägt vielleicht auch dieser Band zur oft geforderten Konsensfähigkeit der Akteure im Tourismus bei und fördert ein innovativeres Klima im deutschen Tourismus, um zukünftige Herausforderungen besser bewältigen zu können.

Felix Herle

Karl Vorlaufer: Tourismus in Entwicklungsländern. Möglichkeiten und Grenzen einer nachhaltigen Entwicklung durch Fremdenverkehr, Darmstadt 1996: Wissenschaftliche Buchgesellschaft; XV u. 257 S.; 49,80 DM

Tourism research: Tourism in developing countries. Chances and limits of sustainable development through tourism

Auswirkungen des Tourismus in Entwicklungsländern werden seit Ende der 60er Jahre untersucht. Umfassende Darstellungen, wie die von Maurer u. a. (»Tourismus und Dritte Welt« 1992), sind jedoch selten. Um so mehr ist es zu begrüßen, daß Vorlaufer nach 1984 nun erneut eine Arbeit vorlegt, die sich um einen differenzierten Überblick bemüht. Hierbei finden nicht nur verschiedene Dimensionen des Tourismus, sondern auch unterschiedliche ›Entwicklungsländer‹ Berücksichtigung – wobei allerdings ökonomische Aspekte und Ostafrika im Vordergrund stehen.

Im ersten Kapitel wird kursorisch die Diskussion nachgezeichnet. Das zweite Kapitel setzt sich mit der globalen Expansion des Tourismus, der Stellung der ›Entwicklungsländer‹ im Weltreiseverkehr und mit Deutschland als Quellgebiet für den Dritte-Welt-Tourismus auseinander. Im dritten Kapitel werden Touristentypen und Tourismusarten behandelt, wobei insbesondere Trekking und Kreuzfahrttourismus Beachtung finden. Ein eigener Abschnitt ist zudem dem Zusammenhang von Binnen- und internationalem Tourismus gewidmet. Im vierten Kapitel geht der Autor der Frage nach dem Einfluß transnationaler Reisekonzerne und Hotelketten auf die Zielländer nach. Als Ergebnis kann festgehalten werden, daß deren Einfluß zunimmt und der Devisenabfluß im Bereich der Hotellerie erheblich sein dürfte. Im Anschluß wird auf die Beurteilung des wirtschaftlichen Nutzens anhand der Eigentumsverhältnisse touristischer Unternehmen einschließlich des informellen Sektors eingegangen (Kap. 5). An zahlreichen Beispielen kann Vorlaufer belegen, daß der Anteil inländischer Gesellschaften vielfach zugenommen hat. Das umfangreichste Kapitel ist den wirtschaftlichen Auswirkungen gewidmet (Kap. 6). Der Autor erörtert nicht nur, inwieweit materielle Produkte im Gastland selbst produziert werden (backward linkages), sondern es werden auch Themen wie Frauenerwerbstätigkeit, Migrationsprozesse und sektorale Mobilität angesprochen. Vorlaufer führt aus, daß mit dem durch den Tourismus induzierten wirtschaftlichen Strukturwandel in der Regel die Entfaltung unternehmerischer Innovationen und die Ausweitung beruflicher Qualifikationen verbunden sind, wodurch eine Dynamisierung der Wirtschaft und in der Folge ein Importrückgang möglich werden. Gezeigt wird aber auch, daß der Tourismus mit gravierenden Veränderungen der Land- und Wassernutzung sowie unerwünschten Verschiebungen der Produktionsfaktoren einhergeht. Das siebte Kapitel setzt sich daher mit regionalen Disparitäten und dem Tourismus als Instrument der Regionalentwicklung auseinander. Im achten Kapitel wird die soziokulturelle Dimension des Tourismus angeschnitten. Vorlaufer betont zu Recht, daß Erfassung und Bewertung der vom Tourismus ausgehenden soziokulturellen Effekte deshalb so schwierig sind, weil Entwicklungsländer unabhängig vom Tourismus in den sozialen Wandel einbezogen sind. Im neunten und letzten Kapitel wird die Ökologie thematisiert: Eine intakte Umwelt ist nicht nur grundlegende Voraussetzung für den Tourismus, sondern dieser kann im Sinne einer nachhaltigen Entwicklung auch das Instrument der Ressourcensicherung sein. Abgerundet wird die Studie durch ein umfangreiches Literaturverzeichnis.

Es handelt sich um eine kenntnis- und materialreiche Untersuchung, die weitgehend klar aufgebaut und verständlich formuliert ist. Abbildungen und Landkarten erhöhen die Anschaulichkeit, und allgemeine Entwicklungen werden anhand von Schematisierungen und Modellen verdeutlicht. Trotz der thematischen Vielschichtigkeit gelingt es dem Autor, übergreifende Befunde und spezifische Besonderheiten gleichermaßen darzustellen. Indem das Buch einen fundierten Überblick gibt, stellt es eine informative und unverzichtbare Lektüre für alle am ›Entwicklungsländer‹-Tourismus Interessierten dar.

Die Studie ist aber auch zu kritisieren. Inhaltlich ist zu bemängeln, daß zum einen Zusammenfassungen, Querverweise und Rückbezüge weitgehend fehlen. Zum anderen werden relevante Aspekte häufig nur angesprochen, aber nicht ausgelotet, z. B. die Perspektive der Bereisten. Als unbefriedigend muß schließlich die Behandlung der soziokulturellen und ökologischen Dimension angesehen werden. Indem die Beschreibung die Analyse überwiegt, endet Vorlaufer vielfach da, wo es erst spannend wird. Theoretisch ist zu kritisieren, daß Ansätze zwar genannt, nicht aber diskutiert werden. Da der Autor sich auf die empirische Darstellung konzentriert und die eingeschränkte fachwissenschaftliche Perspektive nicht verläßt, vergibt er die Chance, problemorientiert zu argumentieren. Eine stärkere Verknüpfung von Entwicklungspolitik und Tourismus als Modernisierungsfaktor steht (wie auch in Nuschelers »Lern- und Arbeitsbuch Entwicklungspolitik« 1996) weiterhin aus. Somit mag die Arbeit für die Fremdenverkehrsgeographie neue Maßstäbe setzen; für eine interdisziplinär und analytisch orientierte Tourismusforschung gilt dies jedoch nur eingeschränkt.

Peter Schimany

Axel Dreyer (Hg.): Kulturtourismus, München/Wien 1996: R. Oldenbourg Verlag (Lehr- und Handbücher zu Tourismus, Verkehr und Freizeit); 411 S.; m. Abb.; 78 DM

Tourism research: Cultural tourism

Das Buch will eine – vermeintliche – Lücke schließen, denn, so der Herausgeber, in der Fachliteratur sei »dem Thema Kulturtourismus aus wirtschaftlicher Sicht bisher kein Raum gewidmet« worden (S. 1). Zu einer derart krassen Fehleinschätzung kann wohl nur jemand gelangen, der auf gründliche Literaturrecherchen verzichtet und sich mit einer oberflächlichen Arbeitsweise begnügt. Diese fehlende wissenschaftliche Solidität prägt dann auch den theoretisch-konzeptionellen Ansatz des Buches, vor allem in Teil A »Einführung in die Thematik des Kulturtourismus«. So soll der Einleitungsbeitrag von Nahrstedt die »begrifflichen Grundlagen« (S. 1) klären; statt dessen wird hier eine obskure »Vereinigungs- bzw. Deutschlandhypothese« (S. 7) entwickelt, in der ein Zusammenhang zwischen dem Kulturtourismus und der deutschen Vereinigung konstruiert wird. Bezeichnenderweise (und zu Recht) findet sich an keiner Stelle des Sammelbandes ein Bezug auf diese abwegige These. Auch der Beitrag von Dreyer, in dem die Reisearten des Kulturtourismus »genauer betrachtet« (S. 1) werden sollen, ist nicht in der Lage, eine solide theoretisch-konzeptionelle Basis zu legen. Er setzt sich weder mit vorliegenden Definitionen auseinander, noch arbeitet er vorliegende Untersuchungsergebnisse umfassend auf. Statt dessen werden vage Begriffsbestimmungen und ein banales »Marktmodell des Kulturtourismus« (S. 41) geboten.

Im zweiten Teil »Erscheinungsformen des Kulturtourismus« finden sich empirisch orientierte Beiträge zu Städte-, Studien- und Sprachreisen sowie zu Thementourismus und -straßen. Da sie zumindest teilweise nach ähnlichen Kriterien strukturiert sind (Zielgruppen, Produkt- und Preispolitik), vermitteln sie jeweils Basisinformationen über diese Marktsegmente.

Die überzeugendsten Beiträge sind in Teil C »Spezialprobleme des Management und Marketing im Kulturtourismus« zusammengestellt. Anhand konkreter Fallstudien werden z. B. die Besuchermotive, Organisationsstrukturen und Effekte von kulturtouristischen Einrichtungen und Veranstaltungen beschrieben. Positiv zu nennen sind hier vor allem die informativen Artikel über die Stella Musical AG (Rothärmel), über die Passionsspiele Oberammergau (Lieb), über Museumsmanagement (Becker/Höcklin) und über Reiseleitung (Freericks). Doch auch hier stößt man auf zahlreiche Satzfehler sowie fehlende, unpräzise und falsche Quellen- und Literaturangaben. Gänzlich unverständlich bleibt daher das Lob des Herausgebers für die gute Zusammenarbeit mit dem Lektorat des Verlags: »So bereitet das Schaffen Freude!« (S. 2) Dem Leser bereitet das inhaltliche und handwerkliche Resultat dieses freudigen Schaffens über weite Strecken jedenfalls eher Verdruß.

Albrecht Steinecke

Franz Berktold-Fackler/Hans Krumbholz: Reisen in Deutschland. Eine kleine Tourismusgeschichte, München/Wien 1997: R. Oldenbourg Verlag (Touristik-Taschenbücher); 152 S.; m. Abb.; 29,80 DM

History & tourism research: Travelling in Germany. A brief History of Tourism

Franz Berktold-Fackler ist Kurdirektor im Allgäu und hat eine Doktorarbeit verfaßt: »Überblick über die Geschichte des Reisens in Mitteleuropa, speziell in Deutschland. Mit besonderer Berücksichtigung der beginnenden touristischen Entwicklung am bayerischen Alpenrand unter König Max II. von Bayern. Exemplarisch dargestellt am Beispiel der Ostallgäuer Gemeinde Schwangen«. Die Früchte dieses geistigen Ringens werden nun dem Publikum zugänglich gemacht, ergänzt um Passagen zum Sozialtourismus und zur DDR aus der Feder des Reisejournalisten Hans Krumbholz.

Die böse Vorahnung, die der Dissertationstitel weckt – vom weiten Feld zum Speziellen des Besonderen des exemplarischen Exempels – wird aufs schlimmste bestätigt. Veritable drei Seiten immerhin nimmt das Inhaltsverzeichnis ein. »Reisen - ein menschlicher Urtrieb?«, heißt es da z. B. vielversprechend; schlägt man indes nach, finden sich viereinhalb Zeilen, enthaltend eine Tautologie (ein »menschliches Verlangen ... so alt wie die Menschheit«) und einen mythischen König, der auch schon gereist ist. Ähnlich profunde schreitet diese Tourismusgeschichte Deutschlands dann zu den alten Ägyptern und Griechen. Es werden – mal chronologisch, mal nicht – beachtlich viele Themen angesprochen (Grand Tour, Bäderwesen, Verbände etc.) – bevorzugt aber die »Forschungsschwerpunkte« der Autoren, wie der bayerische Alpenrand unter Max II. Es verlohnt nicht, auf die Ungereimtheiten und Irrtümer einzugehen; ebensowenig auf konzeptionelle Mängel – eine Konzeption ist nicht erkennbar. Der Herausgeber der Reihe, der Ravensburger Tourismuswissenschaftler Prof. Dr. Heinrich R. Lang, hebt hingegen den »wissenschaftlichen Anspruch« hervor. Sollte damit der Anmerkungsapparat gemeint sein? Ausgiebig bedient man sich da so grundlegender Literatur wie der »Allgäuer Zeitung« der letzten Jahre, eines Opus »Meilensteine der Geschichte. Vom Pharaonenstaat bis heute«, dessen Autor offenbar lieber anonym bleiben will, sowie eines Heftes des »Ärztlichen Reise- u. Kultur-Journals« – welch eine Hausbibliothek! Zu gern wüßte der Rezensent, wo dort sein zitiertes Buch (S. 129) steht, das er nie geschrieben hat.

Einleitend meint Lang rechtfertigen zu müssen, »was ein Buch zur Geschichte des Tourismus überhaupt soll« (S. 8). Die Antwort auf die ruppige Frage: Es soll die Wurzeln beschreiben und Problemlösungen aufzeigen, denn Geschichte könne »unterhalten und ganz nebenbei [schön wär's, H. S.] Zusammenhänge verdeutlichen«. Wohl wahr, doch das Elaborat kann weder das eine noch das andere. Zu fragen ist also, was *dieses* Buch überhaupt soll. Wenn ihm denn etwas Positives abzugewinnen ist, dann seine unfreiwillige Komik. Offenbar schreckt der altehrwürdige Oldenbourg Verlag vor nichts mehr zurück, was zwischen zwei Buchdeckel paßt. Immerhin verdanken wir ihm einmal mehr einen tiefen Einblick in die sogenannte Tourismuswissenschaft.

Hasso Spode

Klaus Fesche: Auf zum Steinhuder Meer! Geschichte des Tourismus am größten Binnensee Niedersachsens, Bielefeld 1998: Verlag für Regionalgeschichte (Kulturlandschaft Schaumburg, Bd. 2); 268 S.; zahlr. Abb.; 39,90 DM

History: Let's go to the Steinhuder Meer! The History of Tourism at the biggest Lake of Niedersachsen

Drei Fotos derselben Steinhuder Dorfstraße: 1900, 1959 und 1998. Die beiden ersteren sind nahezu identisch: eine landschaftstypische Häuserzeile mit Klinker und Holzverblendung – halb Sommerfrische, halb Fischerdorf. Heute dagegen der akkurate Einheitslook (allzu) wohlhabender Kommunen in Bundesdeutschland: makelloses Fassadenweiß, pseudohistorisches Fachwerk, Poller, Parkbuchten, rote Verbundsteine. The world we have lost. Erst in jüngerer Zeit ist die Gegend so gründlich ›entzaubert‹ worden; jedoch wäre dies, so Fesche, eine »anachronistische« Klage – wenngleich er einräumt, daß »die Kritik an mancher Fehlentwicklung berechtigt ist«. In der Tat: Den unvermeidlich konstruierten Charakter touristischer Destinationen anzuerkennen kann nicht heißen, bau- und verkehrstechnische Scheußlichkeiten als gott- bzw. marktgewollt abzunicken. Fesches Darstellung liefert für diese Debatte wichtige Beurteilungsmaßstäbe.

Das Steinhuder Meer, beliebtes Ausflugsziel der Hannoveraner, war einst ein abgeschiedener Landstrich, wo Bauern, Fischer und Torfstecher hausten. In den 1760er Jahren hatte der schaumburg-lippische Graf mitten im See eine Festung, den »Willhelmsstein«, auf eine künstliche Insel gesetzt. Die skurrile Anlage wurde die erste Attraktion der Gegend, von der auch umliegende Orte profitierten. Im Laufe des 19. Jahrhunderts nahmen die Besucherzahlen allmählich zu (ausführlich wird in den Eintragungen des Fremdenbuchs geschwelgt), doch erst die Eröffnung einer Dampfbahnlinie vor hundert Jahren – ursprünglich für den Gütertransport gedacht – ließ dann das Steinhuder Meer zum populären touristischen Zielgebiet werden. Eine Umwertung und in deren Folge eine Umnutzung der Landschaft begann. Diese setzte sich durch die politischen Systemwechsel der Weimarer Republik, der NS-Zeit und der Bundesrepublik hindurch fort. Dies alles wird von Fesche mit viel Liebe zum Detail ausgebreitet, teils chronologisch, teils thematisch geordnet (z. B. Fahrradtouren, Baden oder Eislaufen). Dazu wühlte sich der Autor durch Berge von archivalischen Quellen; die Materialfülle handhabt er technisch und sprachlich souverän. Bisweilen allerdings hätte man sich gewünscht, die Darstellung wäre stärker strukturiert und in den Forschungszusammenhang gestellt worden. Die ›antiquarische‹ Detailliertheit aber hat auch ihren Reiz und Wert, zumal für eher heimat- als tourismusgeschichtlich Interessierte. Die Fördermittel, die die Schaumburger Landschaft e. V. und die Bundesanstalt für Arbeit dem großformatigen, hervorragend ausgestatteten Band zukommen ließen, sind jedenfalls bestens angelegt.

Hasso Spode

Christine Keitz: Reisen als Leitbild. Die Entstehung des modernen Massentourismus in Deutschland, München 1997: dtv; 370 S.; m. Abb.; 29,90 DM

History: Travelling as an ideal. The Origins of Modern Mass Tourism in Germany

Das Buch basiert auf einer Dissertation. Wie so häufig hat dabei der Titel eine Metamorphose durchlaufen: Er lautete präziser: »Organisierte Arbeiterreisen und Tourismus in der Weimarer Republik«. Gestützt auf umfangreiche Recherchen (v. a. am Berliner Institut für Tourismus) hat die Autorin zu *diesem* Thema eine Studie verfaßt, die so detailliert bislang nicht vorlag. (Daneben werden weit kursorischer die NS-Zeit und die BRD behandelt.) Die Materialfülle erweist sich freilich auch als Bürde: Der Rote Faden verliert sich mitunter im Wust der Quellen. Nun kennen wir die Geschäftszeiten des ›Arbeiter-Bildungs-Instituts‹ i. J. 1928 (Mo–Fr 9–11 und 16–19 Uhr). Auch der Umgang mit den vielen Zahlen wirkt keineswegs immer souverän. Dagegen erfahren Forschungsstand und -debatte eine eher kursorische, und wenn, am liebsten schulmeisterliche Erwähnung. Da wird Max Weber endlich als »überholt« abgelegt, auch Schelsky und Beck bringen es nur zu »unzutreffenden Annahmen«. Und die Tourismusgeschichte? Sie sei bis dato »immer« als Tourismuskritik konzipiert worden. Viel Feind, viel Ehr?

Die befremdliche Kollegenschelte mag mit der Eigenwilligkeit einer Hauptthese zusammenhängen: Der moderne Tourismus – mit Enzensberger definiert durch Normung, Montage, Serienfertigung – sei in der Weimarer Republik entstanden. Verglichen mit der Dissertation von 1992 liest sich dies nun zwar weniger apodiktisch, vermag aber immer noch nicht recht zu überzeugen (als ob es nicht vorher Cook und Baedeker, nachher KdF und das Wirtschaftswunder gegeben hätte). In theoretischer Hinsicht bleibt jedenfalls manche Frage offen. Zum Beispiel warum die Ausbreitung der Arbeiterreisen (von dem das Gros des Buches handelt) die notwendige Bedingung des modernen Massentourismus sei (S. 19) – zumal Keitz selbst bestätigt, daß hierbei die Angestellten zur treibenden Kraft wurden. Die Autorin strebt hochgemut mal eine Geschichte »sozialer Strukturen«, mal des »Lebensstils« an – und liefert doch über weite Strecken eine bloße Faktensammlung. Geschichtsschreibung ist nun einmal die Kunst des Kondensierens. Und so fragt man am Ende etwas ratlos, worin das Leitbild ›Reisen‹ eigentlich bestand und was das Moderne daran war.

Dennoch ist der fleißig recherchierte Band verdienstvoll: Als ein Steinbruch gibt er den Fachleuten Informationen und Anregungen zur Weiterarbeit, z. B. über die touristischen Organisations- und Infrastrukturen der 20er Jahre, die ja ein rasantes Wachstum erlebten. Eine Forschungslücke wurde, wenn nicht geschlossen, so doch ausgiebig vermessen. Der Band bestätigt leider auch, daß »steinigen Boden« betritt, wer Tourismusgeschichte betreibt. Es wurden weitere Brocken umgewälzt, eine konzise Darstellung unter der titelgebenden Perspektive ist jedoch nur ansatzweise gelungen.

Hasso Spode

Rainer Amstädter: Der Alpinismus: Kultur – Organisation – Politik, Wien 1996: WUV-Universitätsverlag; 666 S.; zahlr. Abb.; 69 DM

History: Alpinism: Culture – Organization – Politics

Nach Diplomarbeit und Dissertation hat der Wiener Historiker eine politikgeschichtliche Monographie zur Entwicklung von Antisemitismus und Deutschnationalismus innerhalb der bürgerlichen Touristenvereine Deutschlands und Österreichs vorgelegt. Entlang einer m. E. problematischen Chronologie (Präalpinismus, Eroberungsalpinismus, Vereinsalpinismus und Sportkletterbewegung seit den 80er Jahren) wird die Genese von Patriotismus, Nationalismus, Kulturkonservativismus und Rassimus untersucht. Präzise und materialreich dargestellt werden der Prozeß völkischer Radikalisierung in den 20er Jahren sowie die weitgehende Einpassung in das Anforderungsprofil des Nationalsozialismus. Diskutiert werden etwa die Instrumentalisierung des Alpinismus im Ersten Weltkrieg, die Verbreitung des ›Arierparagraphen‹ in den einzelnen Vereinen und die pädagogische und politische Vorbereitung des ›Anschlusses‹. Ausreichend entschlüsselt wird auch die Rekonstituierungsphase der bürgerlichen Tourismusvereine 1945–50, unberücksichtigt bleibt jedoch die anschließende Periode der Internationalisierung (Union Internationale des Associations d'Alpinisme), nationaler Kooperation (Verband Alpiner Vereine Österreichs) und Entideologisierung.

Es ist zweifelhaft, ob jener deutschtümelnde Antisemitismus, der bürgerliche Alpinvereine seit Mitte der 20er Jahre besetzte, tatsächlich auf den »Ganzheitswahn des deutschen Idealismus« (S. 197), dessen »Erkenntnisgier« oder die »Weltangstüberwindung Kants« (S. 102) rückführbar ist – naheliegende Ideologien, wie der zeitgenössische Sozialdarwinismus und Rassenantisemitismus werden dagegen nicht wirklich fokussiert. Bedauerlich auch, daß die Arbeit aufgrund ihres geringen systematischen wie methodischen Aufwands Ansätze der Körpergeschichte unberücksichtigt läßt;

Hinweise auf die im Alpenverein assoziierten »Männerbanden und Männerbunde mit homosexueller und bisexueller Neurotik« (S. 133) wirken eher ornamental als analytisch. Ausgeblendet bleiben die – vielfach stereotypisierte – Landschaftsrezeption oder die Entwicklung religiöser bzw. parareligiöser Zugänge. Auch der sozialdemokratische Touristenverein ›Die Naturfreunde‹ wird nicht quellenmäßig erschlossen. Eine weitere Schwäche der Arbeit ist die fehlende Darstellung ökologisch relevanter Handlungsfelder (›Heimatschutz und Naturschutz‹ wurden 1910 auch in die Statuten der ›Naturfreunde‹ aufgenommen). Schließlich finden sich im wissenschaftlichen Apparat einige formale Fehler, und die Sekundärliteratur läßt zentrale tourismusgeschichtliche (Sammel-)Werke vermissen. Insgesamt kann die Arbeit somit nur mit großen Einschränkungen empfohlen werden.

Reinhard Farkas

Michael Kamp: Die touristische Entdeckung Rothenburgs ob der Tauber im 19. Jahrhundert. Wunschbild und Wirklichkeit, Schillingsfürst 1996: Selbstverlag; 333 S.; zahlr. Abb.; 29,80 DM

History & ethnic studies: The Touristic Discovery of Rothenburg ob der Tauber in the 19th Century. Dream and Reality

»Histourismus« hat Regina Römhild es genannt, wenn Städte und Dörfer ihres historischen Erscheinungsbildes wegen aufgesucht werden, und wenn dem die Bau- und Gestaltungstätigkeit in den Zielorten angepaßt wird. Heute wird dieses Phänomen unter dem Aspekt ›Erhaltung statt Zerstörung von Kultur durch Tourismus‹ diskutiert; daß und wie diese ›Erhaltung‹ zugleich spezifische Gestaltung darstellt, wird hier (sowie bei Erhard: s. u.) erkennbar. Gleichzeitig wird indirekt davor gewarnt, die Konservierung wichtiger zu nehmen als die sozialen Lebenswelten.

»Die Tourismuswirtschaft als Nutznießer und natürlicher Verbündeter einer intakten Umwelt, Natur und Kulturlandschaft sieht sich zu deren aktiver Erhaltung verpflichtet.« So formuliert eine gemeinsame Erklärung von neun deutschen Spitzenverbänden und -organisationen zum Tourismus. Und: »Durch die gezielte Einbindung traditioneller Wirtschaftsformen wie Land-, Forstwirtschaft und Handwerk in die Tourismusentwicklung müssen Regionen und Landschaften in ihren gewachsenen Strukturen gestärkt werden.« Das kann leicht und schnell als Modernisierungsverbot empfunden werden, wenn es nicht integriert ist in eine Regionalpolitik, deren souveräne Gestalter die Bewohner der Region selbst sind. Die World Commission on Culture and Development ist da ehrlicher: Sie weiß, daß erst die soziale Einbindung die Zukunft von Kulturdenkmälern als ›living social space‹ sichert; die vom Kulturtourismus der wohlhabenden Überflußgesellschaften abhängige ›heritage industry‹ wirkt eher kontraproduktiv, weil sie die Souveränität über die eigene Lebenswelt raubt und damit Distanz und Abwehr erzeugt.

Die detailreiche Arbeit analysiert (leider nicht immer ganz übersichtlich), wie Rothenburg zur »Rohrpoststation an der Romantischen Straße« wird. In der einstigen freien Reichsstadt sind im 19. Jahrhundert intellektuelle »Symbolanalytiker« am Werk, die jene Begriffe und Strukturen prägen, in die sich dann die Neuerungen einfügen – z. B. ein kritisch beäugter liberaler Lehrer, ein Schriftsteller, ein Architekt, ein Lateinschullehrer, dem der erste gedruckte Stadtführer von 1875 zu verdanken ist, und ein Pfarrer, der die historischen Legenden in Erinnerung ruft und ausschmückt. Berichte von Kulturtouristen und Artikel in »Gartenlaube« und in »Daheim« tragen zum Bekanntheitsgrad des Städtchens bei, das so zu einem ersten Repräsentanten eines eigenen Typs von historisierten Städten wird. Diese

Erschließung für den Tourismus war indes mit einem Modernisierungsschub verbunden, der auch Industrialisierung versuchte (und mit wegweisenden Innovationen aufwartete, z. B. 1897 mit der Elektrifizierung, da Gas als altmodisch empfunden wurde). Der Tourismus konnte durchaus als Teil einer komplexen Regionalentwicklung in der ›Modernisierung‹ verstanden werden. Bausünden der Modernisierungsexzesse werden sodann abgelöst durch diejenigen des historisierenden Bauens. Edelkitsch-Souvenirs und Kunstgewerbe, ›altdeutsche‹ Motive im Kunsthandwerk erscheinen auch auf Weltausstellungen. Ausländische Gäste spielen schon früh eine bedeutende Rolle. Erfolgreicher Gipfel der »Bestrebungen der Rothenburger Fremdenverkehrslobby, eine geschönte Vergangenheit zum Pläsier der Reisenden zu reproduzieren«, ist ein zur aufgewerteten Stadtkulisse passendes Kulturprogramm: 1881 wird das historische Festspiel »Der Meistertrunk« uraufgeführt. Die ›Überoberammergeierei‹ als touristische Hochpreispolitik erregt allerdings ebenso Kritik wie der Baufolklorismus, der von der Fachwerkfreilegung zum Neubau im historisierenden Stil führt, bei dem Original und Kopie nicht mehr zu unterscheiden sind. »Kulturversteinerung« tritt an die Stelle von »Gestaltpluralismus«: »Banalromantische Vorstellungen vom Mittelalter mit rustikalem Fachwerk und Spitzbogenidylle hatten obsiegt.« Was als Konservierung wie unter einem Glassturz aussieht, bedeutete in Wirklichkeit ein professionelles zielgruppensicheres Marketing, das z. B. schon um 1900 in Bad Kissingen, Würzburg, Bayreuth und Oberammergau sowie im Ausland nach Kunden suchte. Das führt zu Ergebnissen, unter denen die nicht zur ›BMW-Fraktion‹ (Bäcker, Metzger, Wirte) gehörenden Rothenburger heute noch zu leiden haben.

Dieter Kramer

Ernst-Otto Erhard: Von der Geschichte leben? Das Beispiel Dinkelsbühl, Dinkelsbühl 1998: Funkfeuer Verlag; 2. Aufl.; 121 S.; m. Abb.; 21,80 DM

History & tourism research: Living on History? The Example of Dinkelsbühl

Der Rothenburger »Phantasmagorie der Sehnsüchte« (Kamp: s. o.) tritt kaum zeitversetzt das benachbarte Dinkelsbühl mit einer ähnlichen Geschichte an die Seite: Eine mittelalterliche ›Sommerblüte‹ von zwei Jahrhunderten, ein Niedergang, der mit der Reformationszeit anfängt und im Dreißigjährigen Krieg seinen Höhepunkt fand, schließlich die Einvernahme durch Bayern. Erhard läßt in seiner flüssig zu lesenden, essayistischen Darstellung die Moderne Dinkelsbühls beginnen mit dem Denkmalerlaß Ludwigs I. 1826. Daß die schon lange praktizierte ›Kinderzeche‹ (anknüpfend an eine Episode von 1632) 1848 historisierend erneuert wurde, hatte noch nichts mit Tourismus zu tun. Aber als 1896 das gleiche mit der Städtischen Knabenkapelle geschah, spielte der Tourismus durchaus eine Rolle, denn inzwischen wurde nach Rothenburger Vorbild und unter Mithilfe von Experten aus dieser Stadt die ›Kinderzeche‹ poetisch überhöht und mit Anleihen bei Schiller zu einem Historienstück aufgeblasen. Fremde Besucher, Maler zumal, und eine Lokalbahn von 1890 weckten die Stadt aus dem ›Dornröschenschlaf‹ und bescherten ihr eine unerwartete ›zweite Geschichte‹. Der »unfreiwillige Stillstand des Lebens, zumal der Stillstand inmitten einer Welt des Fortschritts« gelangte zu einer neuen Wertschätzung: »Ihr unzeitgemäßer, zurückgebliebener industrieller Standard erwies sich da unversehens nicht mehr als Hindernis, sondern – paradoxerweise – als Grund für eine gewisse wirtschaftliche Erholung«. Anders als Kamp bezieht Erhard auch die Gegenwart ein. »Liegt das Endziel und die Erfüllung der zweiten Geschichte Dinkelsbühls in dessen Umwandlung zum historischen Lunapark?« fragt er und formuliert damit, was heute für Städte dieser Art als Aufgabe ansteht: Die Entwicklung einer Lebensform, die den Tourismus und die Lebensqualität derjenigen, die in ihnen leben und derjenigen, die für die Touristen als Dienstleister arbeiten, miteinander in Einklang bringt. Der seine Glaubwürdigkeit verlierende Schein der Ursprünglichkeit wird entweder durch die totale Fiktion einer »Traditionsinsel« mit lebendem Inventar ersetzt werden, oder aber er wird einem souveränen (d. h. auch Grenzen setzenden) Umgang mit den Touristen in einer Lebenswelt, die ihre eigene Würde bewahrt, weichen.

Dieter Kramer

Petra Streng/Gunter Bakay: Bauernerotik in den Alpen. Das Liebesleben der Tiroler vom Mittelalter bis ins zwanzigste Jahrhundert, Innsbruck 1997: Edition Löwenzahn; 202 S.; zahlr. Abb.; 34 DM

History & ethnic studies: Peasant Eroticism in the Alps. Sex life in Tyrol from the middle ages to the 20th century

»Auf der Alm, da gibt's koa Sünd'« – Der Wunsch, Ferien vom Alltag mit Urlaub vom Über-Ich zu verbinden, begleitet unterschwellig die touristische Nutzung der österreichischen Alpen. Wer kennt sie nicht, die anzüglichen Kartenbilder ›kerniger‹ Skilehrer, ›liaber‹ Sennerinnen und draller Kühe. Während Sex auf Fernreisen thematisiert und erforscht wird, war es wohl die scheinbare Banalität des Massenphänomens Alpinerotik, die bisher über die Piefke-Saga hinausgehende Darstellungen verhinderte. Dieser Bann ist gebrochen. Ein Innsbrucker Wissenschaftlerpaar, das Volkskunde in seiner Beratungsfirma für ›alpenländische Volkskultur‹ erfolgreich kommerziell umsetzt, hat sich der verfemten, aber stets gierig rezipierten Materie angenommen und das Spannungsfeld zwischen sittenstrenger Obrigkeit und anarchischen Dörflern und Älplern detailreich dargestellt. Kann sich historische Wahrheit gegen lüsterne Klischees überhaupt durchsetzen? Die AutorInnen meinen programmatisch (S. 22): »Wer über die Tiroler Bauernerotik spricht, sollte wissen, woher die Bilder kommen, die durch seinen Kopf geistern. Er [und wohl auch sie, A. G. K.] sollte wissen, warum und zu welchem Zweck die Klischees erfunden wurden, .. [was] es mit dem berühmten Fensterln auf sich hatte, ... mit der Tändelei zwischen Bauer und Magd, zwischen Bäurin und Knecht. Er [/sie] sollte wissen, wie man mit der vorehelichen Sexualität, den ledigen Kindern [bzw. deren Verhütung] umgegangen ist.« Kirchlich-staatliche Kontrolle ebenso wie städtisch-touristische Perspektive polarisieren das Landleben gerne zu Prüderie und Exzeß. Beide Extreme sind ebenso ›urig‹ wie falsch.

Die moderne Volkskunde als empirisch-historische Sozialwissenschaft rückt Verblödelt-Verschuhplatteltes durch Einordnung in seinen jeweiligen sozialen Kontext zurecht. So erweist sich der seltsam aufgeladene Bereich ›Alm‹ als Überlagerung bürgerlich-romantischer Natursehnsucht, entbehrungsreich erkämpfter sozialer Freiräume der Akteure und neidvoll-ängstlicher Phantasien der im Tal (mit seiner starren Ordnung) Verbliebenen. Die AutorInnen geben, durchwegs humorvoll, Hintergrundinformation zu gängigen Klischeebereichen wie Alm, Fest und Tanz, Spinnstuben, Fensterln, Probenacht-Mythos, illegitime Kinder oder Hafen der Ehe. 17 Seiten Anmerkungen und 15 Seiten Literatur machen das Buch auch zu einem interessanten Quellenwerk. Wissenschaftlichen Anspruch mit Lockerheit zu verbinden, zahlreiche Abbildungen (einige leider flau reproduziert), aber keine Pornographie – die Popularisierung von fachlichem Wissen wird sympathisch eingelöst.

Alexander G. Keul

Birgit Mandel: Wunschbilder werden wahr gemacht. Aneignung von Urlaubswelt durch Fotosouvenirs am Beispiel deutscher Italientouristen der 50er und 60er Jahre, Frankfurt a. M. usw. 1996: Peter Lang; 310 S.; zahlr. Abb.; 89 DM

Cultural studies: Dreams become true. The Appropriation of the Vacation World by means of Photography. The Example of German Tourists in Italy in the 50s and 60s

Diese empirische Untersuchung verarbeitet Ansätze aus unterschiedlichen Wissenschaftsbereichen. Die zentrale Fragestellung zielt auf das Verhältnis von Standardisierung touristischer Welten und aktiver Aneignung durch die Urlauber. Anders als die naive Tourismuskritik, für die ›Klischees‹ und individuelle Erfahrung einander ausschließen, faßt die Autorin das Verhältnis als komplementär. Vorgegebene Images schließen Kreativität nicht aus, im Gegenteil: Die kulturell vermittelten Bilder vom sonnigen Italien, dem ›ursprünglichen Leben‹ der Einheimischen, den farbigen Märkten und den Sehenswürdigkeiten dienen den Urlaubsfotografen zwar als immer wieder kopierte Vorlagen. Im Akt des Fotografierens und in der Gestaltung der Fotoalben verarbeiten die ›Knipser‹ die vorgegebenen Stereotype aber auf individuelle Weise. Das Fotografieren und Aufbereiten der Fotosouvenirs ist ein persönliches, ästhetisches und auch kreatives Verfahren. »Die standardisierten, massenmedial vermittelten Motive werden zwar übernommen, ... jedoch bleiben sie nicht unangetastet.« Die Urlauber gehen »mit einer unkonventionellen Freiheit und Phantasie vor, die als schöpferisch bezeichnet werden kann«. (S. 218)

Unaufgeregt und nüchtern argumentierend, widerlegt die Autorin an konkreten Beispielen das kulturkritische Vorurteil, die Normierung des modernen Reisens führe zu einer Verkümmerung der Wahrnehmung. Die »touristische Konstruktion von Wirklichkeit« (S. 10) ist vielmehr ein aktiver, gefühlsmäßig intensiv besetzter und – jedenfalls in den von Mandel untersuchten 42 Fällen – ›erfolgreicher‹ Prozeß. Sie schafft zwar nicht ein ›authentisches‹ Bild des fremden Landes. Das aber ist auch nicht ihr Ziel. Vielmehr werden, wie der Buchtitel sagt, »Wunschbilder wahrgemacht« – lange wirkende Bilder mit persönlicher Bedeutung, die noch nach 30 Jahren eine starke emotionale Intensität entfalten, wie die Autorin bei ihren Interviews feststellen konnte.

Für weitere Arbeiten zur Codierung touristischer Wahrnehmung – einem Schlüsselthema der Tourismustheorie – liefert diese Dissertation vorzügliches Material. Schon die präzisen Literaturreferate, etwa zum Italienimage der 50er Jahre, zur Amateurfotografie oder zur Bedeutung von Souvenirs, lohnen die Lektüre. Besonders erfreulich ist der kontinuierliche Bezug auf die tourismustheoretische Diskussion, auf Autoren wie Cohen, Urry oder Graburn.

Christoph Hennig

Tagungsberichte

Hans-Georg Deggau: »Reisezeit – Lesezeit«

A Time for Travelling – a Time for Reading

Die Stiftung Lesen und die Deutsche Bahn AG hatten Mitte Januar 1998 nach Weimar zur zweiten Reiseliteratur-Fachtagung mit dem Thema »Reisezeit – Lesezeit« eingeladen. Es trafen sich Reisebuchautoren und Reisejournalisten, Verlagsvertreter und Lektoren.

Der Einleitungsvortrag von A. Steinecke, Paderborn, gab hauptsächlich eine Marktanalyse des Tourismus. Damit war ein Grundakkord angeschlagen, der dem Bedürfnis des Publikums in weiten Teilen entsprach: Wie können wir mehr verkaufen? Solche strategischen Überlegungen unterfütterte der Marktforscher J. Tresp, Nürnberg. Wenn 75 % der Reisenden ohne einen Reiseführer im Gepäck in den Urlaub fahren, ist das Käuferpotential noch immer außerordentlich groß, trug S. Mair, Ostfildern, vor. Dann müssen sich Autoren und Verlage in Inhalt und Form der Reiseführer an die Konsumentenwünsche anpassen. Dem wurde heftig widersprochen, denn so verliere der Reiseführer seinen literarischen und subjektiven Charakter. Dagegen müßten die Reiseautoren anschreiben – und, wie die Diskussion ergab, unverkäuflich werden. Kann man aber erfolgreich gegen den Mainstream schreiben? Plakative Polaritäten wie Markt gegen Mensch, Ökonomie gegen Ethik, konnten zwar Positionen klären, aber nicht fruchtbar gemacht werden.

Die Überlegungen zu einer »Imaginären Geographie« von Ch. Hennig, München, führten darüber hinaus. Gemeint sind Vorstellungen über bestimmte Orte, z. B. Bilder wie das Inselparadies oder die unberührte Natur. Diese imaginäre Gegenwelt soll ein treibendes Motiv des Tourismus sein, ja ein Strukturgesetz beinhalten. Die Tagung wurde abgerundet durch Beiträge über den *armchair-traveller*, der reist, ohne seinen Sessel zu verlassen, Beiträge aus der Sicht von Zeitung und Rundfunk, Leseprojekte der Bahn, eine Vorstellung des Internet im Bereich des Tourismus und Überlegungen zu der Funktion von Bildern in Reiseführern. Sie hat einen guten Einblick in die Probleme gegeben, die derzeit auf dem Reiseführermarkt von Autoren und Buchmachern diskutiert werden. Die nächste Tagung ist für 1999 in Leipzig geplant.

Tagungsbericht

Hans-Georg Deggau: »Auf dem Weg zu einer Theorie des Tourismus«

Toward a Theory of Tourism

Ende Januar 1998 fand in der Evangelischen Akademie Loccum bei Hannover eine spannende und ertragreiche Tagung unter dem Titel »Auf dem Weg zu einer Theorie des Tourismus« statt. Es ging darum, wie eine Theorie des Tourismus aussieht oder aussehen könnte, ob es sie überhaupt schon gebe, und für wen und für was sie nützlich sein könnte. Erwartungsgemäß konnte über diese Fragen keine Einigkeit hergestellt werden. Aber das Publikum sah sich mit anregenden Positionen, Denkanstößen, Meinungen konfrontiert. Es wurden fünf Hauptvorträge gehalten, und es tagten Arbeitsgruppen, zum Beispiel zu den Themen »Kulturkontakt«, »Wirtschaft« und »Ökologie«. Die Vorträge sollen in einem Tagungsband publiziert werden.

Verbreitet, zumal im Publikum, war ein kritisches Verständnis des touristischen Betriebs, das zwar nicht leugnete, daß Reisen Spaß macht (oder machen kann), aber doch mit Nachdruck darauf bestand, daß die negativen Folgen des Tourismus immer mit zu bedenken seien, sei es wirtschaftlich oder ökologisch. E. Kresta, Berlin, hob diesen Aspekt gleich im ersten Vortrag hervor; hierbei folgte sie in der Grundtendenz dem Essay »Theorie des Tourismus« von H. M. Enzensberger vom Ende der 50er Jahre, und unterstrich somit, daß dessen These, Tourismus sei eine Fluchtbewegung, heute noch einflußreich ist. Der Vortrag von H. Spode, Berlin/Hannover, trug dagegen nur vermittelt zu einer inhaltlichen Theorie bei. Er entwickelte vielmehr ein allgemeines Modell des Theoriegebrauchs in der Wissenschaft, demzufolge es eine spezifische theoriegeleitete Tourismuswissenschaft zur Zeit nicht geben kann – und nach seiner Auffassung auch auf längere Sicht nicht geben wird. F. Romeiß-Stracke, München, stellte dagegen anschließend eine Sammlung verschiedener Ansätze vor, die den Tourismus von ganz unterschiedlichen Seiten zu beleuchten suchen, z. B. aus systemtheoretischer, konstruktivistischer oder evolutionärer Sicht. Einen weiteren Versuch, eine inhaltliche Tourismustheorie zu entwickeln, trug Ch. Hennig, München, vor. Er ging davon aus, daß im Tourismus die Welt des Alltäglichen verlassen werde. Wichtig seien dabei bestimmte Differenzen, etwa Natur – Zivilisation oder Routine – Abenteuer, und eine imaginäre Geographie, in der reale Gegenden bildhaft mit Bedeutung aufgeladen würden. Die individuelle Auswahl des Reiseziels bewege sich dann in einem gesellschaftlichen Muster. Der letzte Vortrag verdichtete die theoretischen Überlegungen in literarischer Weise und verließ damit den Rahmen der Theorie: T. Gohlis, Hamburg, sprach über die »Kunst des Reisens«, die vor allem eine Kunst des Verfremdens und Beobachtens sei.

In den Diskussionen und Arbeitsgruppen herrschte wohl eher die Auffassung vor, daß kein wirklicher Bedarf an einer ausgearbeiteten Tourismustheorie bestehe. Denn die etablierten Wissenschaften, wie etwa die Ökonomie oder die Soziologie, seien hierfür ausreichend. Diese Skepsis kam vor allem in dem abschließenden Podiumsgespräch zum Ausdruck, in dem sich Vertreter von Tourismuswirtschaft, -politik und -wissenschaft über die möglichen praktischen Folgen einer solchen Theorie unterhielten. Einig waren sich da die Praktiker, daß für ihre jeweiligen Arbeitsbereiche eine Tourismustheorie überflüssig sei. Die Handreichungen, die sie bisher an aufbereitetem empirischen Material über Touristenströme oder Umweltschäden erhielten, seien für ihre Zwecke völlig genügend.

Ausführliches Inhaltsverzeichnis mit Zusammenfassungen der Beiträge
Extended table of contents, including summaries

Editorial
Christoph Hennig
Zur Einführung: Reisen und Imagination
Introduction: Travelling and Imagination

Wissen/Knowledge
Dieter Richter
Das Meer. Epochen der Entdeckung einer Landschaft
The Sea. Epochs of a landscape's discovery

Das Meer, die Küste, der Strand: Zahllosen Touristen gelten sie als reizvollste Landschaft der Erde. Das war freilich nicht immer so. Jahrtausendelang war das Meer den Menschen fremd, war der Inbegriff des Schreckens und des Unheimlichen. Der Einstellungswandel setzte im 18. Jahrhundert ein, als Ärzte Seewasser gegen die Leiden der Zivilisation empfehlen; an den Küsten entstehen Seebäder. Der medizinische Diskurs wird allmählich vom ästhetischen überlagert: Für zwei Jahrhunderte streitet das ›Lust-Prinzip‹ gegen das ›Kur-Prinzip‹. Erst mit der Romantik und deren Entdeckung der Tiefenschichten der Seele entwickelt sich eine neue Sensibilität gegenüber der Tiefe und den Schönheiten des Meeres. Neue Formen der Aneignung der Küste – Strandspaziergang, Bootsfahrt, Schwimmen – werden zunächst von einem kleinen Kreis von Künstlern praktiziert: Frühformen des modernen Tourismus. Gegenwärtig zeichnen sich jedoch neue Tendenzen ab: Der Strand wird mehr und mehr zum Sportplatz, und im Zeichen von Gesundheits- und Ökologiebewußtsein kehrt Respekt, vielleicht sogar Angst gegenüber dem Meer zurück.

The sea, the coast, the beach: for numerous tourists this is the world's most beautiful scenery. Yet, that wasn't always so. For thousands of years the sea was perceived as hostile; it was a synonym for horror and the unknown. The change in perception occurred in the 18th century when doctors started to recommend seawater to ease the ailments of civilisation and seaside resorts were founded. The medical discourse slowly gave way to a discourse of aesthetics. For two centuries the ›joy principle‹ competed against the ›health principle‹. Only with the dawn of Romanticism and its discovery of the soul's abysses did a new sensibility develop toward the sea's depth and the beauty of ocean scenery. New forms of appropriation of the coast – such as walks along the beach, boat trips, and swimming – were first practiced by a small group of artists, thus inventing modern tourists' behaviour. However, currently there are new trends: the beach is used as a sports ground, and in the age of health and ecological awareness a respect for – and perhaps even fear of – the sea seems to return.

Wissen/Knowledge
Wolfgang Kos
Die imaginären Landschaftsräume der Rockmusik
The Imaginary Landscape Spaces of Rock Music

Rockmusik war stets von suggestiven Raumbildern begleitet. Im Beitrag wird dies am Beispiel mythisch überhöhter Amerika-Phantasien veranschaulicht, die via Populärkultur im 20. Jahrhundert globale Gültigkeit gewannen. Die bindungslose Bewegung durch leere und periphere Räume, aufgeladen mit vormoderner Freiheitssymbolik, wurde zu einem Standardmotiv in Road-Movie und Rock-Poesie. Das Medium Popmusik fungierte als Energie- und Lebensstiltransformator, mit dessen

Codes man Distanz zur angestammten Lebenswelt gewinnen und den Vorstellungshorizont erweitern konnte. Die ›Reiseagentur‹ Popmusik lieferte Ahnungen vom ›wirklichen‹ Leben voller Gefühlsintensität und Ekstase. Entlang der assoziativen Texte eines Bob Dylan konnte die Imagination durch entgrenzte Räume driften; die Musik-Trips der Hippies zielten auf einen Ausstieg aus Raum und Zeit. Zugleich wurde die Pop-Subkultur um 1970 zu einem Keimboden für Agrarromantik und ganzheitliche Sehnsüchte – und damit für Alternativtourismus und Ökologiebewegung.

Rock music has always been accompanied by suggestive spatial images. This article explores this idea in light of mythical American fantasy which, through popular culture, has gained worldwide recognition in the 20th century. Free movement through empty and peripheral spaces, filled with symbols of freedom, became a standard motif in road movies and rock poetry. The pop music medium acted as a transformer of energy and lifestyle, providing codes with which people could distance themselves from their own life-environment and expand their imaginative horizons. The ›travel agency‹ pop music suggested a life full of intense emotions and ecstasy. The author further develops these ideas using the music of Bob Dylan, the Hippies, and pop subculture around 1970 as examples, and draws connections to alternative tourism and the ecological movement.

Essay
Jochen K. Schütze
Es gibt keinen Grund, das Reisen den Büchern vorzuziehen
There is no Reason to Prefer Travelling Over Books

Einst wurden aus Reisen Büchern, dann aus Büchern Reisen: Wir sehen nur, was wir schon wissen, und Reiseziele werden zu formlosen Nicht-Orten. Erdachte Städte sind vorzuziehen.

It used to be that journeys became books, then books became journeys. We only see what we know already, and destinitations turn into formless nowhere-lands. Invented cities are preferable.

Wissen/Knowledge
Rob Shields
Raumkonstruktion und Tourismus. Orte der Erinnerung und Räume der Antizipation in Quebec City
Spatialisation and Tourism: Sites of Memory and Spaces of Anticipation in Québec City

Der Text analysiert die ›soziale Konstruktion der Raumerfahrung‹ in Quebec City, einem der wichtigsten Touristenziele Nordamerikas. Der Tourismus bringt hier ritualisierte Praktiken mit sich, die dazu dienen, die Vergangenheit an einem Ort der kollektiven Erinnerung zu vergegenwärtigen. Quebec erscheint als ein geschichtsträchtiger, ›europäischer‹ Ort, als ›anheimelndste Stadt‹ Amerikas und zugleich als Ort unterhaltsamer Freizeitaktivitäten. Diese Raumkonstruktion wird theoretisch analysiert und empirisch untersucht, vor allem am Beispiel von Plakaten, die die Canadian Pacific Railway Company in der Zwischenkriegszeit produzierte, um für Reisen und das von ihr erbaute Schloß-Hotel – heute ein Wahrzeichen der Stadt – zu werben. In den Werbebildern werden realiter kaum aufeinander bezogene Elemente zusammengesetzt zu einer unwahrscheinlichen Kombination von ›touristischen Aktivitäten‹ und ›Alt-Quebec-Szenen‹. Solche festen Ortsmythen weichen heute zunehmend postmodernen, fließenden Raumkonstruktionen.

Québec City - with its ›quaint‹ charm and historical significance – is one of the premier tourist sites in North America. Tourism here involves ritualized, spatial practices which bring the past into the present, for some, while others concentrate on experiencing the spatialisation of Québec City as a site of difference and as a French-speaking political capital. ›Old Québec‹ is constructed as a pre-modern and non-North American destination for English-speaking tourists. This essay analyses the social spatialisation theoretically and empirically, mainly by working through a collection of advertising images produced by the Canadian Pacific Railway in the inter-war years to promote travel and its famous hotel on top of the cliff. In these images a set of otherwise poorly-related elements are composed into an improbable ›assemblage‹ of tourist activities and ›Old Québec‹ scenes. In post-modern place-myths, however, spatialisation has lost its fixed structure, but constitutes a virtual space of possible movements and anticipations.

Wissen/Knowledge
Michael Hutt
Auf der Suche nach Shangri-La. Der Himalaja in der Imagination des Westens und in der nepalesischen Literatur
Looking for Shangri-La. The Himalayas in Western Imagination and in Nepali Literature

Zunächst wird gezeigt, auf welche Weise abendländische Literatur und Medien die Kulturen und Landschaften des Himalaja idealisiert haben, wobei besonders danach gefragt wird, wie das Konzept von ›Shangri-La‹ das populäre Bild von Tibet und anderen Regionen des Himalaja geprägt hat. Dem Ursprung des Mythos von ›Shangri-La‹ – er entstammt dem Roman »Lost Horizon« von James Hilton – wird nachgespürt, und es werden verschiedene Beispiele seiner Umsetzung diskutiert. Der Beitrag untersucht sodann die Reaktionen auf das abendländische Idealbild des Himalaja anhand von Beispielen aus der modernen nepalesischen Literatur, die hiermit erstmals in deutscher Übersetzung vorliegen (dt. von E. D. Drolshagen). Es überrascht kaum, daß nur wenige, die in einem Touristenparadies leben, ihr Land so sehen, wie es nach außen verkauft wird; doch es mutet seltsam an, daß viele Menschen Nepal oder Bhutan mit einem mythischen Utopia im Kopf besuchen, und es schaffen, wieder nach Hause zu fahren, ohne diesen Mythos revidiert zu haben.

The essay begins by looking at the way in which Western media and literature have idealized the cultures of the Himalayan region, and particularly at the way the concept of ›Shangri-La‹ has shaped popular visions of Tibet and other Himalayan countries. The myth of Shangri-La is traced back to its origin – the novel »Lost Horizon« by James Hilton – and various examples of its application are discussed. The essay then goes on to examine some examples of literary reactions to the West's idealized image of the Himalayas, drawn mainly from modern Nepali literature. Several extracts are given in translation. The essay admits that few who live in a tourist's paradise see their land quite as it is promoted outside, but argues that it is still surprising that many visitors come to Nepal or Bhutan for example expecting a mythical utopia and manage to return home with their preconceptions virtually intact.

Wissen/Knowledge
Adelheid Schrutka-Rechtenstamm
Sehnsucht nach Natürlichkeit. Bilder vom ländlichen Leben im Tourismus
Longing for Naturalness. Images of Rural Life in Tourism

Das Verhältnis von Tourismus und Natur ist ambivalent: Romantische Naturwahrnehmung steht der technischen Beherrschung von Natur gegenüber. Einerseits stellt Unberührtheit einen wichtigen Wert dar, während andererseits der Tourismus gleichzeitig Natur gestaltet und zum Teil sogar zerstört. Das Erleben von Natur im Urlaub erfährt derzeit verstärktes Interesse. Damit verbunden sind idyllisierende Vorstellungen von intakter Landschaft, in die auch die dort lebenden Menschen und ihre Kultur integriert werden. Der Blick auf die Fremde ist ausschnitthaft und durch Wünsche und stereotype Vorstellungen geprägt. Mit einem Urlaub auf dem Lande bzw. im bäuerlichen Ambiente sind Imaginationen von einer heilen Welt in Harmonie und authentischer Naturnähe verbunden. Die Tourismusindustrie erfüllt diese Sehnsüchte durch einschlägige Angebote, die auch scheinbar echte Einblicke in die Lebensweise der Bewohner touristischer Zielgebiete versprechen, wodurch es zur ›Folklorisierung‹ ländlichen Alltags kommt. Kulturlandschaft und bebaute Umwelt wird als Teil der Natur präsentiert und diese zum inszenierten touristischen Produkt. Diese Entwicklung geht in Richtung Ökologie und Natürlichkeit und verspricht einen hohen Umweltstandard bei gleichzeitig garantiertem Komfort, zu dem auch eine neue Art professioneller Gastfreundschaft gehört.

The relationship between tourism and nature is an ambivalent one. It includes both a romantic perception of nature and technical domination. On the one hand, unspoiled nature is a central value. On the other hand, tourism changes nature and sometimes even destroys it. Experiencing nature on holidays is currently of great interest. Related to this boom are images of intact landscape including the people living there and their culture. These snapshots of foreign parts are partial and marked by stereotype wishes. Vacation in the country or on a farm is associated with fantasies of an idyllic world in harmony and authentic back-to-nature experiences. The tourism industry fulfills these wishes with offers that promise seemingly authentic glimpses of the local people's way of life. This leads to ›folklorisation‹ of people's everyday life in touristic destinations. This trend is related to ecology and promises a high ecolocical standard and guaranteed comfort, including a new kind of professional hospitality.

Wissen/Knowledge
Karlheinz Wöhler
Imagekonstruktion fremder Räume. Entstehung und Funktion von Bildern über Reiseziele
Constructing Images of Foreign Spaces: Formation and Function of Images of Destinations

Der besuchte Raum im Tourismus ist sozial determiniert. Was im Raum als touristisch relevant bzw. attraktiv erscheint, sind Vorstellungen vom Raum, die mit dem kulturellen System einer Gesellschaft verbunden sind. Die soziale Bildung von Raumvorstellungen (Konnotation) schlägt sich in medial vermittelten Bedeutungen nieder, die ein Raum-Image (Mythos) begründen. Reisewünsche orientieren sich an diesem Konstrukt, so daß aus einer vorgängigen Interpretation des Raumes eine ›Realität‹ wird. Weil Raum-Images und nicht die Raumsubstanz marktentscheidend sind, kann durch ein Image- bzw. Symbolmanagement jeder Raum in einen Tourismusraum transformiert werden. Eine solche Transformation gelingt nur, wenn der Raum entleert und mit gängigen Bedeutungen und Infrastrukturen aufgefüllt wird. Diese Mythologisierung des fremden Raumes ist ein Grundprinzip des Tourismus schlechthin.

The visited space in tourism is socially determined. What appears touristically relevant and attractive in space are ideas which are incorporated in the cultural system of society. The social construction of space images (connotation) is transmitted by media-parlayed meanings which result in a space image (myth). Travelling desires are oriented toward this construction so that the prior interpretation of space becomes ›effective reality‹. As space images rather than space substance are essential for decision-making in tourism, it is possible, by image or symbol management, to transform any space into tourism space. Such a transformation only succeeds if the space is emptied and refilled with current meanings and infrastructure. This mythologization of foreign space is a structural principle of tourism in general.

Wissen/Knowledge
Alexander Wilde
›Heimatliebe‹ und ›Verkehrs-Interessen‹. Zur Entstehung organisierter Tourismuswerbung und -förderung im Kaiserreich
›Local Patriotism‹ and ›Promotion of Tourism‹. The Development of Organized Tourism, Advertising and Promotion in the German Empire

Im deutschen Kaiserreich wird der Tourismus zum bedeutenden Wirtschaftsfaktor. Der Beitrag skizziert die Entstehung und Entwicklung regionaler und überregionaler Tourismusorganisationen sowie deren Aktivitäten auf dem Gebiet der In- und Auslandswerbung bis in die Zeit des Ersten Weltkriegs.

During the German Empire, founded in 1871, tourism became an important industry. This essay outlines the founding and development of regional and interregional tourist organisations and their efforts to promote and advertise tourism until the First World War.

Frage & Antwort/Question & Answer
Interview mit Andreas Pröve, Indienreisender: »Ich liebe Länder mit Überbevölkerung«
Interview with Andreas Pröve, traveller in India: »I love crowded countries«

Zahlen & Fakten/Facts & Figures
Ulrike Heß-Meining
Zahlen und Trends im Tourismus – neueste Daten
Quantitative developments and trends in tourism – latest data

Nachruf/Eulogy
von Tobias Goblis
»Sr.« – Nachruf auf Hans Scherer
»Sr.« – Eulogy for Hans Scherer

Forschungsbericht/Research Report
Alon Confino
Tourismusgeschichte Ost- und Westdeutschlands
The History of Tourism in East and West Germany

Der Sammelband von H. Spode »Goldstrand und Teutonengrill« unternimmt erstmals den Versuch einer vergleichenden Geschichte des Tourismus in beiden deutschen Staaten. Einige der Beiträge werden vorgestellt, und es wird für eine die Sozialgeschichte erweiternde, hermeneutische Perspektive in der historischen Tourismusforschung plädiert.

The volume on »Cultural and social history of tourism in Germany, 1945–1989«, ed. by H. Spode, takes first steps towards a comparative history of tourism in both German states. Some of the articles are introduced, and a hermeneutic perspective which could widen the scope of social history is plead for.

Forschungsbericht/Research Report
Mechtild Maurer
Tourismus im Visier der ›Gender‹-Debatte
Tourism in Light of the Gender Debate

Erst seit Mitte der 90er Jahre wird das Thema ›Frauen und Tourismus‹ sowohl von der Tourismus- als auch der Frauenforschung angegangen. Wichtige Neuerscheinungen zu diesem Feld werden vorgestellt (Kinnaird, Hall, Swain, Sinclair, Plüss, Grütter u. v. a.), und es wird ein Ausblick auf künftige Fragen und Themen gegeben.

Only since the mid 90s has the topic ›women and tourism‹ became a subject for tourism research as well as gender studies. Important new publications are presented (including Kinnaird, Hall, Swain, Sinclair, Plüss, Grütter), and future tasks in research are outlined.

Verzeichnis der besprochenen Bücher
List of books reviewd

J. K. Schütze: Gefährliche Geographie/*Dangerous Geography* (T. Gohlis)
J. K. Schütze: Goethe-Reisen/*Goethe Journeys* (T. Gohlis)
B. Waldenfels: Studien zur Phänomenologie des Fremden/*Studies on the Phenomenology of the Foreign* (H.-G. Deggau)
T. Selwyn (ed.): The Tourist Image/*Das touristische Image* (H.-G. Vester)
J. Boissevain (ed.): Coping with Tourists /*Tourismus bewältigen* (Ch. Henning)
A. Steinecke/M. Treinen (Hg.): Inszenierung im Tourismus/*Staging in tourism* (F. Herle)
K. Vorlaufer: Tourismus in Entwicklungsländern/*Tourism in Developing Countries* (P. Schimany)
A. Dreyer (Hg.): Kulturtourismus/*Cultural tourism* (A. Steinecke)
F. Berktold-Fackler/H. Krumbholz: Reisen in Deutschland/ *Travelling in Germany* (H. Spode)
K. Fesche: Geschichte des Tourismus am Steinhuder Meer/*The History of Tourism at the Steinhuder Meer* (H. Spode)
Ch. Keitz: Die Entstehung des modernen Massentourismus in Deutschland/*The Origins of Modern Mass Tourism in Germany* (H. Spode)
R. Amstädter: Geschichte des Alpinismus/*The History of Alpinism* (R. Farkas)
M. Kamp: Die touristische Entdeckung Rothenburgs/*The Touristic Discovery of Rothenburg* (D. Kramer)
E.-O. Erhard: Von der Geschichte leben? Das Beispiel Dinkelsbühl/*Living on History? The Example of Dinkelsbühl* (D. Kramer)
P. Streng/G. Bakay: Bauernerotik in den Alpen/*Peasant Eroticism in the Alps* (A. G. Keul)
B. Mandel: Aneignung von Urlaubswelt durch Fotosouvenirs/*The Appropriation of the Vacation World by means of Photography* (Ch. Hennig)

Tagungsberichte
Meeting Reports

»Reisezeit – Lesezeit«, veranstaltet von der Stiftung Lesen und Deutsche Bahn/»*A Time for Travelling – a Time for Reading*« (H.-G. Deggau)
»Auf dem Weg zu einer Theorie des Tourismus«, veranstaltet von der Ev. Akademie Loccum/»*Toward a Theory of Tourism*« (H.-G. Deggau)

Autorinnen und Autoren dieses Bandes
Contributors to this volume

Alon Confino, geb. 1959, ist Associate Professor für Neuere Deutsche und Europäische Geschichte an der University of Virginia in Charlottesville, USA. Er hat über Nationalismus, kollektives Gedächtnis, Film und Konsumkultur veröffentlicht, u. a. in German History, AHR, Social History und ZfG; 1997 erschien »The Nation as a Local Metaphor: Württemberg, Imperial Germany and National Memory, 1871–1918«. Er arbeitet derzeit an einem Projekt über den Zusammenhang von Tourismus, Konsumkultur und nationaler Identität im Deutschland des 20. Jahrhunderts.

Tobias Goblis, Reisejournalist und Buchautor, lebt in Hamburg. Er ist Mitherausgeber von »Voyage«; jüngste Buchveröffentlichungen sind der Gedichtband »Die Steine Granadas« (Kassel 1997) und ein Reiseführer über Leipzig (Köln 1998).

Dr. Christoph Hennig, geb. 1950, ist Publizist, Reiseleiter und -veranstalter. Zahlreiche Veröffentlichungen zu Fragen des Tourismus, zuletzt: »Reiselust. Touristen, Tourismus und Urlaubskultur«, Frankfurt a. M./Leipzig 1997.

Dr. Ulrike Heß-Meining, Dipl.-Soz., geb. 1964, derzeit Mitarbeiterin am Deutschen Jugendinstitut München im Projekt ›Ausländersurvey‹. Veröffentlichungen u. a.: »Seniorentourismus«. In H. Hahn/H. J. Kagelmann (Hg.): Tourismuspsychologie und Tourismussoziologie, München 1993; »Fremdenfeindliche Gewalt in Deutschland. Eine soziologische Analyse«. München 1996; »Die Debatte um die Völkerverständigung durch Tourismus«. In R. Bachleitner et al. (Hg.): Der durchschaute Tourist, München 1998.

Dr. Michael Hutt, B. A., ist Senior Lecturer für Nepali und Leiter der Abteilung für südostasiatische Sprachen und Kulturen an der School of Oriental and African Studies (SOAS) in London. Zu seinen Veröffentlichungen zählen: »Himalayan Choices: An Introduction to Modern Nepali Literature«, Berkeley 1991; »Nepal: A Guide to the Art and Architecture of the Kathmandu Valley«, Gartmore 1994; »Nepal in the Nineties: Versions of the Past, Visions for the Future«, Neu Delhi 1993; »Bhutan: Perspectives on Conflict and Dissent«, Gartmore 1994.

Dr. Wolfgang Kos, geb. 1949, arbeitet als Journalist, Historiker und Ausstellungsmacher in Wien. Er leitet die Radioreihe »Diagonal« im ORF und ist Lektor an der Universität Wien. Ausstellungen u. a. »Die Eroberung der Landschaft« (Schloß Gloggnitz 1992) und »Alpenblick. Die zeitgenössische Kunst und das Alpine« (Kunsthalle Wien 1997); Bücher u. a. »Über den Semmering. Kulturgeschichte einer künstlichen Landschaft«, Wien 1984; Eigenheim Österreich; »Zu Politik, Kultur und Alltag nach 1945«, Wien 1994.

Mechtild Maurer, geb. 1954, ist Sozialwissenschaftlerin und freie Journalistin in Freiburg/Br.; Veröffentlichungen zu den Themen: Tourismus und Dritte Welt, Prostitutionstourismus, Ökotourismus, ›Community based‹ Tourismus.

Dr. Dieter Richter, geb. 1938, ist Professor für Germanistik und Kulturgeschichte an der Universität Bremen. Schwerpunkte seiner wissenschaftlichen und publizistischen Tätigkeit sind Arbeiten zu Geschichte und Anthropologie der Kindheit und der Reise, insbesondere der Italienreise und der Genese des modernen Tourismus. Er ist außerdem Autor verschiedener Reiseführer sowie Ausstellungsmacher. Der vorliegende Beitrag ist Teil seiner Beschäftigung mit der Geschichte der Landschaft und deren kultureller Konstitution im Kontext der Reise.

Dr. Jochen Kornelius Schütze, geb. 1955, ist Autor und Reiseleiter und lebt in Leipzig und Wien. Jüngste Buchpublikationen: »Gefährliche Geographie«, Wien 1995; »Philosophie und Reisen«, Leipzig 1996 (zusammen mit Ulrich J. Schneider); »Goethe-Reisen«, Wien 1998.

Rob Shields ist Associate Professor für Soziologie und Anthropologie und Geschäftsführender Direktor des Instituts für Interdisziplinäre Studien an der Carleton University in Ottawa, Kanada. Er ist Autor von »Places on the Margin: Alternative Geographies of Modernity« (1991) und »Henri Lefebvre. A Critical Introduction« (vorauss. 1998). Er hat mehrere Bücher herausgegeben, darunter »Lifestyle Shopping: The Subject of Consumption« (1991), »Cultures of Internet« (1996) und »Social Engineering« (mit Adam Podgorecki und Jon Alexander, 1996). In den letzten Jahren hat er über kulturvergleichende Themen geforscht, so über Stadtbilder in Korea und Ethik.

Dr. Adelheid Schrutka-Rechtenstamm ist Volkskundlerin und habilitiert sich derzeit an der Universität Bonn. Neuere einschlägige Veröffentlichungen: »Gäste und Gastgeber« (in Tourismus-Journal 1997, H.3/4); »Zur Entstehung und Bedeutung von Symbolen im Tourismus« (in R. W. Brednich/ H. Schmitt [Hg.]: Symbole. Zur Bedeutung der Zeichen in der Kultur, Münster 1997); »Vom Mythos der Gastfreundschaft« (in U. Kammerhofer-Aggermann [Hg.]: Herzlich willkommen, Salzburg 1997).

Alexander Wilde, M.A., geb. 1952, ist Historiker und lebt in Berlin. Veröffentlichungen zur Regionalgeschichte und zur Geschichte des Tourismus.

Dr. Karlheinz Wöhler ist Professor für Empirische und angewandte Tourismuswissenschaft im Fachbereich Kulturwissenschaften an der Universität Lüneburg und geschäftsführender Herausgeber und Schriftleiter von »Tourismus Journal. Zeitschrift für tourismuswissenschaftliche Forschung und Praxis«. Zahlreiche Veröffentlichungen zu ökologischen, ökonomischen, kulturwissenschaftlichen und methodologischen Fragen des Tourismus, zuletzt: Marktorientiertes Tourismusmanagement 1, Berlin usw. 1997.

Voyage. Jahrbuch für Reise- & Tourismusforschung
Voyage. Studies on travel & tourism

Verlag
Publishers
DuMont Buchverlag
Friedrich-Karl-Str. 280, D-50735 Köln, Germany
Internet: http://www.dumontverlag.de

Redaktion
Editorial office
Dr. Hasso Spode
Geisbergstr. 12, D-10777 Berlin, Germany

Herausgeber
Board of editors
Tobias Gohlis, u. a. Die Zeit, Hamburg (GER): Literaturkritik und Reisejournalistik/literary criticism and journalism; Dr. Christoph Hennig, München (GER): Publizistik und Soziologie/journalism and sociology; Dr. H. Jürgen Kagelmann, Profil-Verlag, München (GER): Psychologie und Medienwissenschaft/psychology and media studies; Prof. Dr. Dieter Kramer, Universität Innsbruck (AUT) und Goethe-Institut München (GER): Europäische Ethnologie/ethnic studies; Priv.-Doz. Dr. Hasso Spode, Freie Universität Berlin (GER): Soziologie und Geschichte/sociology and history

Wissenschaftlicher Beirat
Editorial advisory board
Prof. Dr. Christoph Becker, Universität Trier (GER): Fremdenverkehrsgeographie/geography of tourism; Prof. Dr. Peter J. Brenner, Universität Köln (GER): Literaturwissenschaften und Reisegeschichte/German literature and travel history; Prof. Stephen Greenblatt, Ph.D., Harvard University, Cambridge (USA): Literaturwissenschaften und Kulturgeschichte/English literature and cultural history; Dr. Wolfgang Griep, Forschungsstelle zur historischen Reisekultur, Eutin (GER): Reisegeschichte und Literaturwissenschaften/travel history and German literature; Heinz Hahn, Dipl.-Psych., Sozialwiss. Studienkreis für internationale Probleme, Starnberg (GER): Tourismuswissenschaft/tourism research; Dr. Wolfgang Isenberg, Thomas-Morus-Akademie, Bensberg (GER): Tourismuswissenschaft und Theologie/tourism research and theology; Jafar Jafari, Ph.D., Annals of Tourism Research, Menomonie (USA): Tourismuswissenschaft/tourism research; Bernward Kalbhenn, Norddeutscher Rundfunk, Hannover (GER): Journalistik/journalism; Dr. Kristiane Klemm, Freie Universität Berlin (GER): Fremdenverkehrsgeographie/geography of tourism; Prof. Dr. Konrad Köstlin, Universität Wien (AUT): Volkskunde/ethnic studies; Marie-Françoise Lanfant, Directeur, Unité de recherche en sociologie du tourisme international, Paris (FRA): Tourismussoziologie/sociology of tourism; Prof. Dr. Stanislaus v. Moos, Universität Zürich (SWZ): Kunst- und Architekturgeschichte/history of art and architecture; Prof. Asterio Savelli, Università di Bologna (ITL): Soziologie/sociology; Prof. Dr. Gerhard Schulze, Universität Bamberg (GER): Soziologie/sociology; Prof. Dr. Albrecht Steinecke, Universität Paderborn (GER): Tourismuswissenschaft/tourism research; Prof. Dr. Hans-Jürgen Teuteberg, Münster (GER), Geschichte/ history; Prof. John Urry, Ph.D., University of Lancaster (GRB): Soziologie/sociology; Priv.-Doz. Drs. Heinz-Günter Vester, Universität Würzburg (GER): Soziologie/sociology; Dr. Friedrich A. Wagner, Frankfurt a. M. (GER): Reisejournalistik/journalism; Prof. Dr. Monika Wagner, Universität Hamburg (GER): Kunstgeschichte/art history; Priv.-Doz. Dr. Gerhard Winter, Universität Tübingen (GER): Psychologie/psychology.

Hinweis für Autoren
Note to prospective authors

Beiträge für »Voyage« sind der Redaktion jederzeit willkommen. Sie dürfen in der Regel noch nicht in deutscher Sprache publiziert sein, und alle Rechte müssen beim Autor liegen. Sprachen: Deutsch, Englisch, Französisch, Italienisch. Bitte zunächst nur einen Ausdruck bzw. Teilausdruck senden. Bei Interesse meldet sich »Voyage« mit einem »Autoren-Auftragsblatt«, auf dem die technischen und rechtlichen Konditionen verzeichnet sind. Erst wenn der Beitrag den Bedingungen entsprechend eingegangen ist, wird über die Annahme entschieden. Mit dem Zeitpunkt der Annahme gehen die Abdruckrechte befristet (gem. UrhG) auf den Verlag über. Für längere deutschsprachige Beiträge wird ein Anerkennungshonorar gezahlt; nicht-deutschsprachige Texte werden von »Voyage« übersetzt, ein Honorar wird daher nicht gezahlt. Eine Haftung für unaufgefordert eingesandte Manuskripte oder Besprechungsexemplare wird nicht übernommen.

The editorial office welcomes all submissions. Articles should not have been published in German and the copyright must remain with the author. Languages: German, English, French, Italian. Please send only one copy of a manuscript or part of a manuscript. If interested in a submission, »Voyage« will send the author a style sheet (Autoren-Auftragsblatt) in which the technical and legal requirements are outlined. The decision regarding acceptance of a manuscript will be made when these conditions are met. From the moment of acceptance, all rights of reproduction are transferred to the publisher (acc. UrhG). Texts written in any other language than German will be translated by »Voyage« but no honorarium will be paid. We assume no responsibility for unsolicited manuscripts or review copies.

Abbildungsnachweis

Die Abbildungen auf S. 33, 36, 41, 44, 46 stammen aus dem Archiv des Autors.

Canadian Pacific Archives: S. 55.

Canadian Pacific Limited: S. 62, 76, 93, 116, 147, 158.

Anna Neumann/laif, Köln: S. 3

Martin Parr (Magnum/Focus, Hamburg): Titelbild

Andreas Pröve, Wathlingen: S. 131.